金印国家群の時代

東アジア世界と弥生社会

（日）高仓洋彰 著

滕铭予 译　（日）宫本一夫 校

东北亚与欧亚草原考古学译丛

金印国家群的时代
——东亚世界与弥生社会

上海古籍出版社

本丛书为

国家社科基金重大项目（2012&ZD152）成果

吉林大学考古学院"双一流"学科建设经费资助出版

《东北亚与欧亚草原考古学译丛》
总　　序

　　21 世纪的中国考古学进入了新的发展阶段,随着国际交流的深入和考古学自身发展的需要,2012 年国家社会科学基金重大项目首次设立了国外著名考古学著作的翻译项目。我们在申报中,原本提出考古学理论与周边邻国考古学两个角度的翻译课题,后经过国家社科基金评审组的建议,把译著内容集中到周邻国家考古著作,即现在的《东北亚与欧亚草原考古学译丛》。

　　在东北亚考古学方面,我们选译了日本学者高仓洋彰的《金印国家群的时代——东亚世界与弥生社会》和韩国学者崔梦龙等的《汉江流域史》。日本考古著作是从东亚的视野下研究弥生时代的国际化过程。所谓"金印国家群"是这些被纳入以汉字和汉语为沟通手段的中国统治秩序中的民族的总称。作者从东亚的宏观角度着眼,从九州北部地区的细微研究入手的研究方法,对中国的考古学研究很有借鉴意义。韩国考古著作构建了朝鲜半岛先史时代的时空框架和文化发展序列。新石器时代朝鲜半岛的圜底筒形罐和"之"字纹装饰为中国东北地区新石器时代陶器研究提供了重要的对比材料。朝鲜半岛青铜时代的标志性器物——琵琶形铜剑,是从中国辽东半岛经鸭绿江下游地区传入的。这些来自中国东北地区的文化影响,可以追溯到大连地区年代相当于商代末期的于家村下层文化,年代相当于中国历史文献中记载的商周之际。

　　在欧亚大陆旧石器研究方面我们翻译了《欧洲旧石器时代社会》(Clive Gamble)和《小工具的大思考:全球细石器化的研究》考古论文集(Robert G. Elston 主编)。前者侧重欧亚草原的欧洲部分,在旧石器研究中具有年代标尺的作用。作者还运用了一种新的方法,把来自石器、狩猎与营地遗址的考古证据汇聚起来,用以探讨社会交往以及社会生活的形式。后者涉及了欧亚草原的亚洲部分,包括细石叶工艺以及相关技术的起源、制作技术和人类对环境的适应等诸多重要的问题。本书的全球视野、运用的石器分析理论与方法、研究的思路与观点,对于中国细石器考古学研究来说非常具有启发性。

在欧亚草原考古方面，我们分别选译了宏观著作《俄罗斯、中亚和蒙古史——内欧亚大陆的史前时代到蒙古帝国》(David Christian)和微观研究的《印度—伊朗人的起源》(Kuzmina, E.)，以及一本蒙古考古专著。第一本宏观著作将欧亚大陆分为处于内陆和靠北的内欧亚大陆(Inner Eurasia)与靠海的外欧亚大陆(Outer Eurasia)两部分，前者是游牧和渔猎民族活动的舞台，后者是文化发达的农业文明分布区。该书以宏观的视角系统阐述了内欧亚大陆的历史，认为两地的互动是历史发展的重要动因，并从社会交往的角度研究农业与游牧业的互动。作者提出农牧交错地带为内欧亚大陆发展提供了重要的推动力，因为这里不仅有农牧社会的军事接触，还有技术、思想、贸易和人群的接触。从这个意义上，我们就不难理解中国北方地区在东部草原中的重要作用了。第二本微观研究的著作是作者用 50 年时间对安德罗诺沃文化联盟的详尽研究，使我们了解到俄罗斯学者是如何研究一个考古学文化，以及如何结合文化的发展演变与民族学和历史语言学来研究考古学文化族属的。同时我们也可以发现国外学者对中国考古资料的了解十分有限，中国学者有责任把自己的发现与研究介绍给世界的学者。蒙古是游牧文明的一个中心，是中国北方与欧亚草原接壤的重要国家。《蒙古考古》是目前唯一的关于蒙古的考古发现和研究的综合性专著，该译著能够使中国学者了解蒙古各时期考古遗存的概况以及蒙古学者的考古研究现状与方法，为从事蒙古考古研究提供最系统的基础性材料。

这套考古学译著有两个特点，一是在资料占有方面重点选择了本土学者的著作，二是我们的翻译团队多是从事东北亚和欧亚草原考古研究的学者，是我们以边疆考古为依托的外国考古学研究的实践。译丛的出版将开启关注邻国考古、注重本土学者和有计划有针对性的系列考古学著作的翻译与出版，打破英文译著"一统天下"的局面。这套丛书还将有助于把中国考古学放在东亚与欧亚视野下考察，提升我国边疆考古在东北亚与欧亚大陆考古研究中的影响力。在完成项目的这五年期间，中国社会科学院成立了外国考古学研究中心，有相当数量的考古团队开始赴国外开展田野考古工作。在这里我们非常感谢国家社科基金评审组非常有预见性地设立译丛课题，这些译著为了解中国周边国家的历史以及与中国的文化交往提供了大量的物质材料证据，并为中国考古学走出国门提供了必要的知识准备。

杨建华

2017 年 6 月

中 文 版 序

我很高兴广大的中国读者,能够藉由《金印国家群的时代——东亚世界与弥生社会》中文版的出版,认识并理解开拓了与中国正式交流的古代日本(倭)人所拥有的智慧和付出的努力,以及古代日本与汉代中国的密切关系。

长期以来,日本向中国学习到了很多东西。如在奈良时代(8世纪),日本积极推进中国化的进程,仿效中国长安城建设日本平城京;以唐律为基础制定大宝律令;引入中国首都与地方相互连通的驿站制度;仿效"开元通宝"铸造"和同开珎",开创日本的货币经济制度;编纂《古事记》《日本书纪》等国史;以唐服为基础制定日本的官服制度等。那时的日本可以说是一个"迷你中国"。

最早的"中国化"始于弥生时代(约公元前4世纪到3世纪初期),以水稻耕作技术的传入为开端。水稻耕作技术虽然是经由更早中国化的朝鲜半岛间接传入日本的,但是在初夏时对水田进行整治、到了秋季在金色的稻田里收获成熟稻谷的场景,则是包括中国、朝鲜、日本在内的东亚世界共同的景观。进行稻作生产和接受米食习俗,就是日本中国化的开始。

稻作社会的发展带来了社会的分化,社会出现了阶层,不久阶层演变成阶级,出现了首长阶级。随着西汉昭帝时废除了马弩关制,铁制武器和西汉铜镜等中国物品大量传入日本。首长们不仅佩带着从中国输入的铁制武器,将琉璃璧、西汉铜镜等作为其权威的象征,他们还进一步认识到不学习汉字和汉文就无法与中国进行交流,于是派遣使者到中国学习汉字和汉文。随着与中国的交流日渐繁盛,首长们最终接受了汉王朝所授予的如"汉委奴国王"金印之类的印绶而成为其麾下的一员,而汉王朝则通过印绶的授予在东亚地区建立了以汉为宗主国的册封体制。这就是本书所说的"金印国家群"。

弥生时代约600年,可分为前期、中期、后期三个时期,各约200年,基本上与中国的战国、西汉和东汉时期相对应。弥生时代正是受到了中国的影响划分为三期,并成为后来奈良时代全面中国化的先驱。

在此之前的绳纹时代,日本和朝鲜半岛之间就有着直接或间接的交流,中国文化经由朝鲜半岛间接传入了日本。由于当时的日本视野所及和对海外世界的认识仅限于朝鲜半岛，因此在接受水稻耕作技术体系和铁制农具时，并没有意识到这些都源于隔着朝鲜半岛、与日本并不相邻的中国，但实际上日本在不知不觉中已经接受了中国文化的惠泽。

到了弥生时代中期，日本与西汉之间开始有了直接的交流，这也促成了日本急速的变化与发展。虽然目前尚无资料可以证明，但是很可能在西汉的朝廷上，日本使者会有使用流畅的汉语与来自中亚及东南亚的使者进行对话的机会，或者说至少当时已经具备了这样的条件。日本的视野也由此从朝鲜半岛扩展至东亚，由东亚扩展到所有的金印国家群。这使我们不禁联想到派出遣唐使去学习、吸收唐代先进制度和文化的奈良时代，以及积极吸取欧美知识而尝试近代化的明治维新时代。

长期以来，日本不断地、积极地吸取先进文化，从而带来自身的发展变化，本书所描述的就是日本开始吸取先进文化时的原始风貌，以及中国文化对日本社会发展的促进和影响。期待中国的读者通过本书可以对中日文化交流的最初原点有所认识与理解。

原书刊行于 1995 年，其后虽然也有若干资料上的补充，但是并没有更改本书的论点。中文版的刊行由吉林大学滕铭予教授进行了恰切的翻译而得以实现。滕教授修正了一些原书的误字、脱字问题，并多次与作者商榷书中较难理解的地方和引用文献的内容，完成了较日语原版更为精确的中文版本。

谨对滕铭予教授致以最诚挚的谢意。

高仓洋彰

2018 年 1 月 24 日

（中文译者：金绳初美）

致　读　者

金印国家群……

对于大多数人来说，"金印国家群"是一个非常陌生的词语。不过，由于日本出土了"汉委奴国王"金印，以及卑弥呼受赐得到了"亲魏倭王"的金印，所以大家还是知道"金印"的含义。

在古代中国，尤其是从汉到魏晋南北朝时期的王朝，非常流行赐印。印通常使用金、银、铜等不同的材质制作，上有龟纽、骆驼纽，或者是蛇纽，印面所刻文字也有"玺"、"印"、"章"等差别，这些都用于区别使用者的身份。从奴国王和卑弥呼，以及难升米等使节受赐于中国王朝的印来看，有"汉委奴国王"、"亲魏倭王"、"率善中郎将"、"率善校尉"等，表现的则全部是官职，即中国王朝通常根据受赐一方地位的高低而授予受赐者不同的官职。

古代的东亚地区，在中国的战国时期（公元前403—前221年）开始了一体化的进程，最后由秦始皇结束了列国分立的战国时代，实现了中国的统一。秦始皇的统一虽然是汉民族的大业，但是在这个统一过程中，汉民族与其他民族产生了各种冲突，那些被迫离开土地的民族，还有那些战败的汉人，开始向中国以外的地区迁徙。虽然这是很悲惨的事情，但是换一个角度看，战争和流民的迁徙，则有效地促进了中国文化向周边地区的传播。

朝鲜半岛和日本列岛也不例外。日本列岛虽然也有自身传统的绳纹文化①，但是随着中国文化的扩张，从事水稻种植的农耕文化传入日本列岛。尽管这是间接的影响，但是日本列岛就是从这一时期开始了中国化的进程，其结果就是产生了弥生文化。这是日本列岛体验到的最初的文明开化。

以汉武帝为代表的汉代的中国，大力推行领土扩张政策，他们不断地将中国

---

①　日本新石器时代的文化，因当时使用的陶器纹饰以绳纹为主而得名，所以日本的新石器时代也称为绳纹时代。其年代大体上始于距今13 000年，下限因地区而稍有不同，大体在公元前3世纪或稍后。根据绳纹陶器的演变，可分为草创、早、前、中、后、晚六期。除了时期不同以外，绳纹文化又有显著的地区性差异，可分为许多不同的类型。本书页下注均为译者所加，特此说明。

文化传播到周边的民族和地区,从而推进了东亚地区中国化的急速发展。

为了能够尽快接受新的文化和新的制度,与间接的交流相比,显然还是直接与中国产生交往最为有效。于是,中国向周边地区扩张的意图就和那些希望直接与中国发生交往的周边民族的愿望完美地达成一致。倭也不例外。倭依岁时而派遣代表奴国王和卑弥呼的使节到汉王朝去,不仅意味着承认汉的权威,显然也带有经济和文化的目的。

与中国的频繁交流,使得周边地区的民族与社会也不断成熟,孕育出了国和王,而中国方面则或以武力,或打着友好的旗号,将周边民族纳入其统治的麾下。像倭和韩这种没有被纳入其直接统治之下的民族,中国也将其王与高官作为外臣纳入自身的统治秩序之中,通过官僚体制将其与汉王朝联结起来,这就是下赐给这些外臣包括金印在内的各种不同的印。这些印就是东亚世界一体化的证据,以这些印为核心而诞生的以中国为中心的一种联合体就是金印国家群。

金印国家群,也可以说是那些被纳入以使用汉字、汉语为沟通手段的中国统治秩序中的民族的总称,他们在保持自身文化的同时,在更高的层次上达到了共同拥有中国文化,即出现了现在所说的国际文化。现在的世界已进入一个更加国际化的时代,而我们的祖先开始体验国际化就是在弥生时代,即金印国家群的时代。下面,我们将在本书中追溯弥生时代先民所走过的国际化的发展历程。

目　　录

《东北亚与欧亚草原考古学译丛》总序 ················ 1

中文版序 ·· 1

致读者 ·· 1

绪论　弥生时代的国际化 ·································· 1

　　一、不同文化的交流 ···································· 1

　　二、与中国密切相关的弥生时代的分期 ············· 2

第一章　接受水稻耕作技术体系 ························· 7

　第一节　稻作的传播之路 ······························· 7

　　一、水稻耕作体系的传播路线 ························· 7

　　二、最初接受稻作地点的相关资料 ··················· 9

　　三、接受地所表明的稻作传播路线 ··················· 14

　第二节　从渔民型的交流到农民型的交流 ············· 15

　　一、接受稻作之前的稻米资料 ························· 15

　　二、朝鲜半岛的稻米资料 ······························ 17

　　三、绳纹时代的对外交流 ······························ 19

　　四、支石墓的分布 ······································· 22

　第三节　新生活,新技术 ································· 26

　　一、环濠聚落的传入 ···································· 26

　　二、新型村落的出现 ···································· 28

　　三、出现了完备的水田 ································· 30

　　四、稻作使用的工具 ···································· 31

　　五、稻作的普及 ································· 33

　第四节　阶层社会的诞生 ····························· 36

　　一、接受稻作期到弥生时代前期的两种环濠 ········· 36

　　二、出现环濠聚落的意义 ························· 38

第二章　地域社会的确立和统治者的出现 ················· 44

　第一节　武器与装饰品 ····························· 44

　　一、翡翠制的项链 ······························· 44

　　二、朝鲜半岛南部的青铜器文化 ··················· 47

　　三、有选择地接受朝鲜青铜器文化 ················· 50

　第二节　地域社会的统一及其背景 ··················· 51

　　一、地域性的明显化 ····························· 51

　　二、地域性社会的产生 ··························· 54

　　三、古国(ク二)的单位 ··························· 58

　第三节　统治者的出现 ····························· 59

　　一、早良的王(オウ) ····························· 59

　　二、神埼的王(オウ) ····························· 64

第三章　倭的国、王与汉王朝 ························· 66

　第一节　与汉之间直接交流的开始 ··················· 66

　　一、西汉武帝的领土扩张政策 ····················· 66

　　二、乐浪郡的设置 ······························· 67

　　三、韩所见到的汉文化影响 ······················· 70

　　四、中国史书中出现的倭之国与王 ················· 72

　第二节　西汉铜镜所展现的国与王 ··················· 76

　　一、出土西汉铜镜的遗址所具有的优越性 ··········· 76

　　二、用于随葬的西汉铜镜 ························· 79

　　三、铜镜的权威及其渊源 ························· 88

　第三节　伊都国王和奴国王 ························· 89

　　一、伊都国王的墓 ······························· 89

　　　二、伊都国王的论证 ┄┄┄┄┄┄┄┄┄┄┄ 91

　　　三、奴国和奴国王 ┄┄┄┄┄┄┄┄┄┄┄┄ 95

第四章　成为金印国家群的一员 ┄┄┄┄┄┄┄ 99
　第一节　蛇纽印的世界 ┄┄┄┄┄┄┄┄┄┄┄ 99
　　　一、关于"汉委奴国王"金印 ┄┄┄┄┄┄┄ 99
　　　二、蛇纽印的背景 ┄┄┄┄┄┄┄┄┄┄┄ 101
　　　三、汉的印制与蛇纽印 ┄┄┄┄┄┄┄┄┄ 102
　　　四、使用蛇纽印的主体 ┄┄┄┄┄┄┄┄┄ 107
　第二节　下赐"汉委奴国王"金印的意义 ┄┄┄ 108
　　　一、弥生人与文字 ┄┄┄┄┄┄┄┄┄┄┄ 108
　　　二、茶户里遗址出土的笔 ┄┄┄┄┄┄┄┄ 111
　　　三、对文字资料的期待 ┄┄┄┄┄┄┄┄┄ 113
　第三节　从汉镜的传播看东亚地区的一体化 ┄ 115
　　　一、汉的铜镜 ┄┄┄┄┄┄┄┄┄┄┄┄┄ 115
　　　二、乐浪的铜镜 ┄┄┄┄┄┄┄┄┄┄┄┄ 117
　　　三、韩(原三国时代)的铜镜 ┄┄┄┄┄┄┄ 118
　　　四、倭(弥生时代)的铜镜 ┄┄┄┄┄┄┄┄ 121
　　　五、汉镜与倭人 ┄┄┄┄┄┄┄┄┄┄┄┄ 125

第五章　倭国的诞生 ┄┄┄┄┄┄┄┄┄┄┄┄ 128
　第一节　倭国的成熟 ┄┄┄┄┄┄┄┄┄┄┄ 128
　　　一、世世有王 ┄┄┄┄┄┄┄┄┄┄┄┄┄ 128
　　　二、倭人传中的诸国 ┄┄┄┄┄┄┄┄┄┄ 131
　　　三、从奴国到倭国 ┄┄┄┄┄┄┄┄┄┄┄ 137
　第二节　王的宅邸 ┄┄┄┄┄┄┄┄┄┄┄┄ 139
　　　一、方形环濠的出现 ┄┄┄┄┄┄┄┄┄┄ 139
　　　二、大型地面建筑的性质 ┄┄┄┄┄┄┄┄ 144
　　　三、宅邸的可能性 ┄┄┄┄┄┄┄┄┄┄┄ 147
　第三节　倭人传的世界 ┄┄┄┄┄┄┄┄┄┄ 150

一、魏倭外交的目的 ……………………………………… 150

二、倭国使者的装束 ……………………………………… 152

三、韩之动向 ……………………………………………… 155

四、原始国家的诞生 ……………………………………… 159

终篇　面向东亚世界的视点 ……………………………… 163

　　一、视点的不足 ………………………………………… 163

　　二、新的视点 …………………………………………… 164

插图出处 ………………………………………………… 168

后记 ……………………………………………………… 171

译后记 …………………………………………………… 173

绪论　弥生时代的国际化

一、不同文化的交流

在日本古代已有传自中国的被称为伎乐的假面乐舞,表演者戴着面具以表现不同的人物,其中常会出现鹫鼻红颜的王者——"醉胡王"和嬉笑怒骂的八个侍从——"醉胡从"在醉意中嬉闹的滑稽场景。这些面容可怖的胡人(很可能是来自西域的高目深鼻、碧眼多须的波斯人)醉眼蒙胧胡闹的样子虽然很有趣,但从中也可窥见当时中国人对胡人的畏惧之感。无论何时、何地,我们都会见到这种对于不曾见过的异域民族和文化的困惑与误解。居住在日本列岛的人们真正接触到外来文化是在弥生时代,但是最初的邂逅是怎样的,我对此深感兴趣。我们的祖先渡过大海,和朝鲜半岛、中国大陆的人们进行着怎样的交流,或是我们的祖先怎样去面对渡海而来的异域人群,这些也是值得我们关注的问题。

总的来说,对于外来文化的态度因地域、立场的不同而千差万别。弥生时代的日本列岛,稻作农耕文化是其所具有的共性,不过若仔细观察各地具体的文化内涵,就会发现不同之处。如青铜器文化,朝鲜半岛南部和九州北部地区应该属于环对马文化圈,由于这一文化圈内交流频繁,且具有深厚的共同基础,其所具有的文化上的共性远远超越了同关西和关东的弥生文化之间所具有的共性,从而处于环对马文化圈中的这两个地区彼此具有强烈的认同感。因此,对于九州北部地区来说,所谓的异域,应该是位于其东方的地方。可是在《汉书》等中国的史书中,却把朝鲜半岛南部称为韩,把对马以东的日本列岛称为倭,表现出很严格的区分。显然,除了交流的频繁程度、认同感以外,当时一定还有其他的因素将韩和倭区分为不同的异域。

现在世界各地的变化日趋同步,体验外来文化、到其他地区进行交流的机会也日益增加,只是这一切的发生并不是很久远的事情。江户时代末年的 1860 年(万延元年),日本派出丰前国地方长官新见正兴一行,为了日美通商条约批准书的换文事宜来到美国,当他在博物馆里见到日本的农具和在 1856 年担任首届美国驻日本总领事的顿赛德·哈里斯(Townsend Harris)捐赠给博物馆的日本服装,以及他在史密森学会(Smithsonian Institution)看到各种各样有关日本的资料,还有 1853 年率领美国舰队抵达浦贺港的美国东印度舰队司令马修·佩里(Matthew Calbraith Perry)捐赠的物品时,感到非常惊讶[1]。从哈里斯和佩里在返美后的数年里一直将带回的日本物品进行展览可以看出,他们对于异域文化所具有的强烈的新鲜感。不过时至今日,无论是去往美国,还是从美国来到日本,都不会再有这种对于异域文化的大惊小怪了。

现在,距江户时代充其量只不过是过去了 130 年,可是在我们的日常生活中,却几乎没有留下江户时代的印迹。不过若向前追溯三四十年,还是保留着很多当时生活的痕迹。我在福冈市市中心度过了小学时代,那时家家都还使用炉灶,一到傍晚,从城里家家户户的门里就会升起袅袅的炊烟。在我的故乡,无论是夏天还是冬日,大家经常围在地炉旁,一边吃饭一边唠着家常。现在这些炉灶、地炉之类的日用物品在生活中都已经不再使用,虽然在历史民俗资料馆里还可以见到,也只不过是一种新鲜、奇妙的体验而已。这或许也可以称为不同文化的体验。

1960 年,当我还是高中生时,在小仓市(现北九州市的小仓北区和小仓南区)召开的"新兴的北九州小仓大博览会"上,最引人注目的是彩色电视机的出现,当时满怀期待,憧憬着有一天能在家里看到彩色电视,可现在已经记不起是在什么时候,这个愿望很快就在不知不觉中成为现实。

可以说,一直到 1960 年前后,在日本的生活中还保留着江户时代的生活场景,那也是弥生时代的继续。如果说现代生活中还保留着弥生时代的遗痕,可能不会有人相信,但事实确实如此。本书将要说明的就是弥生时代留下的孑遗绝不是不同的文化。

二、与中国密切相关的弥生时代的分期

自古以来,九州北部地区作为接受中国文化和朝鲜半岛文化的门户,发挥着记录日本文明化进程的重要历史作用。弥生时代则是使这个作用突显出来的时代。

从出土遗物的变化来看九州北部地区的发展(图一),可以观察到在发生划时代变化的时期一定都会受到来自外部的影响。如图一所示,九州北部地区的弥生时代可以划分为五个阶段[2]。其第一阶段的确立,是由于水稻耕作技术体

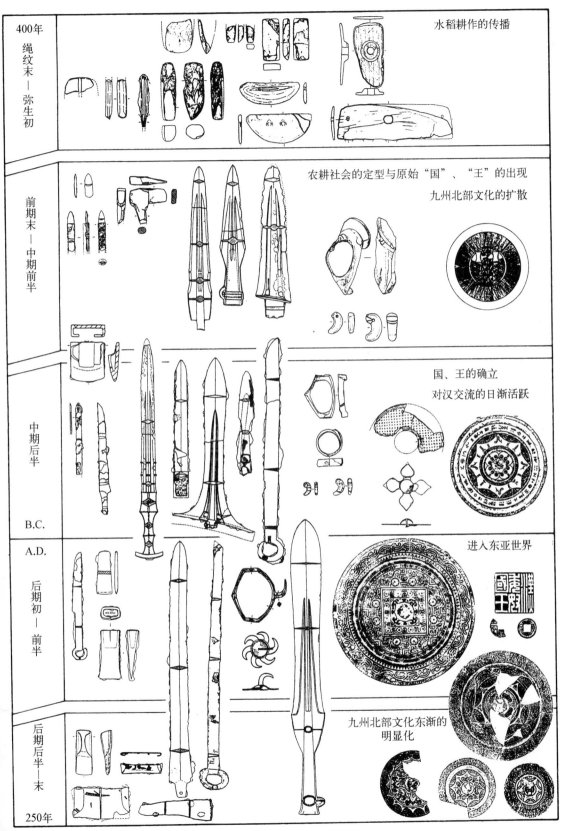

図一　九州北部弥生文化的変迁所见外来文化影响

系的传播而完全接受了朝鲜无纹陶器文化①的影响。到了第二阶段,九州北部
地区开始形成了地域社会,出现了统治者,这一时期的弥生文化其主体虽然是弥
生人,但是可以看到朝鲜青铜器文化②的显著影响。当朝鲜半岛受到汉文化的
影响而发生改变时,九州北部地区的弥生文化进入第三阶段。在第四阶段时,从
朝鲜半岛南部传入的文化中汉文化的比重日渐增大,同时这里也开始了与汉文
化的直接交流,以此为标志,对九州北部地区产生影响的源头发生了改变。"汉
委奴国王"金印所象征的交流,意味着日本列岛已经成为以汉王朝为中心的东
亚世界格局中的一员。《魏志》倭人传③中所描绘的是弥生时代的第五阶段,这
一时期随着在九州北部地区发展起来的汉系文化向东部的传播,宏观地来看,九
州北部地区已经成为了具有更广阔范围的倭国的一部分。综上所述,弥生时代
不同发展阶段的划分与外来影响紧密相关。

对于日本列岛来说,直接来自朝鲜半岛的影响较多,也存在着直接或间接的
来自中国的影响。关于这一点,若将位于福冈平原一带的倭奴国与当时同处于
东亚地区、都接受了汉王朝所赐蛇纽金印的、兴起于中国云南昆明南郊滇池一带
的滇文化的变迁进行对比,就会比较清楚。

在云南省博物馆展览着具有滇文化自身特有传统的青铜器。滇文化的年代
基本相当于朝鲜无纹陶器时代、弥生时代前期至弥生时代后期前半,大体上可以
划分为四个阶段。从滇文化与以黄河流域为中心的中原地区的关系看,第一期
(公元前 6 世纪前半—前 4 世纪前半),地方文化兴盛,没有受到中原文化的影
响;第二期(公元前 4 世纪后半—前 2 世纪前半),虽然没有受到中原文化影响,
但是已经开始出现了较多的青铜农具;第三期(公元前 2 世纪后半—前 1 世纪前
半),以中原文化的传入和铁器的出现作为标志;第四期(公元前 1 世纪后半—1
世纪),地方特色消失,出现典型的中原式器物。

滇文化与中原文化在其四个发展阶段中的消长,与弥生文化的发展进程极
为相似。滇文化的第一期,没有受到中原文化影响,这与处在接受水稻耕作时期
并已经开始耕作水稻的九州北部地区相当。滇文化的第二期相当于弥生文化的

---

① 朝鲜半岛青铜时代文化,以素面或极少纹饰的红褐色平底陶器为特征,代表性器物为深腹罐、壶
和钵,年代大体上从公元前 10 世纪开始,其下限因地区而有不同,西北部约为公元前 4—前 3 世纪,中南
部和东北部则延续到公元前 1 世纪。

② 相当于东北亚地区青铜文化的晚期阶段,主要分布在朝鲜半岛,其代表性器物是细形短剑和多纽
细纹镜。

③ "《魏志》倭人传"是日本对于中国史书《三国志》中记载魏国历史的《魏书》(通称《魏志》)中《东
夷传》所记载的"倭人条"的通称。与此采用同样表达方式的还有"《魏志》韩传"、"《后汉书》倭传"等,不
一一注出。

前期至中期初,从斧的銎部还装饰着具有土著信仰意义的蛙纹看,这一期的青铜器还有着强烈的云南地方特色,由于剑川县鳌凤山遗址出土了铸造铜斧用的石范,可知这些青铜器都是在本地铸造的。相当于这一阶段的弥生文化虽然还没有自己的青铜器,但是在朝鲜半岛已经形成了独特的青铜器文化,并且在弥生文化的前期末青铜器传入了日本列岛。滇文化的第三期,伴随着西汉帝国版图的扩大,汉文化也不断传入,最直接的事件就是在元封二年(公元前109年),武帝远征西南夷并在这里设益州郡,将这一地区纳入汉王朝直接管辖的范围。从晋宁县石寨山遗址汉代墓葬中出土的随葬品看,既有铜鼓、贮贝器等本地特色的青铜器,也有"滇王之印"的蛇纽金印,还有内向连弧缘的星云纹镜、五铢钱等西汉时期的器物,同时也出现了铁器。这一阶段相当于弥生文化的中期前半至中段左右。由于元封三年(公元前108年)汉武帝在朝鲜半岛设乐浪等四郡,推进了东亚地区的汉化进程,奴国较其他地区率先进入铁器时代。在滇文化的第四阶段,汉文化占据主导地位,地方特色消失,而同一时期的朝鲜半岛已进入原三国时代①。这一时期相当于弥生文化的中期后半,日本列岛也出现了大量的汉文化,而奴国的确立就在这一时期,出土了琉璃璧、清白镜、环首铁刀等典型的中原文化器物。作为被看成是"倭"的弥生人,以接受汉王朝赐予的"汉委奴国王"的蛇纽金印为标志,开始了与汉的直接交流。虽然滇、韩、倭之间远隔千里,但都同处于汉帝国的周边地区,都被纳入同一个时代发展的轨迹之中。

生活在日本列岛的人们,在学习中国的水稻耕作技术以及与之相应的社会、文化体系的过程中,产生了对于处在其西方的地区的关注,同时以获得的这些新知识为源泉而形成了可视为现代社会基础的弥生文化,本书所关注的就是这一过程。弥生文化作为朝鲜无纹陶器文化、原三国文化的一个产生了变体的地方类型,其产生的原因最早可以追溯到春秋战国时代以来中国文化的东进,这也是东亚地区各个地方所具有的共性,当时的文明化或国际化,就是如何接近中国的社会和文化。换言之,中国化的程度就是文明化、国际化的程度。本书将把反映这样一个文明化进程的九州北部地区的弥生文化的五个阶段,作为五个章节,尝试以此再现九州北部地区文明化、国际化的进程。之所以选择九州地区作为本书论述的中心,是因为九州北部地区是说明日本文明化进程的最好舞台,希望读者能够理解。

---

① 是指朝鲜半岛在形成高句丽、百济、新罗并存的三国时代之前,大体在公元前后时,朝鲜半岛南部出现了由马韩、辰韩和弁韩组成的松散的三韩联盟时期。后百济在马韩领地中建立,并逐步将马韩取替;辰韩中的6个部落发展成新罗;弁韩被伽倻所吸收,而后伽倻与新罗融合。

注释：

[1] 椎名仙卓：《日本博物館發達史》，日本雄山閣，1988 年。

[2] 高倉洋彰：《北部九州の弥生文化》，《弥生文化》，日本平凡社，1991 年。

第一章 接受水稻耕作技术体系

第一节 稻作的传播之路

一、水稻耕作体系的传播路线

日本列岛没有自然生长的野生稻,因此如果没有越过海洋传播而来的稻作技术,在日本列岛就不可能产生稻作,即日本列岛能够进行稻作的前提是与海外的交流。

在探讨这个问题之前,首先要对传入的稻作自身所需要的传播条件进行梳理。另外,稻作分为水稻和陆稻两种,本书的讨论仅限于水稻耕作。

传入日本列岛的水稻耕作技术的源头,也就是传播的出发点,是位于中国长江下游的江南地区(江苏省、浙江省等),这一点已经取得共识。目前的讨论集中在从江南地区传播到日本列岛的具体路线。

海外的文化传入日本九州地区(或者是九州地区的文化传向海外)的路线似乎有好多种,不过从历史上看,由于受地理条件的限制,基本上只有三条可行的路线。最典型的是遣唐使的北路、南路和南岛路这三条路线。在江户时代以对马藩①为中介进行的日朝交流,以长崎为港口进行的日清交流,还有以琉球为舞台进行的南部的日清交流,也是同样的三条路线。

稻作的传播路线亦应与此相同。即从江南地区经过西南诸岛到达九州的第一条路线,即华南路线;从江南地区越过东海直接到达九州的第二条路线,即华中路线;经过朝鲜半岛,经由对马、壹岐岛到达玄界滩沿岸平原地区的第三条路线,即华北路线(图二)。这三条路线都存在着极大的可能性。如果我们不考虑

---

① 对马藩是日本江户时代统有对马国(现长崎县对马市)全境与肥前国田代(现佐贺县鸟栖市东部与基山町)及滨崎(现佐贺县唐津市滨崎)的藩,别名严原藩。由于对马岛位于日本九州与朝鲜半岛东南部之间的对马海峡,因此在江户时代日本与朝鲜半岛的交流中起到了非常重要的作用。

时间的限制,在历史上这三条路线都曾存在过。如在镰仓时代输入的大唐米,也称作占城米,而占城即指现在的越南,不论其最初在日本的登陆地点是哪里,都应该是通过华南路线传入的。但是如果仅谈及稻作技术最初传入日本列岛的路线,只能是三条路线中的一条。

图二　稻作的传播路线

目前,关于稻作技术最早传入日本列岛的路线尚无定论,上述三条路线都有相应的研究基础,不过考古学和育种学等领域的研究,其立论的视角和研究的材料有所不同,而且各个领域也没有达成共识的观点。在以分析与稻作有关的考古资料为研究基础的考古学领域,陈文华以芋类作物的栽培、干栏式建筑等照叶林文化带的共同因素作为论据,指出第一条路线的可能性[1],而南岛考古学研究的成果则否定了这一观点[2]。安志敏根据块、块状耳饰、漆器、干栏式建筑等方面的类似性,支持第二条路线[3],中国大多数考古学者同意这一观点,日本以樋口隆康为首的一些考古学者也支持这一观点。但是中国学者严文明和林华东,则根据江南地区不同时期出现的稻作遗址向外传播的方向性,主张第三条路线[4],韩国和日本的多数考古学者同意这一观点。

在农学领域,佐藤洋一郎分析了日本稻所具有的遗传信息,认为其中具有南方的一些因素,从而考虑第一条路线,即华南路线[5]。但是佐藤也认为如果表示南方起源的遗传因子是在中国的某一地点复合而成,就不能排除从其他路线传来的可能性。安藤广太郎则根据从事稻作的民族——苗族,原来居住在江南地区;从语言学的角度考察日本语中稻的发音"yi ne"与江南地区有紧密的联系;同时考虑到海流的流向与传播路线的可能性等,从而提倡第二条路线[6]。应该说安藤广太郎考察的范围已经超出了农学领域。松本豪在1991年参加埋藏文物研究会召开的"各地区稻米生产的开端"学术研讨会时,指出考古学者提出的第三条路线,没有充分考虑到稻的生长环境,他认为从稻的生长条件看,最有可能是第二条路线。但是从事育种学研究的和佐野喜久生,通过将在中国、韩国和日本出土的炭化稻米的测量数据进行比较,提出了支持第三条路线的观点[7]。

考虑到稻作传播的路线可能有三条,但是在日本列岛接受稻作的地点却只有一个。因此在目前这种众说纷纭的现状下,最有效的解决问题的方法,还是通过考古工作,考察在日本列岛也就是接受稻作传入地点的早期稻作资料,来研究稻作的传播路线。

二、最初接受稻作地点的相关资料

最初传入的稻作落脚在九州北部玄界滩沿岸的平原地带,这一点已由近年的考古工作证明。在福冈市博多区板付遗址发掘出了当时的水田,以及可能是调节给水、排水的井堰一类的水利灌溉设施。在佐贺县唐津市菜畑遗址和福冈县糸岛郡二丈町曲田遗址,发现了从水田的开犁到收获,以及脱壳、贮存、食用等各个环节使用的农具和用具,使我们了解到当时传入的水稻耕作技术已经达到了相当高的水平。另外通过福冈县糟屋郡粕屋町江辻遗址、板付遗址等其他一些遗址的资料,还可以了解到当时的人们为了管理水田而在一定的地区定居生活的早期形态,以及制作工具的技术体系和工具的用途。因此可以毫不夸张地说,对于不知稻作的人们来说,稻作的传入从根本上改变了原有的生活和文化。也就是说,弥生文化是在稻作的传入以及随之而接受的各种各样新的社会和文化的基础上产生的。已发现了大量的接受稻作时期的相关考古资料,如果能够鉴别出有关资料中那些不是继承了绳纹时代的传统而是来自其他文化的外来文化因素,并追溯其源头,就可以确认稻作传入的路线。

1. 接受水稻耕作技术的时间

水稻耕作技术传入九州地区的时间,若仅限于通过水田遗迹来证实的话,是在板付遗址的绳纹时代晚期末(夜臼式期①),同样的遗存在早于夜臼式期的绳纹时代晚期后半(山之寺式期②)的菜畑遗址也有发现,因此接受水稻耕作技术的时间应该在绳纹时代晚期前后,只是目前要确认其绝对年代还有些困难。菜畑遗址属于绳纹时代晚期末(夜臼式期)文化层的碳十四测年数据为公元前 680 ±30 年、公元前 670±60 年,山之寺式期的年代数据更早一些。不过,这个年代数据有些偏早,因为如果采用这个年代,下文将提到的在日本出现铁器的年代就会早于中国,并且与用中国文献记载的年代所确认的弥生时代前期末的绝对年代之间,存在着较大的距离。与菜畑遗址相距不远的唐津市宇木汲田遗址,其属于绳纹时代晚期末文化层的测年数据为公元前 420±50 年,而弥生时代前期初的年代为公元前 290±50 年,二者间并无太大的距离,因此采用宇木汲田遗址的测年数据比较合理。这样日本列岛接受水稻耕作的时间,是在绳纹时代晚期末。也有学者提出日本列岛接受稻作的时间是在弥生时代早期[8],但在时间和内容上都没有变化。笔者认为日本列岛接受稻作的时间应该是在绳纹时代晚期末,绝对年代在公元前 5 世纪前后。

上述日本列岛接受稻作的时间,相当于中国的春秋时代或者是春秋战国之际,以及朝鲜半岛无纹陶器时代前期。因此,可以与日本列岛的稻作进行比较的对象,就不应该是中国浙江省河姆渡遗址的早期稻作资料,而应该是公元前 5 世纪前后的中国和朝鲜半岛的资料。

最近,在韩国的京畿道家瓦地等遗址发现了属于公元前 2000 纪的朝鲜栉纹陶器时代③的稻米资料,在日本的青森县八户市风张和冈山县总社市南沟手等遗址,发现了属于日本绳纹时代晚期前半或者更早时期的稻米资料。但是从这些遗址的情况看,不仅看不出当时的社会生活发生了变革,甚至也没有带来农耕用具的变化。这与公元前 5 世纪前后日本列岛的情况完全不同。如果这些稻米资料的年代是正确的话,那么它应该是采用了水稻耕作以外的方式,即谷物栽培的方法,处于旱田栽培稻子的阶段。

---

① 日本绳纹时代末期分布在九州地区北部的陶器类型,亦有部分日本学者认为夜臼式期已进入弥生时代早期。

② 日本绳纹时代晚期分布在九州地区的陶器类型。

③ 为朝鲜半岛新石器时代中期,大体上从公元前 3000 年到公元前 2000 年。陶器为泥条盘筑法制成的红褐色或灰褐色粗陶,代表性器类是大口深腹罐,器表有篦纹和刻划纹。

2. 接受水稻耕作技术的地点

从唐津市菜畑、宇木汲田、福冈县二丈町曲田、福冈市板付、福冈县粕屋町江辻等这些与接受稻作有关的遗址的分布情况看,显然水稻耕作技术最早到达的地点是九州北部从唐津市到福冈县糟屋郡的玄界滩沿岸。我们还可以通过在这个地区因为受到朝鲜半岛无纹陶器的影响而产生的夜臼式陶器及其文化,以及在其基础上发展起来的板付Ⅰ式、板付Ⅱ式陶器(总称为远贺川式陶器①)及其文化向其他地点的传播等情况,了解到稻作由玄界滩沿岸的平原地区向日本列岛各地的扩散过程。简言之,水稻耕作技术经由对马、壹岐二岛传入,在玄界滩平原地区落脚以后,迅速地向东向南扩散。

3. 最初就已出现的完备的水田

通过板付遗址和福冈市南区野多目遗址所了解的稻作接受期的水田结构,并不像我们想象中的早期水田那样原始,而是具备了灌溉和排水设施的完备的水田。

板付遗址的水田位于板付台地的西侧边缘,呈南北向延伸,通过人工挖掘的宽2米、深1米的水沟,把水田与台地上的居住区域相分隔。在水沟中发现了由打入的木桩建成的与水沟垂直相交的堰,在堰的上游沿着水沟修建有横切水田畦畔的宽1米左右的取水/排水沟,在取水/排水沟里也有同样的堰。在堰内,可以根据需要填入或取走横木、草和土等来控制水流,调节水量。发现了用木桩和护板做成的南北向的田埂,将水田划分成不同的畦田,一畦宽6—10米左右。还没有发现南北两端的田埂,但是从其他地点发现的堰与堰之间的距离,以及从野多目遗址发现的水田看,一畦水田南北的长度在50米左右。也就是说一畦田的面积为500平方米左右。

除了这种干田、半干田的水田以外,应该还有在山谷中开拓的水田,不过上述干田型水田的完备程度已与近世的水田没有太大的差别,表明传到日本列岛的最早的水田已经相当成熟[9]。

4. 出土炭化稻米的品种为日本种

佐藤洋一郎通过DNA鉴定,证明了弥生时代的炭化稻米均为日本种,而和佐野喜久生指出,在玄界滩沿岸的菜畑遗址、板付遗址和有田遗址发现的属于接受期的稻米资料,不仅具有日本种的共性,而且在形状等其他方面与韩国忠清南道扶余郡松菊里遗址所发现的稻米非常相似[10],即韩国南部与九州北部地区(玄界滩沿岸地区)大体同时期的稻米具有非常相似的性状,这一点非常重要。

---

① 日本弥生时代前期的陶器类型,从西日本的九州地区到东北部的日本海沿岸都有分布。

5. 随稻作一起传入的石器形制与朝鲜制磨制石器相似

随水稻耕作一起传入的石器被称为大陆系磨制石器，包括有制作农具用的工具和收获用具，虽然在最初接受水稻耕作技术时曾使用过传统的绳纹系石器，不过很快就被来自朝鲜半岛的大陆系磨制石器所代替[11]。

6. 夜臼式陶器的形态和组合与朝鲜无纹陶器相似

接受稻作时期的带有叠唇花边口沿的陶器，被称为夜臼式，包括有贮藏器壶、炊器瓮、盛器豆和钵等，已经有了固定的器类和功能的分化。夜臼式陶器不仅器物组合与朝鲜无纹陶器很相似，形态上亦与朝鲜无纹陶器相同，尤其是壶，显然与绳纹陶器无关，明显是受到朝鲜无纹陶器的影响而产生的[12]。

第5项和第6项，即随着接受水稻耕作技术而产生的弥生石器和弥生陶器与朝鲜半岛的石器和陶器都非常相似（图三），实际上是日本列岛的绳纹文化受到朝鲜半岛无纹陶器文化的影响后发生变化的结果，也表明弥生文化是朝鲜无纹陶器文化在日本列岛的一个地方类型。与之相对应，若认为稻作从中国江南地区直接传入日本列岛，即经由第二条路线传入，那么就应该把弥生陶器和弥生石器与中国江南地区公元前5世纪前后的陶器和石器进行比较，只是目前对已进入春秋战国时期的江南地区的情况还不太清楚。不过在公元前13—前10世纪前后（商代中晚期—西周早期）的马桥文化的陶器和石器中，看不到其对夜臼式的陶器和石器存在着直接的影响。

综合考虑第5项和第6项以及其与中国江南地区马桥文化间的关系，显然弥生文化的发展是建立在与朝鲜半岛无纹陶器文化相同的新要素的基础之上，而确认这一点对于了解日本列岛最初的国际化过程尤为重要。

7. 铁器的使用

在公元前5世纪前后的中国，铁器开始进入社会生活的各个领域。有研究者对于日本列岛在这一时期是否已有铁器尚存疑问，认为铁器出现的时间应该比接受稻作的时期稍晚。实际上目前已有日本列岛在这一时期出现铁器的证据，如曲田遗址出土的可能是板状铁斧的铁片（夜臼式期）和熊本县玉名郡天水町齐藤山遗址出土的有銎铁斧（板付Ⅰ式期），尽管只有两例，但是从在板付遗址水田遗迹中发现的田埂中用于护坡的挡板和木桩来看，应该是用铁器进行加工的，说明当时铁器的使用已经有了一定程度的普及。

到了弥生时代前期，发现的铁器数量有少许增加，值得注意的是，这些铁器并不是曾经在朝鲜半岛北部慈江道龙渊洞等遗址发现的燕系铸造铁器，而是以楚系的锻造铁器为主[13]。燕国以中国的河北为中心并且和朝鲜半岛北部相邻，而位于湖北和湖南的楚在地理位置上则与朝鲜半岛、日本列岛都相隔较远，因此

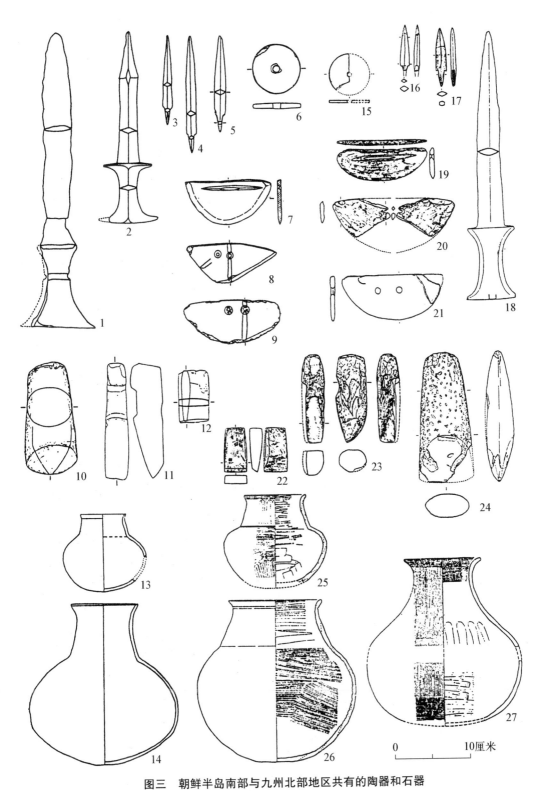

图三　朝鲜半岛南部与九州北部地区共有的陶器和石器

1—14. 松菊里遗址等朝鲜半岛南部出土　　15—27. 菜畑遗址等九州北部出土

从地理位置上看弥生时代前期出现的楚系铁器似乎存在着一定的难解之处。不过春秋时代的楚国版图已经扩张到了山东,那里就曾出土过形态与楚国铁器相似的铁削一类的铁器。

8. 支石墓的存在

在接受水稻耕作技术的时期,以稻作最早到达的地点玄界滩沿岸西部为中心,分布着形态上与被称为"棋盘型"的朝鲜半岛南部支石墓相同的墓葬。因为在此之后不再发现有这种墓葬,所以可以认为这种墓葬是由于人群的迁徙而带来的原有葬制。下文还将对支石墓进行讨论。

9. 环濠聚落的形成

属于接受稻作时期的一些中心聚落,已经出现了在居住区的周围环以濠沟的环濠聚落,板付遗址就是一个典型的例证。因为没有绳纹时代环濠聚落的资料,所以环濠聚落应是在接受稻作时期才开始出现的聚落形态。环濠聚落以及随之出现的新形态的半地穴房屋和干栏式建筑,是随着水稻耕作技术传入的文化因素之一,其源流虽然可以追溯到中国的新石器时代,但是在韩国庆尚南道蔚山市发现的与板付遗址大体同时期(无纹陶器时代前期)的检丹里遗址,亦存在着环濠聚落,因此日本列岛出现的环濠聚落其源头可直接追溯到朝鲜半岛。

10. 松菊里型房屋的存在

第9项中所指出的新形态的半地穴房屋之一被称为松菊里型房屋。其特征是平面形状为圆形,居住面的中央有椭圆形的土坑,其两端有主柱洞。因其首次发现于韩国的松菊里遗址而得名,而在福冈县江辻遗址发现的接受稻作时期的房屋全部都是松菊里型房屋。从目前情况看,在韩国也很少见到相同的例子,特别是在九州的对岸,在韩国庆尚南道一带是以方形房屋为主,在上述检丹里遗址发现的93座半地穴房屋中,只有一座为松菊里型房屋。在九州北部地区,如在曲田遗址也是方形房屋较多。方形房屋不仅在年代上可以确认相当于朝鲜半岛的无纹陶器时代,同时也可以从绳纹时代的房屋找到源头,与之相对,圆形房屋则在日本列岛找不到前身,因此可以认为松菊里型房屋是日本弥生时代圆形房屋的源头。由方形和圆形不同的房屋形态所表现出的两种状况,应该是非常有意义的现象。关于第9项和第10项,下文还将进行更深入的讨论。

三、接受地所表明的稻作传播路线

上面分10项概括地介绍了最早接受稻作的九州北部地区的相关资料,这也是日本列岛最早接受水稻耕作技术及其文化体系的九州北部玄界滩沿岸地带的与稻作有关的信息。如果单独地看每一项内容,都不能证明稻作传播的路线一定就是经由朝鲜半岛传入的第三条路线。稻作最早的到达地点在玄界滩沿岸地带与稻作传播的第一条路线和第二条路线之间并不存在矛盾,也可以说由江南地区出发的人群沿华南路线北上,或者沿华中路线向东过海到达九州北部地区。

不过若要满足全部的 10 项条件,则只有经由朝鲜半岛的第三条路线和跨越东海的第二条路线可以成立,因为这两条路线都可以与朝鲜半岛的无纹陶器文化发生关系。但是若站在九州的角度来看和与稻作有关的朝鲜半岛的关系,如果是第三条路线,则朝鲜半岛对于日本列岛来说是先行者,即老师或父母的关系;如果是第二条路线,若朝鲜半岛和九州两地的稻作是各自独立传入的,二者间就没有关系,若二地为同时传入则是兄弟关系,若稻作先传入九州地区然后再传入朝鲜半岛,九州就成为先行者。不过,把两地的相关资料进行比较,就会发现朝鲜半岛的稻作传入在先,另外,随着早期稻作传入的石器,从形态上观察,也不可能是中国春秋战国时代的石器经由东海直接传入的。所以第二条路线即华中路线也就不能成立。

只要对接受稻作地点的考古学资料进行分析,稻作传播的路线就只能是经由朝鲜半岛南部再传入日本列岛的第三条路线。最早在玄界滩沿岸的平原地区落脚的水稻耕作,已经具有非常先进的技术。在这里修建干田型水田,有完备的灌溉排水系统,完全接受了朝鲜系磨制石器,使用这些石器制作木制农具,对收获和贮存方法的理解,修建了可以保存种子和剩余物品的袋形贮藏穴和干栏式的仓库建筑,出现了环濠聚落等,新的水稻耕作技术以及随之而来的各种新技术,都已经被非常充分地消化和接受。这远远不是一次性的、短时间的交流就能达到的程度,如果没有从事一系列的农业生产的农民自身所进行的连续的交流,则是不可能的。这些条件也表明,我们应该到邻近的以对马、壹岐为中转站的朝鲜半岛南部去追寻稻作传入日本列岛的路线。

第二节 从渔民型的交流到 农民型的交流

一、接受稻作之前的稻米资料

当绳纹时代晚期水稻耕作技术传入九州北部地区时,文化和社会都发生了急速的变化,九州北部地区开始进入弥生时代,但是随着近年来的发现与研究,有关稻米的资料可以追溯到更早的时间。

　　了解稻米,食用稻米,都是很容易的事情。稻米是可移动的,可以自己种植,也可能通过别的方法得到并食用。在熊本市上之原遗址属于绳纹时代晚期初段的房址居住面上的堆积中发现了炭化米,在熊本县菊池郡大津町框土石①遗址出土的绳纹时代晚期中段前后的钵上残留有稻壳的痕迹,这些都表明当时可能已经有了稻米并食用稻米,但是由于可以通过种植以外的方式得到稻米,所以虽然在这些绳纹时代的遗址中发现了稻米,但并不能说明已经进行了稻米的生产。在九州地区绳纹时代的后期、晚期有很发达的黑色磨光陶器,有学者将其与中国新石器时代的黑陶联系起来,并提出在中国新石器时代的影响下开始有了原始的农耕[14]。有学者通过对在大分县大野郡绪方町大石遗址发掘出土的扁平打制石斧上的使用痕迹和擦痕进行观察,判断其大型者为打制的石锄,小型者为浅耕用的掘土工具(或者是切根用的工具),石刀形的扁平石器是收割用具,并通过这些石器与磨石一类的石器组合判断该遗址应该是一个从事农耕的聚落[15]。通过这些资料,可以推测当时已经有了以栽培谷类并进行粉食为目的的刀耕火种式的农耕,虽然可以看作是稻作以前的农耕的开始,但所从事的并不是稻作。

　　后来,在北九州市小仓南区长行遗址出土的绳纹时代晚期中段的深钵②上发现有稻壳的压痕。稻科植物由于品种不同,其叶片中存在的植物硅酸体(植物蛋白石,简称植硅石)的形态和大小都有不同,因此植硅石研究是判断是否已有稻作的最好方法。在熊本市上南部遗址绳纹时代晚期前半的陶片中检测出大量的稻的植硅石,从而判断存在着栽培陆稻的旱田农业[16]。前文提到的冈山县总社市南沟手遗址、青森县八户市风张遗址发现的稻米遗存,也是通过对植硅石的研究作出的判断。在南沟手遗址发现的绳纹时代后期末的深钵上有稻壳的压痕,并检测出有稻的植硅石。属于绳纹时代后期末的稻的植硅石在福冈市四个东遗址也有发现,虽然是在陶器上的压痕,但可以清楚地看出是稻米。风张遗址也是属于绳纹时代后期末的遗址,在这个遗址半地穴房址的居住面上发现了7粒炭化的稻米,证明当时确实存在有稻米。从稻米属于短粒种,并与粟、稗共出来看,很可能稻米是作为谷类的一种而传入。

　　上述资料虽然表明当时已经出现了米食,但是因为没有发现与稻作有关的遗迹和相关的用具,因此还不能够说明已经出现了稻作的生产。在这种情况下,前田义人和武末纯一提出北九州市小仓南区贯川遗址出土的长舟形石刀,对于

---

　　①　原著中该遗址名为"ワクド石",现将其中的片假名"ワクド"意译为"框土"。
　　②　深钵为日本绳纹时代晚期的一种炊器,通常为大口,斜直腹,小平底或圜底,其中小平底者与中国东北地区的筒形罐形制非常相似。

确认稻作的存在提供了一个很好的线索[17]。该遗址发现的长舟形石刀出土于最晚为黑川式①的堆积层中,其年代相当于绳纹时代晚期中段前后,甚至更早一些。从石刀的形态看,要比弧背曲刃的半月形石刀更细长,前田等人认为这不是在使用过程中由于磨耗而产生的形态上的变化,而是石刀的本来形态。与这种特殊形态的石刀相似的石刀在朝鲜半岛西部的陀螺形陶器文化时期②一直都有出现,在南部的无纹陶器时代前期的孔列纹陶器阶段③中也有发现。在贯川遗址及其周边地区,还有同样属于绳纹时代中期中段前后的出土压印有稻壳痕深钵的小仓南区长行遗址等,在以九州北半部为中心的地区也发现了孔列纹陶器。武末据此推测虽然其年代早于叠唇花边口沿(突带纹)陶器,但是可以作为在这些地点已经存在着尚没有扎根的水田农业文化的旁证[18]。

在对这些问题做出判断之前,有必要对朝鲜半岛的稻米资料进行梳理和讨论,不论是绳纹时代晚期前半,还是绳纹时代晚期后半,从朝鲜半岛南部传入有关稻作的知识和技术的前提,是在那里已经出现了同样的稻作生产的技术体系。

二、朝鲜半岛的稻米资料

在朝鲜半岛发现的稻米资料,即使包括残留在陶器上的稻壳压痕,数量也不是很多。尽管在朝鲜平壤市附近的南京遗址和韩国首尔市近郊的欣岩里遗址都有发现,但大部分稻米资料都见于朝鲜半岛南部[19]。这些稻米资料经过检测均为粳稻,可以分为两个不同的系统。

在朝鲜平壤市南京遗址发现了5种谷物,特别是在36号房址的居住面上,谷物集中分布在一平方米的范围内,以稻、粟为中心,还有稷、高粱和大豆。在早于南京遗址的黄海北道智塔里遗址第二区2号房址中发现了大约0.3升的粟,与石锄、石镰和鞍形磨石等共出。在南京遗址31号房址中也发现了约1升的炭化粟,与之共出的石器都是中国新石器时代栽培粟、稷的农耕文化所通用的工具,因此可以认为这里的农耕与中国华北—东北地区的农耕系统有关。

在韩国京畿道骊州郡欣岩里遗址12号房址中,发现了78粒炭化米,以及大麦、高粱和稷等4种谷类,在14号房址发现了3粒炭化米。这些炭化米平均长

----

① 绳纹时代晚期分布在九州地区的陶器类型。

② 朝鲜半岛青铜时代文化,年代大体在公元前13世纪到前3世纪,代表性器物有叠唇口沿的小平底罐和侈口长颈鼓腹尖底壶,主要分布在朝鲜半岛西北部。

③ 朝鲜半岛青铜时代早期的陶器类型,代表性器物为大口深腹罐,多在口沿下有一周或两周圆形小孔。

度为 3.72 毫米、宽 2.23 毫米,长宽比为 1.62,属于短粒和小粒种。与这些炭化米共出有石刀、包括扁平刃石斧和打制石斧的石斧类工具、磨制的石剑、石镞和渔具等,这些石器与出土孔列纹陶器的贯川遗址所出相似。该遗址出土的陶器属于无纹陶器时代前期,碳十四测年的数据可能有些不准确,大体上在公元前 1000 年左右,与平壤市南京遗址的年代相近。

在中国辽宁省大连市大嘴子遗址的圆形房址中,发现了盛有炭化稻米和炭化高粱的各 3 件陶器。炭化高粱的碳十四测年数据为公元前 995±75 年,大体在公元前 1000 年前后。据报告,出土稻米的长宽比平均为 2.00,根据和佐野喜久生发表的实测数据,可知其长度为 4.23 毫米,宽 2.17 毫米,虽然也属短粒种,但比欣岩里所出的稻米更为细长。

最近在韩国京畿道家瓦地遗址发现了可以早到栉纹陶器时代的稻米。根据韩国先史文化研究所的报导,稻米长 6.45—7.18 毫米、宽 2.92—3.24 毫米,属于细长粒种,不过对于该遗址出土稻米的文化层和对其年代的判断等方面还存在着一些不同意见[20]。若不考虑该遗址的材料,年代可以到公元前 1000 年前后的稻米资料只有上述三个遗址,虽说在这三个遗址中发现的谷物都是以稻米为中心,但是从与之共出有其他种类的谷物看,当时应该还是处在旱田栽培稻类作物的阶段。藤原宏志曾指出,旱田栽培不一定都是刀耕火种,既可以在山坡也可以在近水之处,而后者有时可能会被认为是水稻耕作。如果考虑到日本列岛绳纹时代后期末段至晚期前半的稻作资料,根据时间的序列,以及孔列纹陶器、长舟形石刀等因素,可以将绳纹时代稻作的来源追溯到上述三个遗址。

和佐野喜久生检测了在中国、韩国、日本一些遗址出土的炭化米并进行了比较,他指出与属于日本水稻接受期的唐津市菜畑遗址出土的炭化米在测量值、形态、性质上都非常相似的是在朝鲜半岛南部最早的、最有代表性的稻作遗址——忠清南道扶余郡松菊里遗址出土的炭化米。在松菊里遗址,仅从 54 号房址中就清理出了 360 克的炭化米,还发现了印有稻壳痕的陶器,而未见其他种类的谷物。该遗址四周围以环濠和栅栏,发现有贮藏穴,出土的陶器、石器等都与弥生文化相近,是追溯弥生文化来源时不可或缺的遗址。正因为如此,这个遗址出土的稻米资料与菜畑遗址十分相似就具有非常重要的意义。对该遗址出土的稻米所做的碳十四测年数据为公元前 715±60 年和公元前 615±90 年,相当于无纹陶器时代前期。

另外在庆尚南道的釜山市勒岛、金海市府院洞、金海市会岘里、固城郡东外洞,以及全罗南道光州市新昌洞等朝鲜半岛南部的遗址中,也出土有炭化米,以及印有稻壳痕的陶器。新昌洞遗址与炭化米共出的有木锄,杏、黄瓜和茱萸的种子、牛、马的骨头,以及鱼骨等非常丰富的反映农民日常生活的资料。在朝鲜半岛南部,稻米资料单独出土的遗址也有很多,不过在府院洞遗址不仅发现了稻米,还有大麦、小麦、粟、大豆等,很可能在种植水稻的同时,还从事谷物栽培的旱田耕作。上述这些遗址,除了松菊里遗址,都属于无纹陶器时代后期或者属于原三国时代,年代都晚于日本的水稻接受期。即使没有发现稻米资料,通过遗址、遗迹和遗物也可以明确朝鲜半岛无纹陶器时代已经是从事水稻耕作的社会。

和佐野不仅指出菜畑遗址和松菊里遗址出土的稻米十分相似,还进一步指出它们与公元前2300年前后的中国山东省栖霞县杨家圈遗址出土的稻米类似。稻米的谱系源流是从杨家圈到松菊里,然后再到菜畑,这就是稻作传播的路线。朝鲜半岛北部的稻米资料并没有被纳入这个谱系。上文曾提到稻作传入日本是经由朝鲜半岛的第三条路线,但是到达朝鲜半岛的路线却可以有以下三种:(1)从山东半岛渡过黄海,到达朝鲜半岛西海岸;(2)从山东半岛经由庙岛群岛到达辽东半岛后南下;(3)从山东半岛沿海岸北上,再转向朝鲜半岛(图二)。通过上文对各地出土稻米资料的整理,这几条路线也逐渐明朗。(3)是旱田栽培稻作的传播之路,日本列岛绳纹时代晚期前半段前后的稻作,可以看成是这一谱系的延续。(1)和(2)是水稻耕作的传播之路。町田章从联接传播路线两端的文化的连续性看,从山东半岛经由庙岛群岛,到达辽东半岛后南下这一条路线的可能性最大[21]。我同意(1)这条路线,并在此基础上,推测适于水稻耕作的汉江,以及稍南的锦江河口一带,应该是稻作真正的落脚之地。这是因为对于航海来说安全是必要的,因此最初的登陆地点不一定就是落脚之地。

虽然在风张遗址和南沟手遗址发现了绳纹时代晚期前半或更早的稻米资料,可以确认已经有了稻作,但是其所从事的应该是旱稻栽培,这是因为当时的稻作生产并没有带来社会的变革,甚至连农具也没有发生变化,与公元前5世纪前后的情况完全不同。由稻的栽培而使社会面貌一新,并出现了成为农耕社会基础的真正意义上的稻作生产,应该是在绳纹时代晚期后半随着水稻耕作技术的传入而发生的[22]。

三、绳纹时代的对外交流

如前所述,在绳纹时代晚期初,或更早时期(大体在公元前10世纪前后),很可能稻作作为谷类农耕的一个组成部分,以旱田耕作的形式传入日本列岛,当时并没有对社会、文化带来很大的影响,到绳纹时代晚期末(公元前5世纪前后)传入的水稻耕作伴随着完备的技术体系,彻底革新了绳纹时代社会的各种要素,并迅速在日本列岛内普及,在弥生时代前期时既已到达青森县。因此,绳纹时代晚期是日本列岛转变为瑞穗之国的准备期,也是以恰当的方式应对从外界传入新鲜气息的时期。如果是在偶然的情况下稻种被带到了日本列岛,在列岛内部经过艰辛的努力从而开发了水稻耕作技术,那么也可以说稻作的传播只是一过性的。可是,作为一种完备的技术的传播,即催生了弥生时代水稻耕作技术体系和农耕社会体系的传播,不会是一过性的传播,或者是断断续续的交流,只有连续的交流才是其得以发生的前提。而上文列举出的接受水稻地点条件的10项内容中,缺少了很重要的一项,那就是从朝鲜半岛南部到九州北部的水稻传播路线上,自绳纹时代以来就已存在着不间断的交流。实际上正是这一点,才是否定前述稻作传播中的第一条路线和第二条路线的决定性因素。

近年在韩国南海岸地区的考古工作,发现了越来越多的表明朝鲜半岛栉纹陶器时代和日本绳纹时代间已经存在着交流的材料。这些发现不仅有助于理解朝鲜半岛的发展史,对于日韩交流史,以及日本列岛发展史都是非常重要的成果。

在朝鲜半岛南部和日本列岛共有的,或者说属于绳纹文化系统的因素,有西北九州型组合式鱼钩,石匕,黑曜石制作的锯齿镞、石锯,用双壳贝类制作的臂钏,绳纹陶器等器物,还有从埋葬的人骨所看到的拔牙习俗等,这些都和朝鲜半岛南部南海岸地区固有的器物共出(图四)[23]。

在利用鹿角或者页岩制作的轴上组装猪牙制的钩而制成的大型鱼钩,被称作西北九州型组合式鱼钩,分布在朝鲜半岛南部的东海岸,以及以从釜山市到西侧的多岛海一带为中心的南海岸,还有从福冈县系岛郡到熊本县天草岛的西北九州沿海一带。朝鲜半岛出土的这种鱼钩大多是由石制的轴部和骨制的钩部组成,因位于东海岸的江原道襄阳郡鳌山里遗址出土了47个这种鱼钩而将其命名为鳌山里型。这种鱼钩在南海岸也有发现,在釜山市凡方贝冢和庆尚南道统营郡欲知岛东港里贝冢都有出土。在釜山市东三洞贝冢发现的鱼钩有鳌山里型石轴,也有做成鹿角样的石轴,统营郡上老大岛上里贝冢出土了骨制的轴部。通常认为石轴是朝鲜半岛生产的,但在九州地区的天草岛本渡市大矢遗址也发现了石制的轴部。在九州熊本县宇土郡三角町浜之洲贝冢出的鱼钩,是把鹿角制作的长13.5厘米的大型轴和猪牙制作的钩组合在一起,在年代更早的佐贺县唐津市菜畑遗址绳纹时代前期(曾畑式①)的遗存中也出土过同样的鱼钩,不过这种鱼钩盛行的时间应该在绳纹时代后期以降。鳌山里遗址的年代要早于菜畑遗址,曾畑式陶器的源头又可以追溯到栉纹陶器,因此西北九州型组合式鱼钩的源

---

① 绳纹时代前期分布在日本九州到西南诸岛的陶器类型。

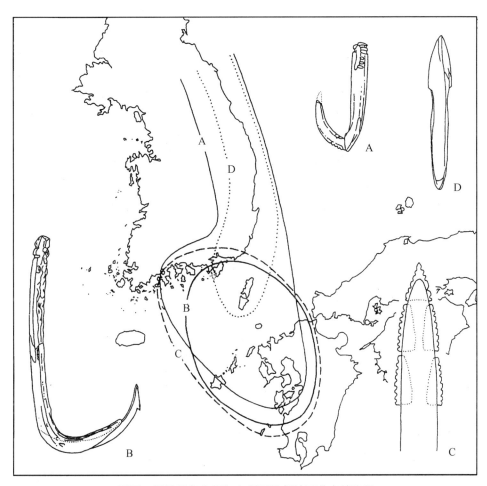

图四　朝鲜半岛南部与九州西北部地区共有的渔具

A. 鳌山里型组合鱼钩　B. 西北九州型组合鱼钩　C. 组装有锯齿形石刃的鱼叉　D. 回转式鱼叉①

头应该可以追溯到朝鲜半岛东海岸[24]。

黑曜石制作的石镞、锯齿镞、石锯等也有同样的分布范围。朝鲜半岛南部并不出产黑曜石,对这些黑曜石制品进行分析的结果表明,其原料是来自以伊万里市腰岳为中心产地的九州黑曜石,因此这些器物的源头应在九州。发现较早的釜山市东三洞贝冢遗址出土的石锯、剥片镞,以及上老大岛上里贝冢出土的锯齿镞、石锯,凡方贝冢和统营郡烟台岛烟谷里贝冢出土的石镞等均为黑曜石制品。通常是用锯齿镞和石锯组合成捕鱼用的鱼叉,也有用大块的赞岐岩②制成的

---

①　命中猎物后,拉曳引绳,鱼叉在猎物体内旋转而不能被拔出。

②　sanukite,是指发现于日本四国北部的一种富 Mg 的火山岩,属于黑色玻璃质的火山岩。

鱼叉。

在朝鲜半岛南部也出土了绳纹陶器。众所周知,曾畑式陶器是在栉纹陶器的影响下出现的[25],在东三洞贝冢遗址出土了轰式①、曾畑式和阿高系②的各种型式陶器,上老大岛上里贝冢出土了轰式和阿高式的陶器,烟台岛烟谷里贝冢出土了轰式陶器。长崎县对马的夫妇石遗址和佐贺贝冢则出土了釜山市水佳里贝冢水佳里Ⅰ式陶器③,展现出绳纹陶器和栉纹陶器间的交流。

另外,绳纹系的双壳贝类制臂钏出土的例子在近年有所增加,上老大岛山登贝冢的女性人骨和烟台岛烟谷里贝冢出土的人骨,都在左手腕戴着双壳贝类制的臂钏。而在女性的左手腕戴双壳贝类制的臂钏,是绳纹时代的普遍习俗[26]。

上述这些具有共性的器物出土的范围大体一致,共出的遗物中还有渔具,葬于欲知岛东港里贝冢土圹墓中的壮年男性被确认具有渔民特有的外耳道骨肿④。从这些情况看,绳纹时代两地的交流主要是由渔民进行的。另外,地理环境并不相同的两地发现的具有共性的器物在时间上也基本一致,表明虽有壹岐、对马相隔,但两地间确实存在着交流。从出土陶器的连续性来看,这些交流虽然并不频繁,但毫无疑问这些交流是不间断的。尽管如此,绳纹时代的交流并没有给双方的社会和文化带来重大的变化,其原因很可能如发现的具有共性的器物所表现的那样,即这种交流是通过渔民的往来或是在海上进行的。

而水稻耕作技术和农耕社会体系的传播,应该是在以这些渔民间所进行的传统的交流为背景展开的。与绳纹时代渔民间的交流相比,以在玄界滩沿岸的平原地区落脚的水稻耕作技术为媒介,以对马、壹岐为天然的桥梁,两地间农民的交流越发密切起来。也就是说,不论是稻作以前,还是稻作以后,都存在着不断的交流,但是稻作以前两地间的交流是短期的、一过型的渔民间的交流(渔民型交流),而稻作以后的交流则是长期的、滞留型的农民间的交流(农民型交流),二者具有本质的不同。正是因为在稻作以前就已经存在着持续的交流,才使得日本列岛接受稻作成为可能。

四、支石墓的分布

与接受水稻耕作有关的事物中,有绳纹时代渔民型交流所留下的痕迹,即被认为与水稻技术传播有关的人群所使用的墓葬——支石墓。这种支石墓并没有

---

① 日本绳纹时代早期末至前期后半分布在九州地区的陶器类型。
② 日本绳纹时代中期末分布在九州地区的陶器类型。
③ 朝鲜半岛新石器时代中期的陶器类型。
④ 由于外耳道长期受冷水刺激而使骨头隆起的一种疾病。

成为在日本列岛东进并南下的稻作文化体系中的一环,而是主要分布在以西北九州为中心的区域。

在日本列岛,支石墓基本上仅存在于接受稻作的时期,找不到其源流的线索,其分布以佐贺县唐津市为起点,沿三条路线向三个方向发展。(1)沿着西北九州的海岸线南下,到达长崎。在北松浦郡田平町里田原发现的支石墓,分布在狭窄的水田地带,而分布在岛原半岛中部山地的南高来郡小浜町原山支石墓群,则全部位于不适合进行水稻耕作的地方。(2)与第一条路线相反,沿着稻作传入的路线顺玄界滩东进,停留在糸岛平原。(3)从唐津向背振山西侧的低地南下,到达面向有明海的平原地区,如佐贺县佐贺郡大和町丸山支石墓群,就分布在背振山山麓地带。这条路线或许可以看作是第一条路线的延伸,不过根据近年的考古工作,在佐贺市锅岛本村南遗址和津留遗址都发现了数量很多的素面陶器,很可能属于朝鲜半岛的无纹陶器,这些遗址都集中在佐贺平原,早期青铜器铸范也集中发现于这一地区[27]。正因为这条路线是连接玄界滩沿岸的唐津到有明海间最短距离的路线,作为主要路线应该给予足够的重视。而第一条路线的存在和第二条路线最后的停滞,都表现出与水稻耕作东传相反的现象。

以在墓室上的地表放置石头作为盖石为特征的支石墓,在中国的山东半岛附近、辽宁等东北地区、朝鲜半岛的西海岸地带和西北九州地区都有分布(图五)。在以韩国国立中央博物馆的支石墓调查[28]为契机所进行的新一轮的支石墓研究中,根据甲元真之和田村晃一等人的研究成果,已基本明确了支石墓的起源和谱系。他们指出,支石墓的源头可以追溯到朝鲜黄海北道黄州郡沈村里金洞遗址的支石墓。甲元真之根据盖石和支撑盖石的下部埋葬设施(墓室)之间的关系等,推测金洞支石墓向不同的方向分化。一个方向是加大、强化作为埋葬设施的石棺的侧板,另一个方向是在侧板的周围堆砌碎石。前者是向地上发展,而后者则是向埋在地下发展。甲元认为前者经过沈村里 B 型和 D 型,最终发展为石泉山型,后者则由沈村里 C 型发展成大凤洞型,其最终形态被称为谷安里型,另外还有作为变体的墨房里型[29]。田村对于支石墓的分类与甲元稍有不同,但基本认同甲元提出的支石墓的发展序列[30]。

石泉山型支石墓,也称为桌子型、北方式,在中国被称为石棚(墓)。其埋葬设施在地上,用大块的石头盖在上面,其形状似桌子而被称为桌子型支石墓或石棚,集中分布在辽宁省和朝鲜平安南道、黄海道,亦称为北方式。与之相反,谷安里型的埋葬设施大多建在地下,在地上用大石盖在像棋盘脚一样的支石上,因此称之为棋盘型,主要分布在朝鲜半岛南部,特别是集中在全罗南道,所以也被称

桌子型（北方式）支石墓
韩国京畿道江华郡富近里

棋盘型（南方式）支石墓
韩国庆尚北道昌宁郡幽里

九州北部的支石墓
佐贺县佐贺市丸山

0　　　　150公里

图五　支石墓的分布

为南方式。与北方式的桌子型相比,其埋葬设施的种类、支石的有无、墓地其他设施的状况等都表现出多样性,并且多成群分布。另外也有学者提出还有第三种类型,即没有支石仅有盖石的盖石式支石墓。

与上述支石墓的分布地域不同,在中国浙江省瑞安市一带也发现有支石墓。规模最大的是岱石山支石墓群(当地人称之为石棚墓),曾发现有 28 座,现在几乎都被破坏了。值得注意的是,在 1958 年出版的《浙江新石器时代文物图录》中还发表有类似北方式支石墓的照片。据毛昭晰见告,除岱石山以外,在棋盘山也发现有支石墓,分布在相对的两个丘陵之上,各有 2 座,现在各残留 1 座;在扬梅山还有 1 座支石墓。这样在瑞安三个地点共计存在着 30 座以上的支石墓。

上述支石墓中,棋盘山支石墓保存较好,江阪辉弥在实地考察后发表了考察报告[31]。笔者于 1992 年前往棋盘山对支石墓进行实地考察,通过对现存遗迹现象的观察,结合当地农民所介绍的支石墓周围还没有被向下挖之前的情况,可以知道支石墓具有地上和半地下的埋葬设施,是用非常厚的长方形石板排列成纵向的长椭圆形,其上放置盖石,与韩国济州岛济州市龙潭洞等地支石墓的构造非常相似。岱石山的支石墓根据照片判断也具有同样的结构。这些支石墓中出土了印纹硬陶(原始青瓷、原始黑瓷),年代大体相当于商末—西周初年[32]。我在瑞安市文化馆看到了在三个支石墓群附近采集到的原始瓷器,年代与之相当。虽然还需要进一步对这些支石墓的年代进行整合研究,但是我认为这些支石墓与朝鲜半岛的支石墓间应该存在着关系。

传播到九州地区的支石墓具有以下特点,首先均为棋盘型,大多数有支石,属于南方式,少数是没有支石的盖石式[33]。埋葬设施有箱式石棺、土圹和瓮棺。土圹均为规整的长方形,福冈县糸岛郡志摩町新町支石墓群在土圹底部的四周放置棺台状的石头,二丈町矢风支石墓群则发现有木棺,可知有些支石墓有木棺。埋葬设施存在着地域的差别,在从佐贺沿西北九州南下到长崎的路线上,是以箱式石棺为主,而向东、向南的第二条和第三条路线上的支石墓,则几乎都是土圹。在数量最多的丸山支石墓群,118 座支石墓中,111 座是土圹,6 座为瓮棺,还有 1 座是石棺,新町支石墓群也均为土圹。在长崎县发现的支石墓尽管不是全部为石棺,但在每一处墓群都发现有石棺。箱式石棺多为小型的长方形,其长边大多不超过 1 米,盖石也是几块石头重叠放置,整体上比较粗糙。如果考虑到支石墓在向东发展的第二条路线上停滞在糸岛平原,而在那里后来兴起的是土圹墓,那么第一条路线所经过区域的支石墓就表现出较早的特征。这表明日本列岛尽管接受了稻作,但是却拒绝接受支石墓,支石墓只能进入到从绳纹时代就和朝鲜半岛存在着交流的西北九州地区。

　　九州地区的支石墓还有一些其他特点,即没有用来区别不同墓葬区域的立石之类的设施,而且表现出一定的集群性。在长崎县南岛原市原山支石墓群、谏早市风观岳支石墓群,以及丸山支石墓群等都表现出明显的集群性,表明这些地点原来即为或大或小的墓群。使用的瓮棺与随葬的陶器均为夜臼式,也表明这些支石墓的年代很集中。

　　上述日本列岛支石墓的特征,也存在于朝鲜半岛南部。这些支石墓的分布中心在未必适合水稻耕作的西北九州地区,而这里对水稻耕作的接纳是基于朝鲜半岛南部渔民和西北九州渔民间的交流,还有更重要的是西北九州型渔具与支石墓分布范围的重合(参照图四、图五),这些现象都表明支石墓是从庆尚道(岭南地区)传入日本列岛。这一点从支石墓的构造特点看也没有矛盾。虽然岭南地区支石墓的材料还不充分,但是根据河仁秀的分析,在岭南地区支石墓的第三阶段,埋葬设施表现出具有石棺、土圹等多样性,这一阶段的无纹陶器亦与夜臼式陶器存在着对应关系[34]。不过河仁秀指出,零散分布在低丘陵地带的南方式支石墓与集群分布在河谷低地和平原上的盖石式支石墓相比,具有其优越性和特殊性,这一点与九州地区不同,另外在韩国的支石墓中,还存在着如庆尚南道昌原郡德川里支石墓那种类似于坟丘墓的特例。九州地区没有发现上述这些属于较高层次的支石墓,不过在丸山支石墓群已经表现出利用封土表示墓域的意识。

第三节　新生活,新技术

一、环濠聚落的传入

　　环濠聚落,作为水稻耕作技术体系的一个重要组成部分,因佐贺县神埼郡吉野里遗址的发现已被学界所共知,简而言之,就是周围以濠沟围起来的聚落,这些聚落都属于地区性的中心聚落。最早的典型环濠聚落发现于福冈市博多区板付遗址,在南北110米、东西81米、面积大约为6 700平方米的居住区周围,围以宽5米、深约2.5米的V字形人工濠沟,推测濠沟的两侧原本还有土垒。濠沟不仅具有区划功能,应该还是防御设施。在板付遗址发现了最早的水田遗迹,可知环濠聚落是在稻作出现时期才开始出现的聚落形态。

　　与这种观点相对,也有学者认为板付遗址环濠的年代稍晚,将其视为第二波传入日本的技术体系。笔者认为环濠中出土的陶器表示的应该是其被填埋的时间,而挖掘濠沟的时间应该早于被填埋的时间,只是目前不清楚濠沟从挖掘到被填埋经历了多长时间。在福冈市博多区那珂遗址群发现的绳纹时代晚期末(单纯夜臼式陶器期)的环濠,则基本上解决了这个问题。

在那珂遗址只是发掘了环濠的一部分,环濠内部遗迹的布局尚不清楚,不过目前已经能够判断其为环濠聚落的一部分。通过在两个发掘区的工作可知濠沟有二重,已发现的外濠部分为接近正圆形的弧形,据其对外濠进行复原,直径应在 150 米左右。从发掘的情况看,外濠的剖面呈 V 字形,宽6—7 米,由于那珂遗址一带的地表已被下挖 2 米左右,考虑到已被破坏的深度,外濠深应该在 4 米左右;内濠剖面呈倒梯形,宽 3.5 米,深 2.3—2.5 米。那珂遗址的环濠规模巨大,超过了板付遗址和吉野里遗址。通过对位于那珂遗址东约 1.5 公里的板付遗址环濠的填埋过程进行分析,推测在其断面呈 V 字形的濠沟两侧原来还建有土垒,可知其所具有的防御功能。两个遗址相距不远,年代基本相当,由此推测那珂遗址的濠沟两侧原来亦建有土垒,只是由于其上部大多被破坏而无法确知。

根据环濠中出土器物的年代差别,可知那珂环濠的年代要早于板付的环濠。但是出于环濠的陶器只能说明濠沟被填埋的时间,因此可以确认的是,那珂环濠被填埋的时间早于板付环濠被填埋的时间,却不能说明那珂环濠修建的时间早于板付环濠修建的时间。实际上哪一方被填埋的时间更早并不是问题所在,重要的是由于那珂环濠在绳纹时代晚期末既已被填埋,因此其修建的时间显然应该更早,这样属于水稻接受期的板付遗址已经存在环濠的可能性就大大增强。

有学者提出环濠聚落的祖型可以追溯到陕西省的半坡遗址、姜寨遗址,以及江苏省淹城遗址等中国新石器时代的遗址,只是这些遗址距日本出现的环濠在年代上相差近 4 000 年[35]。而经过全面发掘的韩国庆尚南道检丹里遗址(图六),则可以作为讨论日本接受水稻耕作时期环濠聚落的参考材料。检丹里遗址的环濠剖面为 V 字形,围绕在丘陵缓坡上形成的椭圆形台地的周边,环濠规模 119 米×70 米,环濠内的面积约 6 000 平方米。在环濠内外,发现了属于未建环濠以前,环濠使用期间,以及环濠被填埋以后的各时期的半地穴房屋共 93 座,没有发现贮藏设施。该遗址的年代与板付遗址和那珂遗址相近。

绳纹时代晚期末的水稻耕作技术,如后文所述已经完备,由于环濠聚落的结构在管理储藏稻米方面具有重要的作用,因此在接受这个技术体系之际,必须要学会修建环濠聚落。这是因为存在着台风、暴雨、干旱等自然灾害,使得从种植到收获稻米的生产过程变得很艰难,若能从别人手中夺取已收获的稻米,则可以

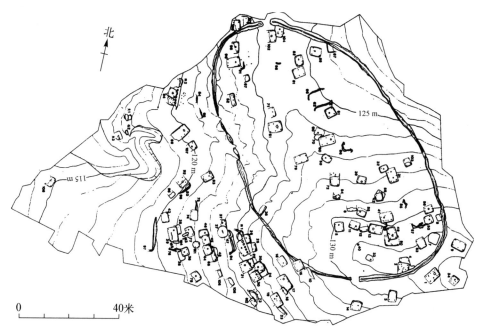

图六　韩国检丹里遗址的环濠聚落

不劳而获。因此在与稻作生产有关的技术体系中,就必须考虑如何应付针对稻米的掠夺,这已经被那珂遗址的环濠所证实。不过那珂遗址和板付遗址的环濠很早就被填埋,或许在实际生活中,并没有发生抢掠稻米之类的事件。

二、新型村落的出现

如果根据检丹里环濠聚落的布局来审视板付的环濠和那珂的环濠,那么应该是在具有防御功能的环濠内部分布着少数被保护的房屋,而大部分房屋分布在环濠以外,即在接受水稻耕作时期的环濠聚落中,有些村落中居住的人群间已经出现了差别。可是,即使目前对日本列岛接受稻作时期的环濠聚落做了一定的工作,但是对于环濠内外遗迹的布局并不十分清楚。尽管在板付遗址发现了环濠、贮藏设施、墓葬和水田,但是没有发现分布在环濠内外的居住遗迹。不过,在福冈县糟屋郡粕屋町江辻遗址的工作,为了解上述问题提供了线索。

江辻遗址属于夜臼式陶器单纯期的聚落,共发现 9 座圆形半地穴式房屋和5 座地面①式仓库建筑,仓库建筑之间虽然有重叠的迹象,建筑年代不限于同一

① 原著为"掘立柱"式建筑,是日本考古学特有的名词,这种建筑没有地基,将柱子直接埋入柱洞以支撑建筑的上部结构。相对于半地穴式房址,这种建筑修建于地上,所以称之为地面建筑。

时间,但从建筑的分布和相互间隔看,后期只是对建筑进行了改建或修缮。虽然还有一部分遗迹分布在发掘区以外,但是通过发掘区可以了解遗址的基本情况。

观察江辻遗址的聚落结构,共有约10座间距在20米左右的房屋围绕着直径约50米的圆圈呈环状分布(发掘区内7座,推测在发掘区外还有3座),在环状分布之内有2座房屋,其中9号房屋周围分布有仓库建筑,即其他的房屋都是围绕着中心的2座房屋和仓库而排列的。发现的9座房屋均为松菊里型。在环状排列的房屋外侧围以濠沟,沟的外侧没有发现任何遗迹。濠沟虽然围绕在居住区周围,但是并没有防御功能,从这个角度讲不能称之为环濠,可以称为环沟以与环濠相区别。在相隔约40米外的没有任何遗迹的区域发现有大沟,已延伸到发掘区外。在大沟附近发现了植硅石,因此大沟可能是作为聚落和水田间的区划。进一步推测,很可能由环沟围起的居住区的外侧有旱田,而作为水渠的大沟则把旱田与水田隔开。

由于江辻遗址的发掘,使我们了解了从事水稻耕作的村落的全貌。村落有疑似环濠的环沟围绕,松菊里型房屋呈环状布局。时间上稍晚的同类遗址是福冈市早良区重留遗址群,对该遗址群也进行了考古发掘工作。重留遗址群的年代属于弥生时代前期前半,由长150米以上的环濠围绕。在环濠外侧第8·Ⅲ地点发现了9座房屋,还有墓地和贮藏用的窖穴,在环濠内侧的第9·Ⅲ地点发现了7座房屋。房屋不是同时期并存的,除1座以外均为圆形,存在着松菊里型房屋。从环濠的规模看,重留聚落的规模远远超过江辻遗址,同时在环濠的内外都发现有成群的房屋,表明居住在村落里的人已形成不同的集团。

要讨论江辻和重留聚落的谱系,其关键是在这两个遗址中出现的松菊里型房屋。松菊里型房屋因发现于韩国最早的从事水稻耕作的忠清南道扶余郡松菊里遗址而得名,其特点是半地穴房屋平面呈圆形,在居住面的中央有椭圆形的土圹,其两端有主柱洞(没有其他柱洞)[36]。而松菊里型房屋与环濠聚落之间存在着联系,是由于在松菊里遗址发现了一部分环濠而得以确认,不过在检丹里遗址仅发现了2座松菊里型的房屋。也有学者认为,在日本列岛到目前为止发现的接受水稻耕作时期的半地穴房屋,不管其周围是否有环濠,均为在福冈县糸岛群二丈町曲田遗址发现的那种平面呈方形的形态。之所以存在这种观点,是因为从韩国的发现情况看,松菊里型房屋主要分布在忠清南道和全罗南道,与九州北部地区之间距离较远,而在九州对岸的庆尚南道虽然也发现有松菊里型房屋,但还是像检丹里遗址那样,多为方形房屋[37]。若是方形房屋,其源头则可以追溯到绳纹时代,但是最迟在弥生时代中期圆形半地穴房屋就已达到全盛期,显然方形房屋不是其源头。因此,松菊里型房屋应作为弥生时代圆形房屋的初始形态而引起关注。

目前还没有直接看到江辻遗址出土的器物,已知江辻遗址出土的遗物以夜臼式陶器为主,这是水稻耕作技术体系在这里扎根以后才出现的新器物,还共出有朝鲜半岛的无纹陶器和朝鲜系磨制石器。可以认为这些新传入的文化,通过修建松菊里型房屋而使住宅的形态和结构等改变一新。

江辻遗址和重留遗址群所取得的成果的意义在于,使我们明确了接受水稻耕作时期的村落的结构,而在此之前,我们只有片面的、不完整的信息。在对江辻遗址进行发掘以前,能够了解聚落内部的房屋构造的是曲田遗址,可是在曲田遗址发现的30座方形的半地穴房屋互相叠压,分布密集,难以了解房屋之间的关系与布局。而在重留环濠聚落第9·Ⅲ地点发现的3座圆形房屋间距相同、呈环状排列,可以推测整个聚落的房屋很可能为环状布局[38]。而江辻遗址的发掘则对于目前在研究房屋形态、聚落内部布局等方面缺少线索的状况提供了重要的资料。

出现了新型的村落,食用稻米,居住在新型结构的房子里,这些都一改绳纹时代的衣食住(尽管尚未进行有关衣的讨论)而焕然一新,标志着日本列岛凭借着从朝鲜半岛学到的新知识而开始了新的生活。

三、出现了完备的水田

福冈市博多区板付遗址,位于经福冈平原东部流向北部博多湾的御笠河的左岸。遗址所在地一直到近年都是平坦的水田地带,村庄坐落在穿过水田、南北呈带状延伸的河边台地上。通过发掘可知,接受稻作时期的景观与现在并无大的差别,遗址由分布在台地上的以环濠围绕的聚落和分布在台地下的水田组成。板付遗址发现的水田是目前能够确认的最早的水田,而板付遗址与那珂遗址同样都是最早的环濠聚落。

接受稻作时期(叠唇花边口沿陶器单纯期、夜臼式期)的水田分布在聚落的西部,位于人工挖掘的水渠西侧[39],其上层发现了板付Ⅰ期的水田,即在这里发现了弥生时代成立之前和成立之后的两层水田。水渠的西岸为宽1米左右的田埂,下层(夜臼式期)的水田就在水渠的西侧。在水渠中发现了由打入的木桩修成的堰,在水渠的上游有横切水田畦埂的水口,在水口处也有同样的堰。木桩之间还残留着一些木材,进水时将横木拦在木桩间,并用砂土、草堵住水流,排水时则取走横木、草和土以使水流通畅,判断这些木桩很可能就是用来调节水流量的井堰。

畦埂用木桩、护板和立在两端的横板加固,把水田划分成不同的畦,在水田西部修建的畦埂间的宽度,大约是东部沿水渠修建的畦埂间宽度的二分之一。在板付遗址没有发现完整的一畦水田,不过从井堰之间的距离,并参考在福冈市南区野多目遗址发现的水田情况,推测每畦水田呈南北窄长状,宽6—10米,南北长约50米,一畦水田的面积为500平方米左右。板付I期的水田也具有与之相类似的结构。

板付水田已经是很完备成熟的水田。1966—1967年在佐贺县唐津市宇木汲田遗址进行了发掘,发现了最早的稻作遗址,当时学界认为那是在沼泽地边缘进行的粗放的水稻耕作。在板付遗址的发掘表明,稻作接受时期的水田不是偶然地利用湿地边缘地带,而是经过整体的规划,具备水渠、井堰,进水/排水口等设施,其构造与现代水田基本相同。山崎纯男对包括板付遗址在内的九州北部地区发现的早期水田进行分析后,把水田分为像板付遗址那种的干田或半干田型,以及像唐津市菜畑遗址那种的湿田型,两种类型在水稻耕作的初期都已经出现。这些不同类型的水田虽然存在一些差别,但是不仅仅是在板付遗址、野多目遗址,也包括湿田型的菜畑遗址,都用由木桩、护板加固的田埂对水田进行区划,并有水渠等灌溉设施。这些表明传入日本列岛的水田修建技术已经是一个完备、成熟的体系。

据报导,菜畑遗址的水田属于山之寺式期,但山崎纯男认为其年代可能稍晚,所以作为遗迹的水田以板付水田年代最早。可是从菜畑遗址和曲田遗址出土的遗物看,不能否认在山之寺式期已经存在水稻耕作,山崎只是认为菜畑遗址发现的水田在年代上可能存在一些问题,但是亦没有否认其存在的可能性。目前已经能够证明完备成熟的水田在绳纹时代晚期末已经传入日本列岛,由于有菜畑遗址的资料,传入的时间也许还可以向前追溯。

四、稻作使用的工具

前文在讨论环濠聚落、新型村落以及完备的水田时,主要是以近年发掘的那珂遗址、江辻遗址和板付遗址为主,下文将以被称为初期农耕资料宝库的唐津市菜畑遗址为重点说明稻作使用的工具。

菜畑遗址出土了水田耕作用的工具、栽培的各种植物、食用过的动物等非常丰富的遗物,通过这些遗物,可知当时不仅已经有了完备的水田,而且已经形成了耕作技术体系。

首先看出土的农具(图七)。大部分农具是木制的,因此必须要有木工加工工具。遗址中出土的大量磨制石器就属于木工工具,其中虽然也有绳纹系的石斧,但是发现了大量的新传入的大陆系磨制石器,包括弧刃石斧、扁平石锛、柱状石锛、有肩石锛等,这些石器均装有木柄,其刃部可以观察到一些磨损痕迹,表明这些石器是在加工木制农具时使用的工具。

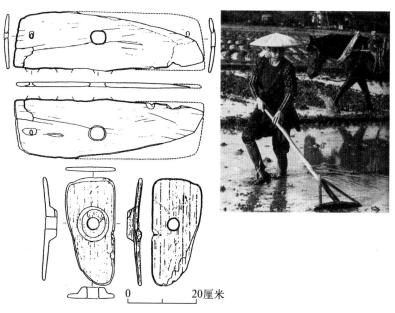

图七　作为基本农具的平耙和大锄

左: 唐津市菜畑遗址出土的平耙与大锄　右: 平耙的使用

菜畑遗址出土的农具有用于水田挖土的大锄和平土用的板状平耙。挖土用的工具还没有发生功能的分化,没有发现镢状锄和齿状锄、锹等,在板付遗址也发现有大锄和板状平耙的组合,表明这是基本的农具组合。在最近发掘的福冈市博多区雀居遗址发现的同时期的农具已出现了功能的分化,但也都属于基本的农具。

1991年,笔者有机会考察中国云南省西双版纳傣族自治州勐海县,在山区看到了爱尼族人收获稻穗的生产活动。这一带直到很晚还实行烧田,现在为了保护森林禁止烧田,农民们则改为在旱田进行耕作。笔者看到的正在进行收获的田地即是旱田,为了准备下一次的耕作,他们在收获的同时进行耕田,使用的工具就是镢状锄与板状平耙。由此可知镢状锄与板状平耙的使用一直延续到现代,是在水田和旱田进行稻作时都需使用的基本农具。

收获工具使用石刀。石刀是割取稻穗的工具,在福冈县小郡市津古内畑遗址的贮藏穴中,发现了成捆的割下的稻穗,由此可以知道石刀的用法。有学者提出之所以不使用从根部收割用的镰刀而使用石刀,是由于在稻作初期稻子的抽穗期并不一致,因此需使用石刀依次将成熟的稻穗割下[40]。可是从菜畑遗址和韩国的松菊里遗址出土的炭化稻米来看,米粒的形态、大小一致,推测抽穗期应该与现在的水田没有大的差别。从福冈县小群市横隈山遗址发现的被割下的炭化稻穗来看,其颗粒也很均匀。以公元730年(天平二年)大倭国的决算书为代表的奈良时代的决算书中,记有大量的割下的稻穗——"颖稻",说明铁镰的普及并不一定代表着必须要使用从根部进行收割的方式,因此有必要对石刀的使用和消亡的意义进行再思考。与石刀具有相同用法的铁刀,被称为摘禾刀、手捻刀、摘镰等,直到近年在中国的西南地区以及东南亚地区还在使用[41]。根据在云南的调查,迟迟不使用铁镰的一个主要原因,是因为采用割穗的方式会提高稻穗的脱粒率。虽然还没有发现这一时期用于对收获的稻谷进行脱壳用的杵臼,不过在弥生时代前期前半出现的握部呈算盘珠状的杵,以及与杵相配使用的臼,应该是从接受稻作时期就已经使用的脱粒工具。

五、稻作的普及

在菜畑遗址,一直到弥生时代前期初年的地层中,除了发现有稻米以外,还有谷子、大麦、荞麦、小豆、紫苏、牛蒡、葫芦、甜瓜、香瓜等植物的种子,这些作物都需要种植在旱田里,所以与菜畑遗址的名称十分符合。还发现有野猪、鹿、牛、野兔、貉、獾、日本海狮、海豚、儒艮等哺乳类动物的骨头,还有鲨鱼、加吉鱼、黑鲷、鲈鱼、金枪鱼、沙丁鱼、海螺、贝等鱼介类的骨头,包括了在唐津地区生息的所有可以捕获到的动物。野猪后来经鉴定是家猪,如果确实如此,表明当时已经开始了食用家畜的饲养。

看到上述食物资源,可以想象当时生活在菜畑遗址的人们能够吃到各种各样的食物,但是并不能因此而认为这样的饮食生活已经很奢华。从出土的稻作接受时期的炭化米看,10%左右是未成熟的秕子。由于有各种各样的自然灾害,稻作的生产并不稳定,虽然已经接受了修建水田以及从事水田耕作需要的所有农具等完备的稻作生产技术体系,但是当时的食物来源并非完全依靠稻作,也不能只从事稻作,这就是从事初期农耕时期的真实情况。还不清楚稻米以外的栽培植物和动物在当时人们的食物总量中占有多大的比重,不过当时人们实际上能够吃到的食物,不管是主食,还是副食,都是多样化的。尽管这样使得稻米在当时人们的食物中所占比重有所减少,但是稻作生产的重要性在于,通过占有土地、分配水资源等活动,使得人与人之间必然发生交往,从而对当时的社会和人们的生活产生规范作用。

水稻耕作在玄界滩沿岸被成功地接受以后,和旱田耕作、饲养家畜一起,沿九州南下,向东扩展到西日本。如果以菜畑遗址出土的瓮、壶和豆等与绳纹陶器功能不同的叠唇花边口沿陶器作为标志,初期的稻作遗址集中分布在玄界滩沿岸。在九州地区内的传播主要是沿西海岸南下,到达熊本市的江津湖遗址,以及鹿儿岛县金峰町下原、宫崎县都城市黑土等遗址。在黑土遗址出土的夜臼式陶器的胎土中发现了稻米粒,从该遗址的选址看应该是从事旱稻的栽培,很可能属于早期阶段的旱田栽培的遗址,不过与夜臼式陶器共出有朝鲜系的磨制石刀,也表现出与水稻的联系。在遗址分布较少的东海岸,有大分县挟间町下黑野、宫崎市平畑等遗址,可以看到稻作零散的传播。

水稻耕作的普及在西日本非常明显,这可以从四国地方的大渊遗址和林坊城遗址窥见一斑。在爱媛县松山市大渊遗址发现了属于朝鲜系无纹陶器的壶,有稻壳痕迹的陶器与作为摘穗用工具的石刀、石镰共出,虽然没有发现属于大陆系的磨制石器,但是也相应地使用了打制石斧之类的绳纹时代以来的石器。这是因为水稻耕作技术中需要学习的东西太多,在绳纹时代已经掌握的技术若符合水稻耕作的需要,则会继续加以利用,这种灵活应变的策略加速了稻作的普及。在香川县高松市林坊城遗址出土了在镬状锄出现以前使用的挖土工具——木制的大锄。在高知县中村市入田遗址则发现了稻米的实物。在中国地区,冈山市津岛江道遗址发现了水田。近畿地方,在大阪府茨木市牟礼遗址发现了属于绳纹时代晚期滋贺里Ⅳ式后半①至船桥式时期②的井堰,显示出接受稻作时期的耕作景象。同时期的兵库县伊丹市口酒井遗址发现了磨制的石刀,以及压印有稻壳痕迹的浅钵。属于滋贺里Ⅳ式的压印有稻壳痕迹的陶器,以在大阪府东大阪市鬼冢遗址的发现为代表,已经在超过十个以上的遗址中发现,由此可知稻米已经进入这个地区[42]。这些地区有关稻作的资料尚不完整,仅凭这些信息还不能了解当时稻作普及的全貌,但是通过图八则可以清楚地看到水稻耕作普及的状况[43]。

从图八可以看出水稻耕作的普及分为两个阶段。第一阶段,在从绳纹时代末(叠唇花边口沿陶器期)向弥生时代第Ⅰ期(前期)的转换期,在九州北部已被接受的水稻耕作技术体系传播到整个西日本。这是承载着水稻耕作技术体系及其文化、社会的"稻作信息"的第一轮传入,由此诞生了弥生时代。在这个阶段,蕴含着水稻耕作技术的"稻米信息"继续向东传递,甚至在东日本的青森县弘前市砂沢遗址也发现了尝试种植水稻,或者是在自己不能生产的情况下尝试体验米食的现象。第二阶段,是"稻作信息"在日本列岛的第二轮传播,当与稻作有

---

① 日本绳纹时代晚期分布在近畿地区的陶器类型。
② 日本绳纹时代晚期末分布在近畿地区的陶器类型。

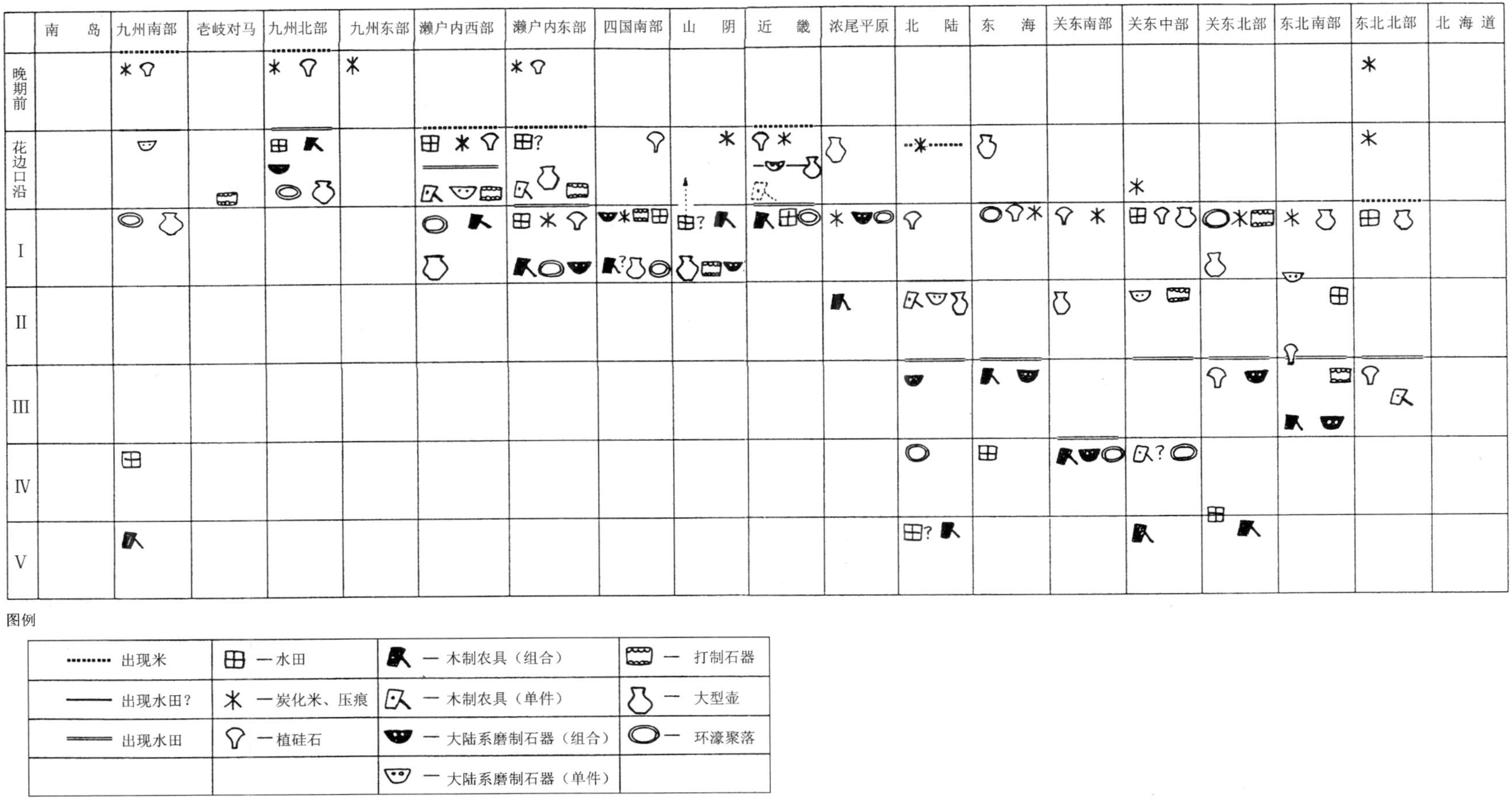

图例

田 — 水田	📦 — 木制农具（组合）	📦 — 打制石器	
＊ — 炭化米、压痕	📦 — 木制农具（单件）	♀ — 大型壶	
♀ — 植硅石	📦 — 大陆系磨制石器（组合）	○ — 环濠聚落	
	📦 — 大陆系磨制石器（单件）		

...... 出现米
—— 出现水田?
—— 出现水田

＊ 本图是根据第30次埋藏文化财研究集会《各地稻米生产的开始》（埋藏文化财研究会编，1991年）中各地区研究者的研究成果制成。

＊ 此后，在濑户内东部的南沟手遗址和东北北部的风张遗址发现了炭化米，年代大约在绳纹时代晚期前半，明确了稻米出现的时间可以向前追溯到绳纹时代晚期前半。另外在九州北部地区，很可能是旱稻栽培。

如果对上述材料的判断是正确的话，可把稻米出现的时间提前到叠前到唇花边口沿口陶器期。

图八　日本列岛稻作文化的传播

关的信息传到北陆、东海地方以东的东日本,水稻耕作在那里扎根时,已经到了弥生时代的第Ⅲ期(弥生时代中期前半到中段)。

绳纹时代晚期,朝鲜半岛的无纹陶器文化随着水稻耕作传入九州北部地区,在这里诞生了其分支——弥生文化。不过这仅限于在玄界滩沿岸地区的平原地带,日本列岛尚没有全部进入弥生时代,因此不能把进行水稻耕作视为进入了弥生时代的早期。正如以马修·佩里的黑船①为代表的19世纪欧洲社会的冲击结束了德川幕府的锁国政策,导致了江户时代明治维新运动一样,只有当包含有水稻耕作技术体系的文化、社会,即第一轮"稻作信息"到达整个西日本时,才是弥生时代的真正开始。

第四节　阶层社会的诞生

一、接受稻作期到弥生时代前期的两种环濠

水稻耕作技术体系给绳纹社会带来了各种各样新的文化的结合,使得社会面貌焕然一新,让日本列岛第一次体会到真正的国际化所带来的成果。前文已经讨论了随着国际化而产生了很多新的变化,而人与人之间出现了身份的差别,也是国际化所带来的重要的新变化。下文将通过环濠聚落的结构来观察这个问题。

考察接受稻作时期,以及后来的弥生时代前期的环濠聚落,如板付环濠和那珂环濠等,都可以分为两种。一种是以居住的房屋为中心将生活场所围绕起来的环濠,另一种是用于贮藏穴管理的环濠[44]。

围绕居住区的环濠的典型例子是福冈市早良区重留遗址群。该遗址分布在福冈平原和糸岛平原之间的早良平原,位于平原东部油山山麓下的冲积台地上,1988年和1989年进行了发掘。由于发表的发掘报告非常简略,尚不能判断不同年度发掘的区域是否具有同时性,但是在目前已发表的资料中,可以看到非常值得关注的现象。

在重留遗址群的发掘中,第二次发掘的第8-Ⅲ地点和第9-Ⅲ地点非常重要。

---

　　①　马修·佩里(Matthew Calbraith Perry),美国海军准将。1853年,马修·佩里率领舰队进入江户湾(今东京湾)岸的浦贺,把美国总统米勒德·菲尔莫尔写给日本天皇的信交给了德川幕府,要求同日本建立外交关系和进行贸易。史称"黑船事件",亦称"黑船开国"。

在第 8-Ⅲ地点发掘的探沟的第二层,发现了绳纹时代晚期的沟,在沟的北侧发掘出 9 座弥生时代前期的包括有松菊里型的小型圆形房屋。房屋直径为 4—6 米,分布密集,互相有叠压,在发掘范围内同时并存的房屋最多有 3 座,很难再做进一步的划分。在房屋的东侧分布有 26 个瓮棺墓,均为儿童墓,年代大体上从弥生时代前期的板付Ⅰ式并行期到弥生时代中期初年。另外还发现有 16 个贮藏穴。房屋、贮藏穴、墓地的年代还没有做进一步的整理,但其整体上的分布并不重合,表明在聚落内部存在着空间上的区划。报告中虽然将发现的沟称为 V 字形沟,但是考虑到房屋和瓮棺墓的地表都已被破坏,所以其规模尽管可能没有板付和那珂遗址的环濠那么大,但也可能是濠。

在第 9-Ⅲ地点也发现了绳纹时代晚期的剖面呈 V 字形的沟,在沟的南侧发现了 7 座房屋,其中有 5 座为松菊里型房屋。7 座房屋中只有一座是方形,其余均为圆形。房屋的分布较为疏朗,同时并存的房屋可能有 4—5 座。房屋的年代与第 8-Ⅲ地点同时,在弥生时代前期的板付Ⅰ式—Ⅱ式的并行期间。在第 9-Ⅲ地点绳纹时代晚期的沟与住宅群之间还有一条 V 字形的沟,后者应该是围绕住宅群修建的围沟。

在第 8-Ⅲ地点和第 9-Ⅲ地点之间隔着一条绳纹时代后期以来的谷地,两地点以谷地相隔形成了各自的单位集团。可以认为第 9-Ⅲ地点的住宅群或在其周围以沟围绕,或是截断丘陵尾部以示区划。第 8-Ⅲ地点应该是另一个集团。不过在报告中发表的发掘地点全图,虽然没有相应的说明,但是把在上述两个地点发现的绳纹时代晚期的 V 字形沟连在一起而看作是一条沟。在 1990 年对这条沟又进行了发掘,确认其延伸到第 19-Ⅱ地点、第 10-Ⅳ地点和第 21 地点,可知这是一条直径约 200 米的环濠,目前已经发掘了一半。很可能在这里存在着属于弥生时代前期前半的环绕居住区的环濠或者环沟。环濠穿越谷地延伸的现象在吉野里遗址也有发现,应该没有问题,值得注意的是同一报告中简报部分与对附图的解释存在着差异。

重留遗址发现的环濠围在村落的周围,是目前发现的最早的环濠聚落。在环濠内部的第 9-Ⅲ地点,与其北部由房屋、贮藏穴和墓地组成的居住区(第 8-Ⅲ地点)间以濠相隔。在其南侧大约相隔 350 米,在第三次发掘的第 10-Ⅱ地点发现了一座弥生时代前期的松菊里型房屋,也可能与第 8-Ⅲ地点的房屋有关。无论如何,目前在居住区周围围以环沟的例子,在属于接受稻作期的江辻遗址也有发现,而在居住区周围围以环濠的例子则以弥生时代前期后半的小郡市横隈山遗址第 7 地点为最早,因此期待着有关重留遗址的全面报导能够早日发表。

另一方面,用于管理贮藏穴的环濠在弥生时代前期中段以后开始出现。

用于管理贮藏穴的环濠的典型例子是葛川遗址。葛川遗址位于福冈县东北部的苅田町白川,分布在以石灰岩台地著名的平尾台和周防滩之间的地带,坐落在从山麓向平原地带突起的丘陵的前端。经过 1982 年、1983 年的发掘,在这里发现了弥生时代前期中段的贮藏穴 35 座,以及围绕着贮藏穴的环濠。环濠的平面呈卵形,长径 53 米、短径 43 米,面积约 1 600 平方米。濠的剖面呈 V 字形,濠壁陡峭,上口宽 2.6 米,深 1.9 米。27 个贮藏穴分布在环濠内侧,4 座在环濠外侧,还有 4 个打破了环濠,表明这些贮藏穴的修建和使用经历了一定的时间跨度。负责发掘工作的酒井仁夫认为,当时是在环濠内侧围绕着中央的空地修建了 4 组贮藏穴,环濠被填埋以后,贮藏穴分布的范围进一步扩大,在濠外又形成了新的一组贮藏穴,所以共有 5 组贮藏穴。在葛川遗址没有发现与贮藏穴同时期的房屋,因此居住区和贮藏区应该是分开的,已发现的环濠应该是用于贮藏穴管理的区划[45]。都出比吕志也指出该遗址的环濠是为了进行贮藏区的区划,即用于对收获物进行管理、贮藏的专用区域的区划。

在葛川遗址发现的这种用于贮藏穴管理的环濠,在与其基本同时的小郡市横隈北田遗址,以及属于弥生时代前期后半的宗像市光冈长尾遗址、弥生时代前期末的佐贺县中原町町南遗址也有发现。

综上所述,在接受稻作期到弥生时代前期,环濠可以分为两种,分别用于环绕居住区和贮藏穴管理。根据面积的不同可以分为三种,第一种,如葛川遗址、横隈北田遗址、光冈长尾遗址等,面积为 1 500 平方米左右的小规模环濠;第二种,如板付遗址内濠、横隈山第 7 地点等,面积大约在 4 000—7 000 平方米的中等规模环濠;第三种,板付遗址外濠、那珂遗址、重留遗址,以及有田遗址,均为长径在 150—300 米左右,面积超过 40 000 平方米的大规模环濠。从上述遗址发现的环濠看,小规模的环濠用于贮藏穴管理,中、大规模的环濠则环绕在居住区的周围。

二、出现环濠聚落的意义

目前发现的属于接受稻作时期和弥生时代前期的环濠聚落的资料还很有限,难以对其传播的意义做出评价。不过,通过对重留环濠聚落和江辻环濠聚落的资料进行分析,也可以对有关的若干问题进行讨论。而板付遗址,最早是被日本考古学协会弥生式陶器文化综合研究特别委员会在 1951—1958 年进行的发掘所确认,后来又进行了数次发掘调查,1988—1989 年通过文物普查又对该遗址的遗迹进行了发掘,至今已了解其全貌,因此以板付遗址发现的环濠为中心,可以对环濠聚落出现的意义重新进行讨论。

　　负责板付遗址发掘工作的山崎纯男认为,板付的聚落是在分布在河边台地上的居住区周围围绕着双重环濠(图九)[46]。一般作为环濠聚落的典型而为学界所熟知的是将居住区中部围绕起来的内濠。内濠的剖面呈 V 字形,从保存较好的地方可知濠宽约 5 米,深 2.5 米。当初的规模现已不可知,但与那珂的环濠相比,濠壁更为陡峭,很难从濠底爬到顶部。山崎又根据填埋濠沟的土层堆积,推测在濠沟的两侧原来还有土垒。内濠的宽度已经使跨越濠沟困难重重,再加上两侧修筑的土垒,足以使内濠的内侧与外侧隔离。内濠以及两侧的土垒围成一个南北长 110 米、东西宽 81 米、面积约 6 700 平方米的卵形,西南部留有大约 4 米宽的陆桥,这是唯一与外部相通的出入口。这种与外界的隔离性,使得内濠具有非常强烈的防御色彩。

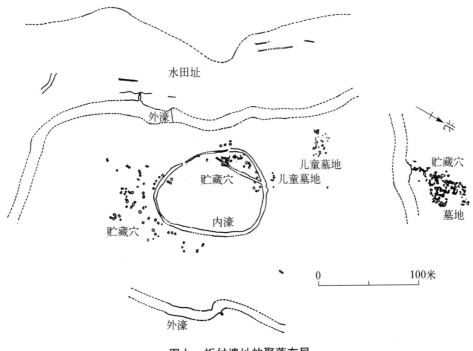

图九　板付遗址的聚落布局

　　内濠的里侧有一条被称为弦状濠的直濠,剖面呈 V 字形,濠壁陡峭,将内濠内部分为西北部的小区与东南部的大区。弦状濠的北端与内濠相通,南端与内濠间有宽约 5 米的陆桥,成为小区与大区间的通道。推测在弦状濠的西侧修建有土垒,小区则由濠和土垒围绕。由于内濠的陆桥位于大区一侧,所以小区位于内濠的最里端。小区内发现了大约 40 个贮藏穴,显示出其作为仓库区的特性。相反,大区内由于地表已被向下挖削,没有发现遗迹,因此大区的性质不清。而环濠内部划出的小区和大区在面积上与前述分别用于贮藏穴管理（仓库区）和用于围绕居住区的两种环濠的面积相对应，即小区应该是集中了贮藏穴的仓库区，大区则是居住区。江辻遗址和重留遗址发现的环濠聚落支持了上述认识。

在台地的平坦地带，内濠与位于台地下的水田之间还有很广阔的区间，在这个区域里没有发现房屋，但是发现有贮藏穴群和儿童墓地，也有弥生时代前期末段的坟丘墓。如果参考重留遗址在环濠外还有居住区，在居住区发现了房屋、贮藏穴和墓葬等成组的遗迹，板付遗址在内濠的周围，很可能还存在着几个包含有房屋、贮藏穴和墓葬等成组遗迹的居住区。

居住区和水田间由流过台地边缘的水渠相隔。水渠沿着台地边缘呈南北方向延伸，其中还修建有井堰等水利设施，显然是为了灌溉水渠外侧的水田。另外，在距内濠100—130米处，修建了横断台地的东西向濠沟。到目前为止的发掘尚没有对其进行完全的揭露，所以不能明确其是否与水渠有关，山崎认为水渠和上述濠沟应该相连，是相对于内濠的外濠。虽然也有学者对此持不同看法，但是在内濠与水渠、水田之间，以及在北侧东西向濠沟的外侧都发现有贮藏穴群和墓地，这些很可能是分布在台地平坦处居住区中的不同的居住区域，因此沿着水田修建的水渠也可能同时具有外濠的功能。这种外濠与在佐贺县神埼郡吉野里遗址发现的环濠聚落的外濠有很大差别，如果考虑到这里的台地存在有5米左右的落差，很有可能板付遗址四周的濠沟是和水渠相连而起到外濠的作用。这样板付遗址的外濠其范围大体上南北长370米，东西宽170米，与基本同时期的福冈市早良区有田遗址发现的300米×200米，面积约40 000平方米的环濠的规模相当。

在接受稻作期建立起来的板付聚落，由贮藏穴、墓地以及尚未发现的半地穴房屋一起组成了几个居住区，存在着内濠与外濠的双重环濠，还有由水渠、水利设施、畦畔等组成的完备的水田。在居住区中，存在着居住在由深濠和土垒环绕，与外界严密隔离的内濠内部的人群，居住在内濠与外濠之间的人群，以及外濠以外的人群等三部分。即使外濠的判断存在问题，那么在环濠和东西向的濠沟间，仍然可以分为三个居住区。从内濠的结构来看，很难说三个居住区之间的差别仅仅是出于选地的不同。板付遗址作为接受水稻耕作时期建立的最早的村落，在居住区上表现出的差别，应该是表明当时居住在这里的人群已经出现了身份、地位的差别。

接受稻作时期的环濠聚落为数不多，大量的是没有环濠的村落，更准确地说是一般的村落。数量不多的具有环濠的村落，不管是有田，还是那珂、板付，作为分布在平原上的聚落，都一直延续到弥生时代前期末—弥生时代中期。环濠不仅表现出村落内部的差别,同时也意味着村落之间的分化。因此可以说,在弥生时代前期末社会的阶层化已经日渐明显。

注释:

［1］陈文华:《中国の稲作起源をめぐる諸問題》,《中国の稲作起源》,日本六興出版社,1989 年。

［2］白木原和美:《琉球弧の世界》,《海と列島文化》第 6 辑,1992 年。

［3］安志敏:《长江下流域先史文化の日本列島への影響》,《考古学雑誌》70—3,1985 年(原载《考古》1984 年 5 期,439—448 页)。

［4］厳文明:《中国稲作農業の起源》,《中国の稲作起源》,日本六興出版社,1989 年(原载《農業考古》1989 年 2 期,72—83 页);林华东:《中国稲作农业的起源与东传日本》,《农业考古》1992 年 1 期,52—59 页。

［5］佐藤洋一郎:《稲のきた道》,日本裳華房,1992 年。

［6］安藤広太郎:《日本稲作の起源と発達》,《稲の日本史》上,日本筑摩書房,1969 年。

［7］和佐野喜久生:《九州北部古代遺跡の炭化米の粒特性変異に関す考古・遺伝学的研究》,《育成学雑誌》43—4,1993 年。

［8］橋口達也:《日本における稲作の開始と発展》,《石崎曲り田遺跡Ⅲ》,今宿バイパス関係埋蔵文化財調査報告 11,1985 年;春成秀爾:《弥生時代の始まり》,UP 考古学選書 11,東京大学出版会,1990 年。

［9］山崎純男:《北部九州の初期水田》,《九州文化史研究所紀要》32,1987 年。

［10］和佐野喜久生:《九州北部古代遺跡の炭化米の粒特性変異に関する考古学・遺伝学的研究》,《育成学雑誌》43—4,1993 年。

［11］下條信行:《日本稲作受容期の大陸系磨製石器の展開》,《九州文化史研究所紀要》31,1986 年;埋蔵文化財研究会編:《弥生時代の石器—その始まりと終わり—》,同研究会,1992 年。

［12］後藤直:《朝鮮南部の丹塗磨研土器》,《古文化論攷》,鏡山猛先生古稀記念論文集刊行会,1980 年。

［13］川越哲志:《金属器の普及と性格》,《日本考古学を学ぶ》2,有斐閣選書,1980 年。

［14］賀川光夫:《縄文晩期農耕の一問題》,《考古学研究》13—4,1967 年。

［15］別府大学文学部考古学研究室編:《縄文式晩期農耕文化に関する合同調査》,《九州考古学》31,1967 年号。

［16］藤原宏志:《プラント・オパール分析による農耕跡の追究》,《弥生文化研究》2,日本雄山閣,1988 年。

［17］前田義人、武末純一:《北九州市貫川遺跡の縄文晩期の石庖丁》,《九州文化史研究所

紀要》39,1994 年。

[18] 武末純一:《縄文後晚期農耕論への断想》,《古文化談叢》30 下,1993 年。

[19] 後藤直:《農耕社会の成立》,《岩波講座日本考古学》6,日本岩波書店,1986 年;《朝鮮半島の栽培植物と家畜》,《ミュウジアム九州》31,1989 年。

[20] 韓国先史文化研究所·京畿道:《自然と古人の生·自然環境調査》,1992 年。

[21] 町田章:《中国と朝鮮の稲作》,《稲のアジア史》3,日本小学館,1987 年。

[22] 後藤直:《農耕社会の成立》,《岩波講座日本考古学》6,日本岩波書店,1986 年

[23] 渡辺誠:《西北九州の縄文時代漁撈文化》,《列島の文化史》2,1985 年;渡辺誠:《日韓交流の民族考古学》,日本名古屋大学出版局,1995 年;木村幾多郎:《韓日石器時代研究者の交流》,《ミュウジアム九州》35,1990 年。

[24] 渡辺誠:《西北九州の縄文時代漁撈文化》,《列島の文化史》2,1985 年。

[25] 島津義昭:《曽畑式土器の世界》,《考古学ジャーナル》365,1993 年。

[26] 前川威洋:《九州の縄文晚期の石庖丁》,《九州考古学》36·37,1969 年。

[27] 片岡宏二:《筑紫平野における初期鋳型の諸問題》,《考古学ジャーナル》359,1993 年。

[28] 金載元、尹武炳編:《韓國支石墓研究》,韓國國立中央博物館,1967 年。

[29] 甲元真之:《朝鮮支石墓再檢討》,《古文化論攷》,鏡山猛先生古稀記念論文集刊行會,1980 年。

[30] 田村晃一:《東北アジアの支石墓》,《アジアの巨石文化》,日本六興出版社,1990 年。

[31] 江坂輝彌:《中国浙江省南部·瑞安市棋盤山上の支石墓見学記》,《考古学ジャーナル》352,1992 年。

[32] 俞天舒:《棋盤山石棚墓群》,《瑞安文物》1990 年 1 期。

[33] 岩崎二郎:《北部九州における支石墓の出現と展開》,《古文化論攷》,鏡山猛先生古稀記念論文集刊行会,1980 年。

[34] 河仁秀:《嶺南地方支石墓の型式と構造》,《古文化談叢》32,1994 年(原載《伽耶考古学論叢》1,1992 年)。

[35] 原口正三:《弥生時代と環濠聚落》,《季刊考古学》31,1990 年。

[36] 中間研志:《松菊里型住居》,《東アジアの考古と歴史》中,日本同朋舍,1987 年。

[37] 安在晧:《松菊里類型の検討》,《古文化談叢》31,1993 年(原載《嶺南考古学》11,1992 年)。

[38] 高倉洋彰:《稲作出現期の環濠集落》,《日本における初期弥生文化の成立》,日本文献出版社,1991 年。

[39] 山崎純男:《北部九州の初期水田》,《九州文化史研究所紀要》32,1987 年。

[40] 近藤義郎:《初期水稲農業の技術的達成について》,《私たちの考古学》15,1957 年。

[41] 賀川光夫:《稲の穂刈り》,《ミュウジアム九州》21,1986 年。

[42] 森岡秀人:《初期稲作受容期の一姿相》,《播磨考古学論叢》,今里幾次先生古稀記念論

文集刊行会,1990 年。

[43] 埋藏文化財研究会編:《各地域における米づくりの開始》,同研究会,1991 年。

[44] 都出比呂志:《環濠集落の成立と解体》,《日本農耕社会の成立過程》,日本岩波書店,
1989 年。

[45] 藤井功、酒井仁夫:《北部九州弥生文化の研究と課題——豊前地方を中心にして》,
《日本史の黎明》,八幡一郎先生頌寿記念考古学論集,日本六興出版社,1985 年。

[46] 山崎純男:《環濠集落の地域性——九州地方》,《季刊考古学》31,1990 年。

第二章　地域社会的确立和
统治者的出现

第一节　武器与装饰品

一、翡翠制的项链

使弥生时代得以确立的水稻耕作技术向西日本的普及,形成了以远贺川式陶器分布范围为代表的共同文化圈,这也是确立西日本社会的共同的基础。但是很快西日本各地就向个性化发展,不过在共性中存在的个性,也与此前有所不同。下文将通过翡翠(硬玉)制的项链窥其一二。

在接近弥生时代前期结束之时,九州北部地区的人群突然开始佩戴首饰,有用产自南海的晶莹透彻的白色卷贝制作的手镯,也有颜色鲜艳的玉类。其中碧绿色的翡翠制作的勾玉,以其圆润优美的造型特别引人喜爱,九州北部地区的人们非常喜欢翡翠,可是他们是从哪里得到了翡翠?

翡翠存在于蛇绿岩中的蛇纹石中,作为一种地下资源并不是随处可见,其原产地在世界上也是屈指可数。在东亚地区,缅甸北部的克钦高原是翡翠的著名产地,中国云南省的翡翠也很有名,在省会昆明市开有多家宝石店,不过究其源头,原产地还是在缅甸。台湾翡翠是软玉翡翠,种类有所不同。日本也出产有贵重的翡翠。

日本的翡翠制品,最早的是在山梨县北巨摩郡大泉村天神遗址出土的绳纹时代前期后半的大珠,此后,各地的绳纹时代至古坟时代①的遗址中,出土了大量的翡翠制品。可是到了奈良时代,除了在东大寺不空羂索观音像头部装饰的

---

① 日本继弥生时代之后的时代,又称古坟时代,从公元300年开始,迄于公元600年,因当时统治者大量营建具有巨大封土堆的古坟而得名,其中最具代表性的形制为四周有濠沟,封土形状为前方后圆,即"钥匙孔形"的古坟。

七宝庄严豪华宝冠上垂挂缨络前端的勾玉以外，翡翠似乎被遗忘了。

对日本原产翡翠的再次确认是昭和年间的事情。对于明治、大正时代古坟中出土的勾玉，当时已知其为翡翠制品，对其来源则有国产说和外来说两种。前者由于当时并不知道其原产地在日本列岛内部，缺乏供给源方面的证据，而后者则提出在绳纹时代就已与东南亚有了交流，在这种设想的前提下提出古坟中出土的翡翠是从缅甸经由中国进入日本的舶来品。就是在这样的争论中学界逐渐了解了日本列岛内部也有翡翠的原产地，到现在已经确认了 6 个地点。

解决这个问题的契机，是在新潟县姬川流域的糸鱼川市长者原遗址采集到的类似硬玉的石头，八幡一郎撰文指出这可能就是粗质硬玉的原石[1]。后来，河野义礼对在糸鱼川市小滝川发现的原石进行分析后判断即是翡翠[2]，1954 年藤田亮等学者在长者原遗址进行了发掘，证实了古代在这里开采翡翠原石并制作玉器。现在除了长者原遗址，以糸鱼川流域为中心的新潟县，以及富山县下新川郡朝日町的马场山 G 遗址、境 A 遗址，还有山形县山王遗址等，都发现了制玉的遗存，很多都已经达到聚落内自给自足的规模。

现在已经没有人怀疑翡翠产自日本列岛并且在当地进行制玉生产，不过证实这一点也只有半个世纪的时间。已知的翡翠原产地有北海道沙流郡日高、新潟县糸鱼川（包括糸鱼川市、西颈城郡青海町的姬川、从青海川流域到富山县东端的宫崎海岸）、静冈县引佐郡引佐、鸟取县八头郡若樱町、冈山县阿哲郡大佐町、长崎市三重町共 6 个地点。另外在长崎县西彼杵郡大濑户町有类似翡翠岩的产地。确认翡翠的原产地得益于现代的矿物学知识，对于绳纹人、弥生人，以及古坟人来说，他们并不具备这些知识。由于是在最近才确认糸鱼川以外的原产地，加之糸鱼川所产翡翠的质量又在其他产地之上，因此许多考古学者据经验判断，认为古代遗址中出土的翡翠制品几乎均产自糸鱼川，这个判断也被科学检测所证实。

现在对于翡翠原石，或是翡翠制品，都可以进行非破坏性的元素含量检测，蒿料哲男和东村武信尝试使用萤光 X 线分析法，以确认翡翠制品所使用的原石产地[3]。例如，糸鱼川所产的翡翠原石中，铁(Fe)、锶(Sr)、锆(Zr)的含量很高，而长崎原石和日高原石中锶和锆的含量较少，大佐原石和若樱原石则铁的含量较低，而长崎、大佐、若樱所产的原石中，含量呈现出峰值的镧(La)和铈(Ce)，在糸鱼川产原石中则基本不见。根据翡翠制品中所含元素的不同，可以有效地区别其原石产地。如果将各种判断标准综合起来，糸鱼川所产的大部分原石和日高产原石，与缅甸产的原石间很难区别，而日本列岛内部 6 个地点所产原石则有可能加以区别。

对各遗址出土的翡翠制品进行元素分析,经过与各地所产原石进行比较,所分析的材料几乎都与糸鱼川产原石具有相同的元素含量。所检测的制品不仅来自糸鱼川的附近,还有来自靠近日高产地的北海道千岁市美美4遗址出土的绳纹时代后期的勾玉和垂玉,靠近长崎产地的熊本县阿苏郡西原村桑鹤遗址出土的绳纹时代中期的大珠、熊本县菊池郡七城町一本松遗址出土的绳纹时代后期的勾玉等,均使用了糸鱼川的原石。堪称弥生时代最精美的勾玉——福冈市西区吉武高木遗址所出的勾玉也使用糸鱼川的原石磨制而成。

蒿料和东村的研究所作出的贡献,在于确认了从绳纹时代到古坟时代,日本各地遗址所出土的翡翠制品均使用了糸鱼川产的原石,表明从绳纹时代以来,在日本列岛就形成了翡翠制品流通的网络。

吉武高木遗址出土的勾玉,包括长约4厘米的大型勾玉,晶莹透彻,闪烁着碧绿的光芒,堪称极品,实际上在九州北部遗址中出土的翡翠制勾玉都同样精美,因此九州北部地区的研究者就认为翡翠本该如此。当他们看到在靠近翡翠产地的新潟和富山出土的大珠、勾玉等翡翠制品时,就会惊讶地发现这些制品大多为白色,质量低劣,而质量优良者都为很小的颗粒。在九州北部地区没有发现这种质量低劣的翡翠制品不应该是偶然的现象,表明当时的人们是把经过挑选的精品带到了九州,而能够进行这种挑选并把优质制品带到九州,则已经是到了弥生时代的前期末。

当弥生时代前期末,翡翠勾玉从北陆传入九州时,产自遥远的南海的螺制手镯也沿着著名的"贝之道"[4]北上,用琉球列岛以南的南海产的护法螺(Tricornislatissimus 三棘螺)和芋螺(Cone Shell)制作的手镯沿着九州的西海岸北上,成为九州北部地区瓮棺墓社会中司祭者腕部的装饰[5],也成为表现司祭者身份的特殊装饰品。通常一只手腕戴一组数个手镯,为了符合手腕部柔滑的曲线,一组中各手镯的内径需要有细微的变化,这只有采集了大量不同大小的螺壳才有可能做到。在螺壳原产地冲绳的国头郡具志坚遗址等很多地点,都发现了把制作手镯用的原料——护法螺和芋螺堆放在一起的现象[6]。九州北部和原产地冲绳地区发现的手镯在形态上并不相同,在冲绳的遗址中发现的把这些螺壳堆放在一起的现象,很可能是为了制作符合九州北部要求的产品而准备的原料。

由此而诞生的南海产螺制手镯的流通网络,与绳纹时代以来的翡翠交流的网络在九州北部地区交汇,这两个网络一旦交汇,就形成了覆盖今日本全境的信息网络。正是由于有了这样的网络,才可能解释在北海道伊达市有珠10遗址出土的南海产芋螺制手镯和护法螺制作的垂饰。

南海产螺制手镯和翡翠的流通网络在九州北部的交汇,还有在弥生时代前期末,九州北部地区社会突然进入将翡翠制勾玉和南海产螺制手镯视为必要用品的阶段,这些现象都应该给予足够的重视。

二、朝鲜半岛南部的青铜器文化

弥生时代前期末,从朝鲜半岛向九州北部地区传入了新的文化——青铜器文化。如果将水稻耕作技术体系的传入视为日本列岛国际化的第一阶段,那么,青铜器的传入则意味着第二阶段的开始。

朝鲜半岛,特别是其南部的青铜器文化,其年代始于稻作传入日本之时,到公元1世纪时衰落。武末纯一将朝鲜半岛南部的青铜器文化分为五期。冈内三真则将朝鲜半岛的青铜器文化分为六期[7],其所划分的一、二期与武末划分的一期相当,两种分期方案尽管有细微的差别,但大体一致。下面即根据武末的分期成果概括朝鲜半岛青铜文化的发展(图十)。

第一期,受中国辽宁地区青铜文化的影响,在朝鲜半岛南部出现了琵琶形青铜短剑、铜斧、铜刀和铜凿。忠清南道扶余郡松菊里石棺墓中,出土了琵琶形青铜短剑、铜凿与磨制石剑、磨制石镞的组合,表明在磨制石器文化中开始出现了青铜器。但是从社会整体来看,还是处在石器文化的阶段。这一时期与九州北部地区的叠唇花边口沿陶器期(接受稻作期)相当,在福冈县宗像郡津屋崎町今川遗址出土了与朝鲜半岛南部形制相近的铜凿。

第二期,独具个性的青铜器文化的兴盛阶段。朝鲜半岛南部在摆脱了琵琶形青铜短剑的影响、开始创造出细形铜剑的同时,出现了多纽粗纹镜、盾牌形青铜器之类的异形青铜器。忠清南道礼山郡东西里石棺墓出土了早期细形铜剑、多纽粗纹镜与剑把形、喇叭形、圆盖形的异形青铜器的典型组合,从与这些青铜器共出的黑陶长颈壶以及有附加堆纹的陶片看,年代大体在公元前4—前3世纪。同样在忠清南道大田市槐亭洞出有木棺的石椁墓中,与早期细形铜剑一起共出有多纽粗纹镜、小铜铎,以及盾牌形、剑把形、圆盖形的异形青铜器,共出有黑陶长颈壶,附加堆纹陶器等,年代与东西里石棺墓同时。异形青铜器中最重要的是传出自大田的农耕纹青铜器[8],其表面纹饰中的鸟竿,描绘出弥生时代遗址出土的鸟形木制品的使用方式,其背面右侧的纹饰为使用锄和踏锹耕田的人物,背面的左侧是进行收获的人物形象(图十一)。第二期是朝鲜青铜器文化的最兴盛期,其中心在与九州地区相隔甚远的忠清道一带。这一期的年代大体相当于弥生时代前期(弥生Ⅰ期),在九州北部地区属于这一时期的遗址中没有青铜器出土。

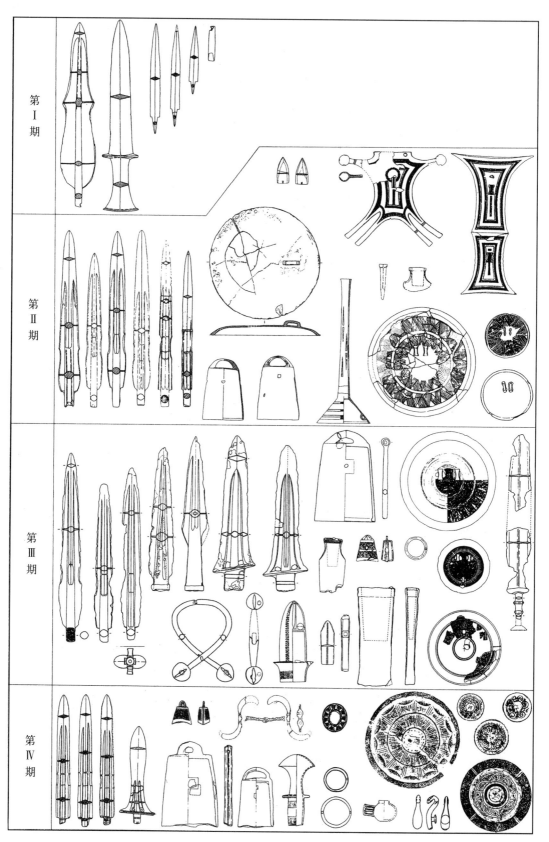

第Ⅰ期

第Ⅱ期

第Ⅲ期

第Ⅳ期

图十　朝鲜半岛南部青铜器文化的分期

　　第三期,青铜器文化扩展到朝鲜半岛南部南半一带的庆尚道和全罗道等地,在这一阶段,伴随着青铜器文化的进一步成熟,也开始出现了一些衰退的迹象。细形铜剑出现了刃部一直延伸到剑身凹处以下的新形式,青铜武器中增加了铜矛和铜戈。出现了镜背饰以细密的几何形花纹的多纽细纹镜。异形青铜器消失不见。典型的遗址有庆尚北道庆州市入室里遗址,这里出土了细形铜剑、铜矛、铜戈,以及多纽细纹镜、小铜铎、马铃、竿首铃、带铃锚形器等大量青铜器。另外在全罗南道咸平郡草浦里积石木棺墓,出土了细形铜剑、铜矛、铜戈,作为工具的铜斧、铜刮刀、铜凿,还有多纽细纹

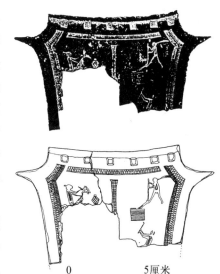

0　　　　　5厘米

图十一　传大田出土的农耕纹青铜器上所描绘的耕作场面

镜,以及作为礼仪用器的竿首铃、双头铃、组合式双头铃、有柄铃等丰富的随葬品。草浦里积石木棺墓出土的 10 件青铜武器中,有 1 件是被称为中国"桃氏剑"的战国式铜剑。而随着韩国全罗北道完州郡上林里遗址一次出土了 26 件中国式铜剑,这样的例子也越来越多[9],成为这一阶段的特征。入室里遗址还出土了铁斧,共出铁器的还有忠清南道扶余郡合松里遗址,这里出土了早期的细形铜剑、细形铜戈,以及多纽细纹镜、小铜铎、圆盖形铜器、形制不明的铜器,还有铸造的铁斧和铁凿。不过从茶户里遗址出土的带木柄的锄可知,铸造的铁斧并不是用于砍伐的工具,而是农耕时挖土用的锄(钁)。从与这一时期的青铜器组合共出的器物看,年代大体上从公元前 2 世纪至公元前 1 世纪前半。

　　到了第三期的后半,公元前 108 年时,汉武帝在朝鲜半岛北部设乐浪郡,将这里纳入汉帝国的直接统治之下。朝鲜半岛南部受到的影响虽然较小,不过在全罗北道益山郡平章里土圹墓中,与细形铜剑、铜矛、铜戈等共出有蟠螭纹镜,很可能与汉郡的设置有关。

　　青铜器文化到达九州北部地区是在弥生时代前期末至中期中段前后(弥生Ⅰ期末—Ⅱ期),与朝鲜半岛青铜器文化第三期的年代相当。出土青铜器的早期的代表性遗址有佐贺县唐津市宇木汲田遗址和福冈市西区吉武高木遗址,均出土了细形铜剑、铜矛、铜戈等,是朝鲜半岛南部青铜器文化的直接反映。另外,在佐贺县神埼郡吉野里坟丘墓的瓮棺中随葬的琉璃管玉与合松里遗址出土的同

类器物非常相似,表明二者时间上大体相当。

第四期,年代在公元前 1 世纪后半到公元前后,是从青铜器时代向原三国时代的转换期。由于乐浪郡的设置,西汉文化、西汉青铜器的渗透导致青铜器文化明显的衰退。具有很强杀伤力的西汉铁兵器代替了青铜武器,青铜武器日趋小型化,仅仅是保留着武器的形态而已。多纽细纹镜也被西汉铜镜所取代。也许是由于西汉铜镜为凸面,与凹面的多纽细纹镜的用途并不相同,因此除庆尚南道的沿岸地带出现了西汉铜镜以外,其他地方则基本不见铜镜。属于这一时期的代表性遗址是庆尚南道义昌郡(现昌原郡)茶户里遗址,该遗址出土了非常丰富的遗物,包括连弧纹星云纹镜、五铢钱、马铃、带钩、削(铁制环首刀)等西汉物,武器中既有固有的青铜器文化的武器,也有铁制武器,整体上表现出汉文化的强烈影响。正是由于这一期出现了汉文化的强烈影响,使得第四期与第三期的青铜器文化间产生断裂,九州北部地区同样也可以划分出相应的期别。

第五期,本地生产的铁制武器已经全部替代了青铜武器,并且从原本是接受朝鲜青铜器文化影响的九州北部地区反而向这里传入了武器形的祭祀用器和仿制的小型连弧纹镜,这些在庆尚南道金海郡良洞里石棺墓群都有所发现。至此朝鲜半岛的青铜器文化结束。

综上所述,朝鲜半岛南部青铜器文化的变迁,从其开始到结束都被来自中国的影响所左右,而日本列岛的弥生文化,则显然是经历了朝鲜化、中国化的发展过程。

三、有选择地接受朝鲜青铜器文化

如上所述,朝鲜半岛青铜器文化传入九州北部地区是在其第三期,在九州北部地区出土了细形铜剑、细形铜矛、细形铜戈等锐利的武器类(包括剑首等配件),以及多纽细纹镜、小铜铎、铜刮刀、铜钏等,器物种类也与朝鲜半岛青铜器文化第三期所出相同。不过这里还是存在着一些疑点。既然稻作传播之路开通以来两地间就已存在着交流,为什么朝鲜半岛第二期青铜器文化没有传入九州北部地区。诚然,朝鲜半岛第二期青铜器文化的中心是在忠清道一带,其对于与九州北部地区隔海相对的庆尚道和全罗道一带影响较少,即使是这样,也不能对这种现象作出合理的解释。

丰富多彩的朝鲜青铜器文化的中心内容是武器,九州北部地区亦如此。在已有的出土有武器的遗址中,通常是一棺随葬一件武器,而且在弥生时代初期的材料中,也有留下了使用痕迹而证明其在实战中曾经被使用过的武器出土。如果在现实生活中武器不是必要的,就不会出现对武器的需求。在接受稻作期和弥生时代前期,有围绕着居住区修建的环濠,修建这些环濠的目的应该是为了保护聚落,但是很快这些环濠就被填埋,表明虽然在不同的聚落间存在着竞争,但是并没有发生战争,从这个角度讲并不需要武器。

目前还不清楚是由于弥生社会的发展使得武器成为必需品,还是朝鲜半岛青铜武器的南下促使九州北部地区的人们认识到武器的必要性,到了弥生时代前期末,九州北部地区的社会就开始了迅速的武装化,不仅接受了朝鲜半岛传入的青铜武器,并且很快开始自己铸造武器。

福冈市西区吉武遗址就是很好的例证。在这里发现了弥生时代前期末—中期前半的 8 个墓地,墓地之间,也就是各个墓地墓主人所形成的集团之间并不平等,其中处于最高等级的高木墓地,出土了青铜武器和装饰品,次一级的大石墓地出土青铜武器,其他的墓地没有发现随葬器物和装饰品。这种现象表明处于最高等级的集团在具有武装的同时,还用翡翠和青铜制手镯等装饰自己,意味着这些人身着明显区别于他人的华丽服饰。次一级的集团虽然也拥有武装,但是其衣着并不华丽,而处于更低级别的其他集团很可能没有任何装饰物。上述现象表明,弥生社会发展到这个阶段时,武器已经成为必需品。

青铜武器、翡翠制的装饰品、南海产螺壳制的手镯,这些在弥生时代前期末的九州北部地区已经组合在一起,意味着武装、装饰和职责,表明伴随着接受水稻耕技术体系而必然要产生的身份差别,已经在社会中固定下来。这一时期,通过青铜之路,翡翠之路,贝之路,以及作为向日本列岛传播文化主要通道的濑户内之道而建立起来的信息网络,进一步加强和稳固。作为交汇点的九州北部地区,承担起接受海外信息并向日本列岛传递信息的重任,这种状况一直延续到近代。总之,弥生时代前期末的九州北部地区集中出现的青铜武器、翡翠制装饰品、南海产螺壳制手镯等并不是偶然现象,而是体现出弥生人坚韧的意志,他们在汲取这些器物的同时使得弥生社会发生了改变。

第二节　地域社会的统一及其背景

一、地域性的明显化

到了弥生时代前期后半(弥生Ⅰ期),水稻耕作已经扩展到西日本各地,水稻耕作技术的普及也可通过被称为远贺川式陶器(九州北部弥生时代前期后半的板付Ⅱ式陶器)的普遍分布而得到证明。如由新来的弥生陶器与本土的绳纹系陶器组合的近畿地区的长原式陶器①,固守绳纹陶器的传统而在形态和组合上接受了弥生陶器影响的东北地区的宇铁Ⅱ式陶器②,这些本土陶器以不同的方式接受了所接触到的弥生文化,并继续发展成为远贺川式陶器。这种文化上的一致性也通过墓葬的结构有所表现。

在西日本,弥生时代前期的墓葬基本都是土圹墓。由于是在地上挖出一个整齐的长方形土坑,通常认为里面应该放置有木棺,即木棺墓。木棺墓与支石墓一样,都不是继承了绳纹时代墓葬传统的墓葬形制,最早是在属于接受稻作时期的福冈县系岛郡二丈町矢风遗址的支石墓中发现有木棺,另外在系岛郡志摩町新町支石墓群,在作为埋葬设施的土圹底部发现了被认为是棺台的置石,从而认为上面应放置有木棺。木棺有不同的形制,一种是由底板和侧板组装在一起的组合式,一种是在墓圹的底部挖槽,把木板的下端插入槽中的插入式[10]。在近畿地方的大阪府丰中市胜部、四条畷市雁屋、东大阪市瓜生堂、高槻市安满等遗址中都发现了形态和结构非常清楚的木棺墓,其形制以组合式居多。九州地区发现的木棺墓的形制,从残留的很少的木棺痕迹看几乎都是插入式。土圹墓应该只是在地下挖出墓穴即可,但大多数墓都挖出很整齐的长方形土圹,这很可能就是木棺墓,只是木棺已经朽烂。实际上很多土圹墓应该都是木棺墓。当然,也有的墓葬只在足端挖出横穴,可以知道当初所挖即为土圹墓。不过有些土圹墓中发现盖有木板的痕迹,表明土圹墓应该是木棺墓的简化形式。

各地采用的这种新的墓葬形制——木棺墓和土圹墓,很快就普及到全国,到弥生时代前期以后,就成为各地的基本墓制并继续发展。中部地方的长野市盐崎遗址群发现的属于弥生时代中期初年的墓地,虽然没有全部发掘,在大约180米宽的范围里,发现了5群共31座墓葬,有的墓葬中发现了放入立板的沟槽以及用作侧板的木板的痕迹,判断应该是木棺墓。这里应该是木棺墓分布的东限,没有残留木棺的土圹墓还一直向东北方向扩展。同样结构的墓葬分布到如此广阔的地域里,是由于这种墓葬形制也是作为稻作文化体系的一个组成部分,和环濠聚落一起被日本列岛无条件接受的结果。

稻作文化一旦进入日本列岛并稳定发展,必然会逐渐产生独立性,并开始发展出个性化的特点。日本各地开始使用带有各自特征的墓葬形制,九州北部地

---

① 日本绳纹时代晚期末分布在近畿地区的陶器类型。
② 日本绳纹时代晚期末分布在东北地区的陶器类型。

区的瓮棺墓即是其最具代表性的葬制。接受稻作时期的九州北部地区,虽然也有支石墓和箱式石棺墓,但大多数墓葬还是同于其他地方的木棺墓和土圹墓,在不同的时代和地域里都广泛出现的瓮棺墓,这一时期在九州北部地区只是用于儿童墓葬。不过到了弥生时代前期末,九州北部地区的瓮棺墓突然变得大型化并用于成人墓葬,这也成为九州北部地区瓮棺墓的显著特点。目前尚不明确这个过程是如何发生的。

九州北部地区的成人瓮棺墓,是在九州北半部的部分地域从弥生时代前期末到后期前半的短时期内流行的很独特的墓葬形制。由于瓮棺墓也是日本列岛文明化进程的见证,而且在瓮棺墓中随葬有大量能够展现丰富多彩的国际交流的随葬品,因此引起众多研究者的关注。有随葬器物的墓地和瓮棺墓是有限的,在使用瓮棺墓的地域范围内,只有从佐贺县东部到筑后川以北的福冈县西部的瓮棺墓中有随葬品。我将这一限定区域称为九州北部地区瓮棺墓社会。即使在九州,这一限定地区的遗物所表现出来的文化发展阶段也非常特殊,而大部分的九州地区则与四国、本州岛等地处于相同的发展水平。瓮棺墓即是解读这个特殊社会的关键。

瓮棺墓分布地域的周边散布有箱式石棺墓,是用石板并列搭建成箱形棺,与用木板组合起来的木棺墓基本相同,其出现的时间大体与稻作传入同时。在支石墓下部的埋葬设施中有的使用箱式石棺,所以箱式石棺应该是从朝鲜半岛新传入的一种墓葬形制。这种墓葬形制虽然在九州地区并不普及,但是到了弥生时代后期中段前后瓮棺墓消失以后,进入到原瓮棺墓分布的区域,与作为其简化型的石盖土圹墓一起成为九州北部地区最主要的墓葬形制。

在近畿地区继续流行木棺墓和土圹墓,在墓葬周围挖沟形成方形围沟墓是其独特的地域特点。方形围沟墓是在弥生时代前期末至中期初出现的墓葬形制,最早出现于近畿地区,然后向关东地区扩展。方形围沟墓最主要的特点,是在墓葬的周围挖有方形的围沟,围沟中或只有一座墓葬,或有多座墓葬,有的甚至超过十座墓葬。最初研究者都很关注围沟所具有的将墓葬围绕起来的区划功能,后来在大阪府东大阪市瓜生堂遗址发现在墓葬上部有堆土,可知方形围沟墓也是坟丘墓的一种。坟丘内部有木棺、土圹,也有用于埋葬儿童的瓮棺等。到弥生时代终末期以后方形围沟墓扩展到冈山以西的地方。

长野县以北的墓葬形制,是从近畿地区发展来的木棺墓、土圹墓,以及方形围沟墓。这一地区墓葬的地域特点是二次葬。所谓二次葬,就是把遗骨收集起来放入壶形陶器中,然后再一起放入墓圹内进行埋葬。与其他的墓葬都是一次葬不同,二次葬是用壶形陶器收集骨头进行改葬。从实行二次葬的墓

圹中发掘到的壶形陶器中,有时会有一个或是几个陶器上附有人面纹。若是
埋入一个墓圹的死者和聚落内的某一个集团有关,如居住在聚落内的某个住
宅群的死者都埋入一个墓圹中,那么使用带有人面纹陶器的死者很可能就是
这个集团的首领。二次葬墓在这一地区出现于弥生文化中期,到了中期后半,
以在福岛县双叶郡楢叶天神原遗址发现的由土圹墓形成的公共墓地的出现为
契机,到弥生时代后期,则逐渐消失不见。因此,与其说这一地区的二次葬墓
是个性化的表现,不如说是旧有墓制的残留更为合适,不过还是表现出其富于
特点的地方特色。

在弥生时代中期,木棺墓、土圹墓分布于日本列岛全境,而瓮棺墓、方形围
沟墓、二次葬墓等则是具有各自特点的地域性墓葬。同时从原来各地都出现
的远贺川陶器发展出了弥生中期各具特色的地方性陶器。以九州北部地区瓮
棺墓社会为中心分布在九州地区的是须玖式陶器①,其中除了那些在埋葬、仪
式等场合使用的祭祀用器的表面磨光并着红彩以外,主要是素面陶器。与之
相反,以畿内第Ⅲ式②为中心,在从濑户内海沿岸地区到东海地区广泛分布的
陶器,器表装饰着以席纹、波纹、流水纹等直线、曲线组成的栉描纹③,有时还
在上面绘出画面,这种陶器无论是造形,还是外观,都非常漂亮。东北地区则
流行田舍馆式陶器④,器形属于弥生陶器,但器表纹饰保留了绳纹陶器中磨消
绳纹⑤的施纹技法。

弥生文化的扩展使得日本列岛在进入一体化的同时,各地也开始出现了地
域性特征。

二、地域性社会的产生

从分布在包括福冈市早良区、西区的早良平原的遗址布局看,弥生时代前期
末已开始出现了明显的地域性社会。

早良平原,其北面向玄界滩,两侧被南部背振山延伸的丘陵所遮挡,中部
有室见川河由南向北流入博多湾,这里具备了典型的地域性社会形成的自然
环境。正是由于早良平原在自然环境上所具有的独立性,因此在日本古代律

---

① 日本弥生时代中期分布在九州地区的陶器类型。
② 日本弥生时代中期分布在近畿地区的陶器类型。
③ 由前端类梳齿状的工具在陶器表面划出的并行线条。
④ 日本弥生时代中期分布在东北地区的陶器类型。
⑤ 日本绳纹时代流行的一种施纹技法,通过将器表花纹轮廓外或花纹轮廓内的绳纹打磨掉的方
式,以取得明显的装饰效果。

令制国家①时期的行政区划中,这里只设早良郡一个郡。而且直到近年,这里的城市化进程都比较缓慢,所以也很有利于考古工作部门在这里进行大量的考古调查和发掘。在早良平原发现的弥生时代的遗址分布非常密集(图十二),前方后圆坟与其他的平原地区相比不太发达,但是古坟、寺院等后代的遗址分布非常集中,确实具备了研究地域性社会的绝好条件。

早良平原的弥生化始于绳纹时代晚期末出土有叠唇花边口沿陶器的石丸古川(图十二,31,下同)、牟多田(20)、有田七田前(80)、原深町(45)、田村(56)等遗址,到了叠唇花边口沿陶器和板付Ⅰ式陶器共出的弥生时代前期初时,又增加了拾六町筑地②(55)、鹤町(22)、藤崎(2)、重留(4)、有田(6)等遗址。有田遗址是环濠聚落,已在这里发现了长径约300米、短径约200米的大规模环濠的一部分。在聚落的内外还没有发现与居住有关的遗迹,但是在分布于丘陵尾部的适合于种植水田的有田七田前遗址发现了被认为是生产现场的遗迹,叠唇花边口沿陶器与大陆系磨制石器共出,很可能已经开始了早期的水稻耕作。在重留遗址群发现的环濠聚落规模稍小于有田遗址。早良平原共发现了以上两处环濠聚落。年代再晚一些,室见川河中游西岸的吉武遗址群(67)发展起来,在吉武遗址群的中心高木遗址,发现了属于弥生时代前期末的4间×5间的地面建筑,显示出其凌驾于一般性的半地穴房屋之上。

分布在早良平原的从接受稻作时期到弥生时代开始这一阶段的遗址,虽然并不密集,但分布地点遍布整个平原。其中围有环濠的遗址包括有田遗址、重留遗址群,还有年代稍晚一些的修建有凌驾于普通建筑之上的地面建筑的吉武高木遗址,这些遗址很可能已成为地域性的中心聚落。同样规模的遗址,在早良平原从西向东分布有拾六町筑地·饭盛(71)、鹤町·野芥岩隈(82)、饭仓唐木(5)等遗址,在早良平原东部樋井川河流域的小平原也分布有遗址。井沢洋一在对早良平原的聚落选址和布局进行分析之后,提出这些遗址应该是弥生时代前期的地域性的中心聚落[11]。

到了弥生时代中期,从遗址的分布可以看到对早良平原有了进一步的开发和利用,在前期的中心聚落周围又增加了许多遗址。通过对图十二中遗址的集中程度观察,可以将其大体分为10群。其中北部考古工作开展得很少,但在姪

---

① 日本古代国家时期(公元7—12世纪)。律令制又称律令体制,是东亚地区古代国家实行的中央集权的统治制度。日本天智天皇(公元668—671年)引进唐朝法制体系,并结合本国国情,制定自己的律和令,建立起自己的律令体制。公元681年制定飞鸟净御律令,701年制定大宝律令,标志着日本古代国家的律令法体系初步确立和律令制国家的形成。

② 原著中该遗址用片假名"ツイジ"表示,现意译为筑地。

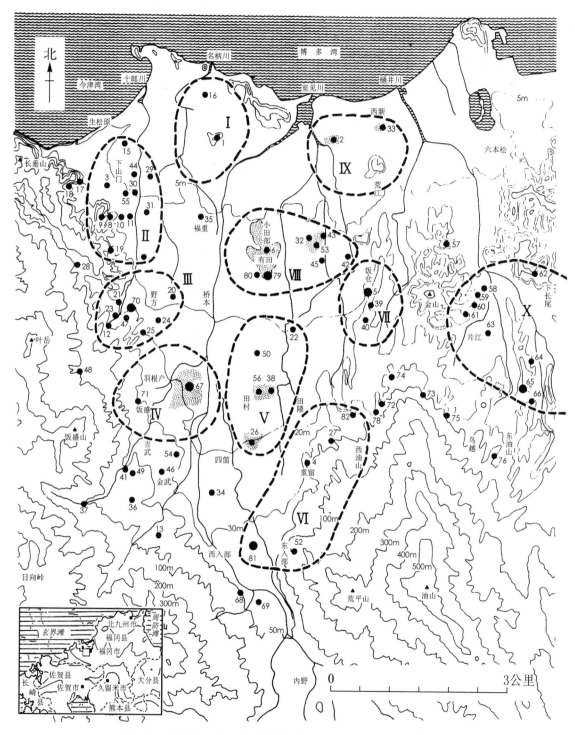

图十二 由福冈市早良平原遗址的分布观察到的弥生时代的村社

浜新町遗址(16)发现了瓮棺墓的墓地,因此将那里划为Ⅰ群。Ⅳ群南部的西入部一带,还有Ⅵ群北部的野芥地区,或许会因将来的调查工作而再分离出来。划分出的遗址群可以看作是由中心聚落和其周边遗址组成的村社(ムラ)①,因此在弥生时代前期末—中期,早良平原分布有10—12个村社。

　　弥生时代前期末—中期,是九州北部地区瓮棺墓兴盛的时期,其中很多墓葬都随葬有青铜器,而这些随葬青铜器墓葬的存在,意味着权力阶层的存在。早良平原也不例外,在第Ⅲ、Ⅳ、Ⅵ、Ⅶ、Ⅷ、Ⅹ6个遗址群中都发现有随葬青铜器的墓葬。首先,在弥生时代前期末到中期前半这一阶段,属于前期末的有第Ⅶ群的饭仓唐木遗址出土的细形铜剑,以及第Ⅷ群的西福冈高校内遗址出的细形铜戈,虽然这些墓地都没有经过全面的发掘,但上述铜器均为瓮棺墓的随葬器物,且均为一墓一件。第Ⅲ群的野方久保遗址(70)2座年代为弥生时代中期前半的瓮棺墓中,各随葬了一件细形铜剑,其中一件铜剑还伴出有青铜制的剑首饰。另外在第Ⅳ群的吉武高木和吉武大石两个遗址中的墓葬,各随葬了11件青铜武器。从数量上看,吉武遗址群出土的青铜武器远远超过其他遗址,表现出高度集中的倾向。

　　到中期后半,或者稍早一些,属于第Ⅳ群的吉武遗址群的樋渡遗址出现了用坟丘以表现墓域的现象,从坟丘内的6个瓮棺墓中各出土1面西汉重圈纹星云纹镜,与重圈纹星云纹镜共出的有2把细形铜剑(另外还有一把单独出土),1把环首铁刀、2把铁剑。在第Ⅷ群的有田遗址也发现有西汉铜镜,在这里发掘了由40多座瓮棺墓组成的墓群,在中心位置的两座墓中,分别随葬了西汉连弧纹昭明镜和朝鲜半岛生产的小型连弧纹仿制镜。在第Ⅹ群的丸尾台遗址,吉留秀敏认为也存在着坟丘墓,其中的瓮棺墓随葬了3面西汉连弧纹日光镜和铁刀,与之同时或稍晚的另外一座墓中,随葬了铁环首刀。还有在第Ⅵ群的东入部遗址(81),发掘了3座坟丘墓,在几座瓮棺墓中随葬了2把细形铜剑以及铁剑、铁矛等。另外在第Ⅸ群的西新町遗址(33),在属于弥生时代中期后半的瓮棺墓中发现了铜剑锋端的残片,墓葬中发现的青铜武器残片不应该是随葬器物,而是导致墓主人死亡的凶器,所以该墓不属于随葬青铜武器的墓葬。但是在这个遗址发现了铸造铜剑的范,因此该遗址很可能存在着随葬青铜武器的墓葬。

　　属于弥生时代后期前半的遗址很少,从后期后半到终末期,在弥生时代中期

　　①　原文为"ムラ",是"村"(读音为mura)的片假名,原意为"村落、村庄",原著作者在这里使用片假名"ムラ",表示这里所描述的不是自然的村落,而是分布在一定地域内,由若干个自然村庄组成的一种社会基层组织。下文中的"村社"均为此意。

时出现的村社数量有所增加。属于终末期前后的被认为是统治者的墓葬有第 I 群的五岛山古坟、第 II 群的宫之前 1 号墓、第 III 群的野方中原遗址中包括带有区划性的 6 号箱式石棺墓在内的石棺墓群、第 VI 群的重留箱式石棺墓、第 IX 群的藤崎方形围沟墓等。引人注目的是在第 IV 群不再出现属于统治阶层的墓葬,不过在公元 5 世纪前半—中段前后,这里出现了以樋渡坟丘墓的封土为核心修建的樋渡帆立贝式前方后圆坟①,以及作为这一带集群古坟的前奏所修建的樋渡 2—4 号方坟,还有在这里创建了古代寺院等,都表现出权力的延续。

观察分布在早良平原的遗址,尤其是归纳那些存在着统治者遗存的遗址的分布,可知在弥生时代中期前半,主要有包含了随葬青铜武器墓葬的吉武遗址群,另外在平原东西两侧丘陵的山脚下,以及平原中部的有田丘陵也有分布,但是目前所知绝大多数集中在吉武遗址群,其他都是零散分布。到中期后半开始出现随葬西汉器物的墓葬,在室见川河流域有吉武遗址群和位于其对岸的有田遗址,新出现的有在平原南端的东入部遗址和樋井川流域的丸尾台遗址。各处遗址都出现了用于规划特定集团墓域的坟丘墓,不同遗址的坟丘墓之间没有显著的差别,由此可以看到吉武遗址群对其他村社的影响力在减退,很可能与后期统治者的分散有关。尽管早良平原的面积并不比其两侧的其他平原小,但是在《魏志》倭人传中,没有记载在早良平原存在着"国",很可能与这种状况有关。

三、古国(クニ)②的单位

前文以中心聚落为主,在早良平原划分出 10—12 个遗址群,即村社(ムラ),如果从另一个角度观察,则会发现非常值得注意的现象。据《和名抄》记载③,早良郡分为毗伊、能解、额田、早良、平群、田部 6 个乡。毗伊乡在樋井川一带还保留旧称,这一流域后世则称为樋井乡④,相当于前文所划分的第 X 群。能解乡与"野芥"同音,是连接早良平原和樋井川流域小平原间的中间部分,相当于前文划分的第 VI 群的北半部。额田乡的旧称为野方,相当于前文划分的第 III 群一带。关于早良乡还有很多不清楚之处,或认为粗原(祖原)是其旧称,很可

---

①　古坟的一种,因其封土的前方部分较小,整体似帆立贝(即扇贝)而得名。

②　"クニ"为"くに(读音为 kuni)"的片假名,原意为"国、国家",原著作者在这里使用片假名"クニ",意在表示其所描述的是处于原始形态的国家,而区别于正式的国家。

③　又名《和名类聚抄》、《倭名类聚抄》、《倭名抄》,是日本最早的百科全书,为日本国平安时代承平年间(公元 794—1192 年)源顺应勤子内亲王的要求所编纂。

④　在日语中,毗伊与樋井同音。

能是前文划分的第Ⅸ群。贝原益轩所著《筑前国续风土记》①中,在介绍平群乡时写道,"饭盛的周围现在称为户栗乡,户字读若へ(he)②",现在则称为户切,相当于前文划分的包括吉武高木遗址群的第Ⅳ群。田部乡位于前文划分的属于第Ⅷ群的有田遗址附近,遗址的北边还保留有小田部的名称。这样用前文划分的遗址群与《和名抄》中记载的早良郡包括的乡进行对比,就会发现《和名抄》中所划分的 6 个乡,都存在着有随葬器物的墓葬(下文将有随葬器物的墓葬简称为随葬墓),也就是说,弥生时代中期形成的以那些中心聚落为主划分出的地域性的村社,成为后世划分乡的基础。所以作为后世早良郡的原型,很可能可以追溯到弥生时代,即弥生时代那些共存于因自然地貌而形成的平原地区的村社的统一体。

　　在山地非常发达的九州北部,由于有背振山地和东西两边相连的山地,使得在玄界滩一侧和有明海一侧的平原地区大不相同。其中面向玄界滩的各平原,即从佐贺县唐津市到福冈县的福冈市和糟屋郡的平原区,被流经中部的松浦川和那珂川划分,北边呈现出三角形的开阔地形,北边是海,其余各边都是山地,而不面向海的饭冢市一带,则与其他地方不同,形成了盆地,中部也有远贺川河由南向北流过。不论在任何时期,遗址都集中分布在这些平原地区,显示出这些平原地区所形成的统一体。在唐津平原、福冈平原也都进行了同样的调查工作,结果与早良平原相同,这样就诞生了由自然环境所营造的区域而形成的单位。而在弥生时代前期末到中期前半,在早良平原诞生的这个统一的地域性单位,就是在后来中国史书中记载的"国"的原型——"古国(クニ)"。

第三节　统治者的出现

一、早良的王(オウ)③

　　如上文所述,在弥生时代前期末到中期前半,九州北部地区出现了可以称为"古国"的地域性社会。由前文所划定的 10 个左右的遗址群(村社)来看,接受稻作时期的遗址虽然没有连成片,但也扩展到了平原的深处,因此地域性社会形

---

　　① 贝原益轩为日本江户时代著名的儒学家,一生著作颇丰,除儒学外,在医学、本草学、历史、地理、文学等方面都很有建树。《筑前国续风土记》是其依藩命而编纂的有关历史、地理方面的著作。

　　② "户"字的发音为"へ(he)",与"平群乡"中的"平"字同音。

　　③ "オウ"为"おう(读音为 ou)"的片假名,原意为"王、国王",原著作者在这里使用片假名"オウ",意在表示其所描述的是前文中古国(クニ)的统治者,而区别于正式国家的"国王"。

成的时间,也许还可以向前追溯。总之,观察弥生时代前期末到中期前半的遗址,如果不考虑考古发掘工作的规模与程度,这些遗址群之间的关系并不平等。那些包含有随葬墓的遗址群,或者是到中期后半出现随葬墓的遗址群,奠定了后来的乡的基本格局。

在那些包含有随葬墓的遗址群中,第Ⅳ群的吉武遗址具有超出其他遗址的内涵。在吉武遗址群发现了超过1 200座的弥生时代的瓮棺墓和木棺墓,可以划分为10个以上的墓地,仅仅是从弥生时代前期末到中期前半,就有8个墓地。而相邻的各墓地间所存在的不平等性,则成为研究相关问题的重要线索[12]。

吉武遗址群的核心是高木遗址,虽然没有全部发掘,但估计应该有60座墓葬。在发掘区内成人墓和儿童墓有各自的分布区域。成人墓包括4座木棺墓和13座瓮棺墓,墓葬两两一组、方向相同、排列整齐,应该是有意识的区划(图十三)。每座墓都占据了一定的空间,个别墓葬的墓圹和棺都非常大。前期末开始埋葬的4座瓮棺墓和中期初埋入的4座木棺墓中都随葬有细形青铜武器和装饰品;另有3座瓮棺墓,虽然没有青铜武器,但都随葬了铜制手镯和翡翠勾玉等装饰品;因此共有11座墓有随葬品。如果考虑到2座墓葬为一组的话,那么任何一组墓葬都出有随葬品。在随葬青铜武器的墓葬中,基本上一棺随葬一件铜剑,再加上装饰品。但是值得注意的是,在3号木棺墓中,出土了2件铜剑、1件铜矛、1件铜戈共4件青铜武器,还随葬有多纽细纹镜,以及翡翠勾玉和碧玉管玉等装饰品(图十四)。

位于高木墓地北部约100米处的吉武大石遗址,是一个由220座墓葬组成的典型的公共墓地,除了可以看到墓葬有分群外,没有明显的区划。每个墓的墓圹和棺都很小,与高木墓地有明显的等级上的差别。虽然大石墓地也有丰富的青铜武器随葬,但是却不见装饰品。51号瓮棺墓中随葬有细形铜戈,同时出土了一件被认为是装饰品的半截管玉,从佐贺县鸟栖市柚比本村遗址发现的髹漆剑鞘上的玉饰看,这件管玉与之相似,因此其很可能并不是装饰品,而是鞘饰。

高木墓地的年代主要在弥生时代前期末到中期前半,而大石墓地的年代从前期末一直延续到中期后半。大石墓地中仅在与高木墓地同时期的墓葬中有9座墓随葬有青铜武器,后来的墓葬中则不见用青铜武器随葬。8座随葬墓中共出土了10件青铜武器,随葬墓的比例小于未经全面发掘的高木墓地。不过在大石墓地中,除了有些武器的锋端有缺失以外,还有1座墓出土细形铜戈的刃端残片,3座墓出土了磨制石剑的锋端残片(其中有1座墓还随葬细形铜戈),如前所述,这些墓的墓主人很有可能是战争中的牺牲者,与高木墓地相比,大石墓地出

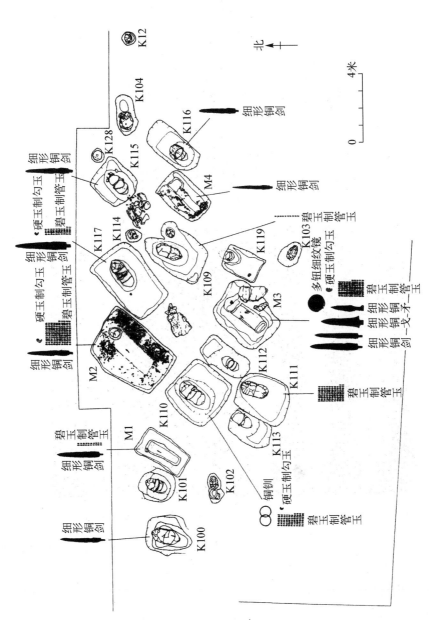

图十三　吉武高木墓地墓葬的分布与遗物的出土情况

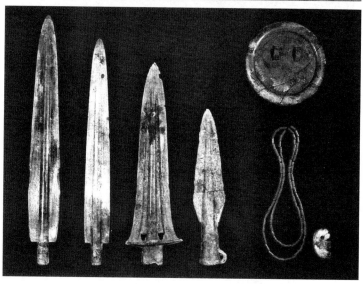

图十四　吉武高木遗址 3 号木棺墓（上）及其出土的装饰品和随葬品（下）

土的青铜武器用于实战的色彩更为浓厚。即大石墓地的特点是墓葬中没有装饰
品随葬,而且还包含了 4 座战死者的墓葬。因此,大石墓地出土的青铜武器虽然
在数量上可与高木墓地相匹敌,但是若对墓葬的形制、随葬器物的组合、武器的
实用性等方面进行比较,高木墓地则具有着更为不寻常的内涵。

　　大石墓地与高木墓地相比其层次相对较低,但还是远远超过吉武遗址群在
弥生时代前期末到中期前半的其他 6 个未见有随葬墓的墓地。即吉武遗址群是
由包含特定集团的高木墓地、包含有随葬墓的稍低层次的大石墓地,以及其他的

普通墓地所组成。

高木墓地厚葬的 3 号木棺墓是该墓地高等级内涵的典型代表。弥生时代随葬有青铜武器的墓葬,通常是一棺一件,多数都是一棺一铜剑,这在吉武高木、大石遗址、吉野里坟丘墓、佐贺县唐津市宇木汲田遗址等发现的大量随葬青铜武器的瓮棺墓中都可以看到。在青铜器文化的故乡朝鲜半岛,从第Ⅲ期开始墓葬中出现了不同类别的青铜武器的组合,不仅在朝鲜半岛南部的忠清南道扶余郡合松里、全罗北道益山郡平章里、全罗南道咸平郡草浦里等遗址,在朝鲜半岛北部的朝鲜咸镜南道梨花洞遗址的墓葬中也都出现了同样的青铜武器组合。由此可知青铜器文化具有对特定集团成员进行厚葬的习俗。

弥生时代前期末至中期前半,大体相当于公元前 2 世纪。在远离中原但同样是属于中国周边地区的云南省晋宁县石寨山遗址发现了属于这一时期的王墓。石寨山位于滇池东岸 1 000 米的小山丘上,山丘周围都是水田,在山丘南面的缓坡上发现了 50 座土圹墓,其中 6 号墓出土了"滇王之印"的蛇纽金印。据《史记·西南夷列传》记载,公元前 109 年西汉武帝出兵远征西南夷时,于滇国故地设益州郡,这枚金印应该是下赐给滇王的印,那么 6 号墓应为滇王之墓。石寨山墓地的许多墓葬都随葬有非常丰富的随葬品,属于特定集团的王族墓地,6号王墓即属于这个集团中的一员。尽管石寨山墓地与高木墓地在时间和空间上都有一定的距离,但是仍然可以作为解读高木墓地时的参考。

将目光回到早良的"古国",属于同时期的包含有随葬墓的墓地还有: 野方久保(第Ⅲ群),有 2 座墓随葬了细形铜剑;饭仓唐木(第Ⅶ群),有 1 座墓随葬了细形铜剑;西福冈高校校内(第Ⅷ群),有 1 座墓随葬了细形铜戈。尽管对这 3 处遗址的发掘工作还很有限,但是与之相比,吉武大石遗址的内涵显然更为丰富,与包含 6 座随葬墓的宇田遗址相近。如果把遗址群都看成村社,而把属于这个群的中心墓地看成是村社首领的墓地,那么大石墓地就应当属于这一层次。而具有更为丰富内涵的高木墓地显然要比大石墓地等级更高,应该属于早良古国的统治者。

另外还需注意的是,在弥生时代前期末到中期初的吉武高木遗址,发现了面阔5 间(12.6 米)、进深 4 间(9.6 米),面积为 121 平方米的地面建筑,其外围还有一周宽约 1 间的回廊,若将回廊一并计算,该建筑则为面阔 7 间(15 米),进深 6 间(13.7米),是一座面积超过 200 平方米的大型建筑。这座建筑距高木墓地不远,以居高临下之势俯视其他位于较低地势的建筑群。从这座大型建筑所在位置与结构看,很可能是高木墓地用于祭祀祖先的祭殿,或者是具有权威的首领的住宅。在这个时期出现的作为高木特定集团主体的人物,他们拥有丰富多彩的装饰品和随葬品,以及超大型的建筑,可以认为,这些人应该就是"王(オウ)"。

二、神埼的王(オウ)

同样的情况也见于佐贺县神埼郡吉野里遗址。在该遗址发掘了 2 540 余座弥生时期的墓葬,其中瓮棺墓占到全部墓葬的 87%,各墓地的年代稍有不同,多数都是弥生时代中期的墓葬[13]。从弥生时代前期开始埋葬的墓地有 7 处,加上从弥生时代中期初到中期前半开始埋葬的 2 处墓地,中期前半时的墓地共有 9 处。

在吉野里遗址,有随葬品的墓仅见于后来被二重或三重大规模的环濠所围绕的丘陵北端的坟丘墓。吉野里丘陵地区包含有坟丘墓的第 V 区墓地,开始于弥生时代前期,由约 400 座瓮棺墓和坟丘墓组成。墓地内部大体可以分为三个部分,即坟丘墓北侧的约 150 座瓮棺墓,坟丘墓区,坟丘墓南侧的约 250 座瓮棺墓。因此,坟丘墓是吉野里丘陵地区第 V 区墓地中的一个墓群,而坟丘则是用来区划该墓群的墓域。

坟丘墓的坟丘在弥生中期前半(汲田式期①)时开始修建,一直到中期中段结束时都持续埋入墓葬。坟丘墓南北约 40—45 米、东西约 26 米,高约 2.5 米(原来可能高约 4.5 米),从圆角长方形或是椭圆形的坟丘中发现了 7 座瓮棺墓,从未发掘部分的面积看,总共大约有 15—20 座墓葬,因此,坟丘实际上起到了标示墓域的区划功能。发现的 7 座瓮棺墓中有 5 座进行了发掘,均随葬一把铜剑,其中一座墓随葬的铜剑与剑把装饰物连铸在一起,同时还出土了 79 个翡翠的管玉,以及一件青铜制的剑柄装饰物。7 座瓮棺墓均为成人墓,所用瓮棺都大于其他的瓮棺墓。另外瓮棺内部均涂有黑色颜料,5 座随葬墓中有 4 座在瓮棺内部还涂有红色颜料。而其他的瓮棺墓所用瓮棺几乎不涂黑色颜料,就这一点来说,这些墓葬具有极为鲜明的特色。

同一个墓地的另外 2 群墓葬,以及其他 8 处墓地,也有将使用涂以黑色涂料的瓮棺的墓葬围起来的特殊墓域(其中包括戴有南海产螺制手镯的墓葬),但是这些墓葬规模都比较小,缺少随葬其他器物的随葬墓。因此,吉野里坟丘墓,不仅使用坟丘作为墓域标志,而且使用大型瓮棺,在瓮棺内部涂彩,加之随葬墓集中埋葬等,这些都突显了统治吉野里村社(邑)的特定集团的特殊内涵。从吉野里遗址所在的神埼郡一带发现的情况看,还没有出现能够凌驾于被认为是属于 8 个村社的坟丘墓之上的墓葬,因此,吉野里坟丘墓的墓主人,应该是包括了神

---

① 日本弥生时代中期前半分布在北部九州地区的一种瓮棺类型。

埼之王(オウ)的特定集团。

　　中山平次郎因福冈市板付田瑞遗址出土了7件细形铜剑和细形铜矛,而确认弥生时代已经属于早期金属器时代[14],如果现在对中山平次郎的报告重新加以审视,则7件青铜武器均应出自坟丘墓。在高木墓地所看到的方形区划的意识,在吉野里遗址和板付遗址出现的用坟丘表现特定集团的墓域,都使这些墓地与其他的大多数墓地截然不同。这不仅表现在随葬墓都集中在一起,而且还有在高木3号木棺墓看到的由朝鲜半岛传入的用不同种类青铜武器组合进行厚葬的习俗。虽然在随葬器物中是以青铜武器为中心,但翡翠勾玉等装饰品的重要性也不可忽视,而佩戴装饰品与用青铜武器随葬,则都是表现威望和权力的重要方式。

　　就这样,在弥生时代前期末至中期前半时,由于古国(クニ)和王(オウ)的诞生,使其具备了与汉开始进行交往的内在基础。

注释:

［1］八幡一郎:《硬玉の砿脈》,《ひだびと》9—9,1923年。

［2］河野義礼:《本邦に於ける翡翠の新産出及びその化学性質》,《岩石鉱物鉱床学》22—5,1939年。

［3］薬料哲男、東村武信:《ヒイスの産地分析》,《富山市考古資料館紀要》6,1987年。

［4］三島格:《貝をめぐる考古学》,日本学生社,1977年;木下尚子:《南海産貝輪交易考》,《生産と流通の考古学》,横山浩一先生退官記念事業会,1989年。

［5］高倉洋彰:《右手の不使用》,《九州歴史資料館研究論集》14,1975年。

［6］岸本義彦、島弘:《沖縄における貝の集積遺構》,《沖縄県教育委員会文化課紀要》2,1985年。

［7］岡内三真:《東アジアの青銅器文化》,《古代史復元》5,日本講談社,1989年。

［8］韓炳三:《先史時代の農耕文青銅器について》,《考古美術》112,1971年。

［9］全栄来:《完州上林里出土中国式銅剣に関して》,《全北遺跡調査報告》6,全州市立博物館,1976年。

［10］福永伸哉:《弥生時代の木棺墓と社会》,《考古学研究》125,1985年。

［11］井沢洋一:《早良平野における集落の立地と変遷》,《早良王墓とその時代》,福岡市立歴史資料館,1986年。

［12］塩屋勝利編:《早良王墓とその時代》,福岡市立歴史資料館,1986年。

［13］七田忠昭、森田孝志、田島春己ほか:《吉野ケ里》,佐賀県文化財調査報告書113,1992年。

［14］中山平次郎:《銅鉾銅剣の新資料》,《考古学雑誌》7—7,1917年。

第三章　倭的国、王与汉王朝

第一节　与汉之间直接交流的开始

一、西汉武帝的领土扩张政策

由于接受了在中国新石器时代既已开始的水稻耕作技术体系,东亚世界开始了急速的发展,与中国直接或间接的接触也成为可能。朝鲜半岛和日本列岛存在的栉纹陶器文化、绳纹文化向无纹陶器文化、弥生文化发展,不久便产生了古国(クニ),出现了作为统治者的王(オウ),而使朝鲜半岛和日本列岛发生这种跳跃性发展的则是西汉帝国乐浪郡的设置。

汉武帝时期是西汉王朝最为强盛的时期,对外有逐宿敌匈奴于漠北的壮举,同时向南向北大规模扩大王朝疆域。武帝的领土扩张政策始于南进,其直接的目的是打击在公元前204年由秦将南海都尉赵佗于岭南地区自立的以番禺(现广州)为首都的南越国。汉武帝为了寻求沿牂柯江(珠江上游,即流经贵州省西南部的格凸河)进攻南越国的路线,开始着手经营贵州、云南等西南地方的西南夷,首先于公元前135年,对分布在四川南部到云南东北部的夜郎国以外的其他民族施行怀柔政策,并置犍为郡将其纳入汉帝国的统治版图,以巩固征讨西南夷所取得的初步成果。

其后,汉武帝由于备战匈奴而使得对西南地区的经略暂时停止,到公元前122年则再次启动,在经过周密的准备之后,公元前112年(元鼎五年)攻略犍为郡以南的夜郎族等,在贵州西部、云南东部设牂柯郡,在四川南部、云南西北部设越巂郡。已经把西南夷大部都掌控在手的汉武帝,开始兵分五路进攻南越国,其中一路沿牂柯江而下,公元前111年,楼船将军杨仆等人灭掉了当时已传五代立国93年的南越国,遂以南越国的旧地为中心,包括越南海岸一带,设立了南海、苍梧、合浦,以及在《魏志》倭人传中所记与倭人有同俗的珠崖、儋耳等共9郡。

此后,汉武帝对西南夷的远征继续向云南方面挺进,在征讨了滇池(昆明湖)畔的昆明族和滇族后,于公元前 109 年(元封二年)设益州郡。从此西南夷地方置于犍为、牂柯、越巂、益州 4 郡之下(第四章将要讨论的由汉中央政府赐给云南省昆明一带的滇族首领的蛇纽金制的"滇王之印",即发生在这一时期),加上讨伐南越国后设立的 9 郡,汉武帝远征西南夷的结果,就是把汉帝国的版图扩大到四川、云南、广西,以及越南北部地区。

二、乐浪郡的设置

在讨伐西南夷与南越国的同时,汉武帝也关注着朝鲜半岛北部的局势。当时的朝鲜半岛北部存在着被称为"卫氏朝鲜"的国家。据《史记》记载,在公元前195 年燕王卢绾背叛汉高祖刘邦之时,其武将卫满带部下千余人进入朝鲜半岛北部,并得到当时箕氏朝鲜王箕准的礼遇,在那里获得官职和封地的卫满,不断积聚自己的力量,收罗燕、齐等亡命朝鲜的汉人,待羽翼已丰,遂放逐箕准,以王险城(箕氏朝鲜的王都,现平壤市附近)为都建卫氏朝鲜。此后卫氏朝鲜延续 3代 80 余年。

目前对于箕氏朝鲜的存在还有争议,但是卫氏朝鲜的存在毋庸置疑。综合考虑《史记》中的记载,在汉武帝的疆域扩张政策中引人注目的汉人向外的拓展倾向,加之由考古遗物所确认的汉文化呈同心圆式的对外扩散趋势,卫氏朝鲜实际是由汉族移民所建立的统治朝鲜诸族的国家,与南越国的成立有异曲同工之处。与之相反的观点则认为卫氏朝鲜是由朝鲜诸族建立的部族联盟。

在汉武帝时期,围绕着朝鲜发生了一个事件。据《汉书》记载,武帝元朔元年(公元前 128 年),东夷薉君南闾等人率部 28 万人降汉,置其地为苍海郡。据《后汉书·东夷列传》记载,南闾等人内属辽东太守,可能是由于这个原因,有学者认为苍海郡位于朝鲜的鸭绿江流域或是黄海道附近[1]。不过若如《中国历史地图集》第二册所推定,薉族后来归属于支配乐浪郡岭东 7 县的东部都尉,加上郡名为苍海,因此苍海郡更有可能是位于日本海一侧。由于苍海郡远离辽东,要开通从辽东到这里的交通路线所需费用之高,甚至可与开发通往西南夷的路线费用相匹敌,因此苍海郡在设置两年后就废止了。如果苍海郡确在日本海一侧,那么因远离汉帝国本土而成为飞地并因此而被废止,也是可以理解的。

这一事件所引起的结果,是进一步激发了汉武帝对东夷的关注。汉武帝对拒绝与汉进行交往的朝鲜王卫右渠(卫满之孙)实行怀柔政策,派遣招抚使涉何前往谕令朝鲜王卫右渠觐见,但朝鲜王拒受谕令。未能完成招抚目的的涉何在归途中杀死了护送他的朝鲜使节,而朝鲜为报复则发兵进攻辽东、击杀涉何,以此为契机,武帝于公元前109年,派成功征讨南越国的楼船将军杨仆率大军,进攻王险城。翌年,即公元前108年,朝鲜内乱,卫右渠被杀,卫氏朝鲜灭亡,汉王朝在卫氏朝鲜的旧地设乐浪、临屯、真番、玄菟四郡,从此将朝鲜半岛北部纳入汉的郡县制体系之中,这就是所谓的"汉置四郡"。

汉四郡的管辖范围大体上与现在的朝鲜半岛北部一致。其中乐浪郡位于大同江流域,在平安南道一带,郡治为朝鲜县。在平壤市乐浪区土城洞(旧小石严里)一带还残留有乐浪土城遗址,应该为朝鲜县所在。总长2 200米的城墙还有部分残留在地表,可知其为不规则方形,面积大约为410 000平方米。汉代的郡治一般城墙周长2 000米,而县治周长在500—1 000米,因此从规模看,乐浪土城是郡治应该没有问题。据原田淑人、驹井和爱于1935—1937年在土城内进行的发掘调查,发现了40余米长的用砖铺设路面、大理石镶边、宽约4米的道路,还发现有础石葺瓦的建筑、砖筑的井等遗迹,这些设施也与郡治相符。在乐浪土城之外,从东边的贞柏洞到南边的土城洞的乐浪区,发现了超过1 000座的墓葬,其中一座墓出土了刻有"孝文庙铜钟容十斤"铭文的铜钟。孝文庙皆建于汉武帝"巡狩所幸之郡国",因此这件铜钟的出土也表明这里应该是郡治。从这里出土的丰富遗物中,有"乐浪太守章"、"乐浪太尹章"、"乐浪守丞"等钤有乐浪郡官职的封泥,以及"乐浪礼官"、"乐浪富贵"等铭文的瓦当,可以证明这里就是乐浪郡郡治所在[2]。

综上,对于乐浪郡的位置应该没有疑义,但是临屯、真番和玄菟另外三个郡的位置却不甚清楚(图十五)[3]。据《汉书·武帝纪》记载,临屯郡下辖15县,郡治在东暆县;真番郡下辖15县,郡治在霅县。从郡治的位置看,临屯郡在朝鲜日本海侧的南部,大体在江原道一带,即原濊族的地域。其北部的咸镜南道附近则为玄菟郡。真番郡的地望不明,有鸭绿江说,有相当于乐浪郡之后所设带方郡的黄海道和京畿道北部说,以及朝鲜半岛南部的西半部说(基本与后来的百济分布地域相当)。考虑到后来带方郡的设置,赞同第二种观点的研究者比较多[4]。

不过如果考虑到汉四郡与韩、倭的关系,尤其是与倭的关系,临屯、真番、玄菟三郡的位置并不是问题。这是因为倭与乐浪郡发生密切关系是在公元前1世纪后半,那时临屯、真番、玄菟三郡已撤销,或是转移到其他地方。西汉政府在公元前82年(始元五年)废临屯、真番二郡,并在公元前75年(元凤六年)将玄菟郡迁移到鸭绿江下游以北的辽宁地区。其结果是乐浪郡的范围几乎扩大到原汉

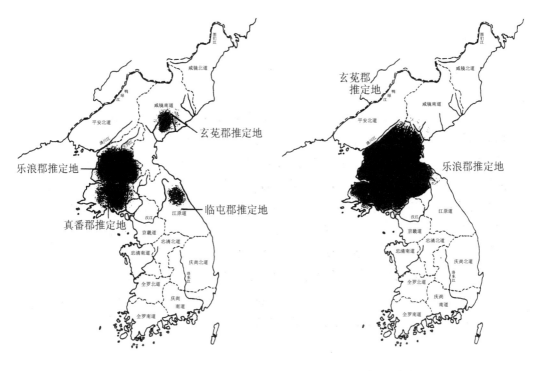

1.四郡设置之初(公元前108年左右)　　　　　2.大乐浪郡时代(公元前75年左右)

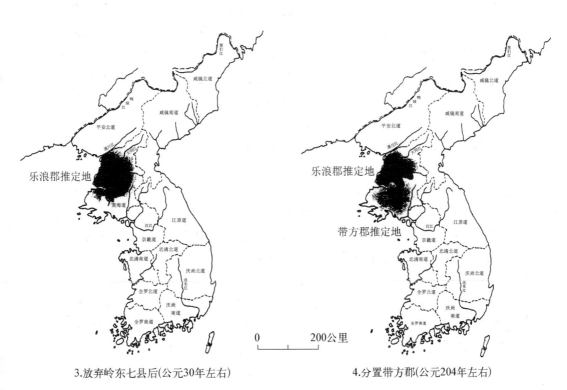

3.放弃岭东七县后(公元30年左右)　　　　　4.分置带方郡(公元204年左右)

图十五　乐浪郡的变迁

四郡的地区。而各郡的改废应与高句丽、濊等诸族的兴起及其对汉郡的压迫有关。

此时的乐浪郡(大乐浪郡)下辖 25 县,据《汉书·地理志》记载有 62 812 户,406 748 人。其中东部 7 县属东部都尉管辖,南部 7 县属南部都尉管辖,很可能是原临屯故县属东部都尉,原真番故县属南部都尉。从王莽新朝到东汉初年,乐浪郡(王莽时称乐鲜郡)曾一度作为地方政权自立,公元 30 年(建武六年)汉光武帝刘秀重新将其纳入中央政府管辖。此时乐浪郡放弃了对原治于东部都尉的相当于临屯故县的岭东 7 县的管辖,又于公元 207 年(建安九年)割南部 7 县新设带方郡,此时乐浪郡所辖已减至 6 县。此后虽历经曲折,然而这种状况一直持续到西晋高句丽占据原乐浪郡辖地之时(公元 313 年),据《晋书·地理志》记载,当时乐浪郡辖 6 县 3 700 户(加带方郡辖 7 县 4 900 户,共有 8 600 户),人口与大乐浪郡时相比锐减。因此公元前 1 世纪的大乐浪郡时期是乐浪郡最兴盛的时期。

三、韩所见到的汉文化影响

从公元前 1 世纪中叶到后半,是乐浪郡的最兴盛时期,作为西汉王朝治理东方的基地,其直接管辖东夷诸族,同时也作为交流的据点向东方传播汉的文化和制度,其巨大的影响力在东亚世界的发展中占据重要地位。朝鲜半岛南部的韩(大体相当于现在的韩国)虽然没有被纳入乐浪郡的管辖范围,但是与乐浪郡相邻,因而也受到了汉文化的强烈影响。这一点可以通过锻造铁器的普及有所了解,另外,这对于理解下节将谈到的西汉铜镜传入日本的路线,是直接传入,抑或是经由朝鲜半岛传入的问题也非常重要。庆尚北道朝阳洞遗址和庆尚南道茶户里遗址的发掘为研究这一问题提供了重要的资料,因此下文将首先讨论韩地所见到的汉文化影响。

目前在韩国青铜时代遗址出土的汉系遗物数量并不多,在 1987 年偶然发现的全罗北道小益山郡王宫里的平章里遗址出土了蟠螭纹镜,这是目前韩国所见最早的汉式镜,共出的还有 2 把细形铜剑、1 件铜矛、1 件铜戈[5]。该遗址被严重破坏,从残留的土圹底面推测很可能是坟丘墓。平章里遗址作为韩国青铜器文化第Ⅲ期的遗址,因出土少量的汉系遗物而成为汉文化传播的例证并引起关注。

到了原三国时代,汉系遗物的数量有所增加。其典型遗址有属于原三国时代前期(青铜器文化第Ⅳ期)的庆尚南道昌原郡东面茶户里遗址[6]。该遗址为墓地,从 1988 年 1 月开始进行了两次发掘,共清理 14 座木棺墓和瓮棺墓,另外从地表可以确认该墓地还有 40 座以上的墓葬,应该是一处集中埋葬的墓地。墓葬的年代均为原三国时代,分布在稍高于平地的丘陵缓坡上,方向一致,排列成行,表现出在埋葬时就已对墓地进行了规划,其规模在这一带包括伽耶古坟在内的古坟群中是最大的,这些情况表明这是一处特定集团的墓地。

汉系遗物出自第一次发掘的 1 号木棺墓,与很多本土遗物共出。该墓的木棺是将圆木中部挖空而成(下文称为圆木剖制棺),保存几乎完好,棺的周围放置有数件带有木柄的板状铁斧、手斧,农具,以及高柄豆、弓等漆器。棺下挖有腰坑,腰坑内放置竹笼,竹笼内有 2 把放在黑漆剑鞘中的带铜剑柄饰的细形铜剑,以及 1 件铜矛、3 件以上的铁剑、4 件铁矛、1 件铁戈等,与其共出的还有 1 面连弧纹星云镜、1 把铁制环首刀、3 枚西汉五铢钱、1 件青铜带钩、1 件铜制马铃等汉系器物。第四章还将对此进行讨论,铁制环首刀是用于在木简或竹简上刮削墨书文字时使用的书刀,与共出的 5 管涂黑漆的毛笔同为书写用具。该墓中出土的汉系器物数量与种类之多令人惊讶。茶户里 1 号木棺墓的年代可以根据连弧纹星云镜、五铢钱等西汉时期的器物进行判断,大体在公元前 1 世纪后半。由此,整个墓地的年代应该在公元前 1 世纪后半至公元前后,最晚在公元 1 世纪。值得关注的是,包括 1 号墓在内的茶户里遗址使用了各种铁兵器和铁器进行随葬。

同时期出土汉系器物的遗址,还有与之相隔不远的位于内陆地区的庆尚北道庆州市朝阳洞 38 号木棺墓。该遗址于 1979—1981 年共进行了 4 次发掘,发现木棺墓和木椁墓共 39 座,石椁墓 8 座,瓮棺墓 20 座[7]。数量最多的木棺墓和木椁墓可分为三型,并可以看到从 I 型、II 型(木棺)到 III 型(木椁墓)的变化。在 1981 年的第 4 次发掘中,属于 II 型的 38 号木棺墓中,在人骨的头部和胸部放置了连弧纹日光镜、重圈纹日光镜、连弧纹家常富贵镜、连弧纹昭明镜各 1 面,共计 4 面西汉铜镜,与九州北部地区弥生时代中期后半瓮棺墓中的随葬器物相同。另外在腰部出土了 1 把带青铜剑柄饰的铁剑,在人骨周围发现有铁斧,在头部和足部还发现了 8 件陶器。从这些随葬器物看,该墓的年代应该在公元前 1 世纪后半,稍晚于茶户里 1 号木棺墓。

另外值得注意的是传出于庆尚北道大邱市池山洞的一组器物[8],包括 4 面连弧纹日光镜、1 面重圈纹日光镜、1 面连弧纹昭明镜,共 6 面西汉铜镜,以及剑、戈鞘的金饰和 3 件剑柄饰,还有 2 件角形铜器等。因为不是发掘所获,出土情况不明,没有材料能够证明这是共出的一组器物。不过,在这一带出土的铜镜数量和出土铜镜的遗址都很少,目前在庆尚北道只有朝阳洞遗址出土了几面汉式铜镜,因此很难想象这些铜镜原来是出自几个遗址,后来被合为一组器物。另外,这 6 面铜镜的大小、种类较为一致,连弧纹日光镜中有 2 面的铭文亦较为少见,从这些情况看这些铜镜也应该是共出的一组器物。虽然就目前所知这组器物仅限于青铜器而未见铁器,不过这组西汉铜镜的年代应该与日本前原市三云南小路 2 号瓮棺墓中随葬的一组铜镜的年代相当,大体在公元前 1 世纪后半到终末。忠南大学校博物馆藏传出自庆尚道的与 2 把细形铜剑共出的连弧纹日光镜的年代基本也在这一时期。

出土西汉铜镜的遗址还有庆尚北道永川郡渔隐洞遗址和大邱市坪里洞遗址。渔隐洞遗址是韩国最早出土西汉铜镜的地点,于 1918 年偶然发现[9]。出土铜镜遗迹的情况并不清楚,根据发现者的介绍,很可能是出自墓葬的一组器物。遗物中包括大量青铜器,有 3 面汉式镜、12 面韩镜(朝鲜仿制镜)、8 个以上的手镯,以及 123 件各种金饰。其中的汉系器物包括 2 面连弧纹日光镜、1 面四乳虺龙纹镜,都是中国西汉后期到东汉初年流行的铜镜,还有 2 件铜带钩。与朝阳洞 38 号木棺墓出土的铜镜均为西汉铜镜不同,该遗址汉式铜镜与韩镜共出,年代也稍晚,其年代与九州北部地区弥生时代中期末到后期前半这一阶段相当。坪里洞遗址的一组器物亦为偶然发现,包括 3 把细形铜剑,1 件细形铜戈,从剑柄饰到剑柄及鞘尾部的金饰等一套剑装具,4 件附舌的小铜铎等青铜制品,还有青铜制和铁制的马具,以及 1 面四乳虺龙纹镜,5 面韩镜等[10]。该遗址出土的韩镜与渔隐洞出土的韩镜为同范制作,因此年代基本相同。

综上可知,在公元前 1 世纪后半,设置乐浪郡对朝鲜半岛南部的影响开始显现出来。不过在茶户里遗址和朝阳洞遗址虽然出土了丰富的铁制品,但其中铁戈的形态不见于汉,因此这些铁制品并不是直接从汉传入,而是在汉文化的影响下本土制作的韩系铁器。而原三国时代的铁器中,锻造与铸造并存,与燕系铸造技术不同的锻造技术应该在乐浪郡设置时期传入[11]。如果考虑到茶户里遗址出土的用作书写工具的笔也是本地生产的漆制品[12],那么如同上述通过铁器得到的认识一样,这个地域的汉化很有可能始于乐浪郡设置以后,而韩的汉化也对九州北部地区产生了很大的影响。

四、中国史书中出现的倭之国与王

乐浪郡设置以后,在中国史书中开始出现了有关“倭”的记载,可以看到在倭的内部有“国”、“王”等。在第二章中,曾将日本列岛(特别是在九州北部地区)弥生时代前期末到中期前半所出现的地域性社会称为古国(ク二),将古国的统治者称为王(オウ),这些可以视为中国史书中记载的“国”和“王”的萌芽。在讨论这个问题之前,首先检视与弥生时代同时期的《汉书》《后汉书》和《魏志》中有关倭的“国”和“王”的记载。

（1）乐浪海中有倭人，分为百余国，以岁时来献见云（《汉书·地理志》）。

这是《汉书·地理志》中有关"倭"的记载，也是中国史书中最早的有关"倭"的记载，这一记载表明通过乐浪郡的设置而使倭与汉开始有了直接的交流，同时也记录了这一时期的倭存在着数量很多的地域性社会，书中将这些地域性社会称为"国"。因记载中有"乐浪海中"，所以这些交流应始于从公元前108年西汉设置四郡之后到公元7年西汉灭亡之前的这一段时间。如下文将要讨论的，与西汉直接进行交流的结果，就是在九州北部地区瓮棺墓的随葬品中，集中出现了西汉的器物，特别是在与西汉交流的过程中谋求的武器铁器化，即由朝鲜制青铜武器或者是朝鲜系青铜武器向以铁制环首刀为代表的铁兵器的转变，具有阶段性的意义。弥生时代中期中段到后半，相当于韩国原三国时代前期（青铜器文化第Ⅳ期），大体在公元前1世纪。而在公元前1世纪初期，西汉政府因困扰于匈奴用西汉生产的铁兵器武装自己并侵扰西汉，当时禁止铁兵器的对外输出。由于这一政策的执行导致了匈奴的削弱，时至公元前82年前后，则开始解禁铁兵器的对外输出。日本列岛弥生时代中期后半出现了大量的西汉系铁兵器恰与这一时期相对应，铜镜等其他西汉器物的输入也与铁兵器的情况一致，因此《汉书·地理志》中记载的内容，应该是公元前82年以后，即公元前1世纪后半段的情况。实际上，在日本列岛发现的汉系铁兵器，大部分都是韩的制品，因此公元前82年汉对铁兵器输出的解禁可以看成是韩开始制作铁兵器的年代上限。

（2）东夷王度大海奉国珍（《汉书·王莽传》）。

这段记载见于西汉末元始五年（公元5年），是为表现当时为平帝摄政的王莽之德行的一段佳话，其中虽提到东夷王慕德渡海而来，但并没有明确说明与倭有关。不过若考虑到后面（3）和（8）条中提到"倭"位于大海中，（5）条中提到的"东夷倭奴国王"，都是指位置偏远的倭，那么（2）条中所记东夷王就应该是中国史书记载的最早的倭王，或者是构成倭的诸国的王。

在西汉时称国或是称王，存在着若干区别。"国"是指国家、郡、地域，与此相对应，"王"是指皇帝、诸侯等被封的王室男性，或是地域集团的首领。其中国家最初是指汉帝国，当时并不认为其他的民族（夷狄）也会形成国家。郡是汉代政治体制的基础，由分封的汉王室男子所治之郡也称为国。郡之长官称太守，当中山郡成为中山国后，中山太守即成为中山王，这里的"王"即为管理地方的皇子之行政名号。上述"国"与"王"的用法都不适于倭，倭应该是像南越国、夜郎国那样，即把汉以外的其他民族的地域性社会称为国，而王则是指倭人的地域性集团的首领。

（3）倭在韩东南大海中，……凡百余国，……使驿通于汉者三十许国，国皆称王，世世传统。其大倭王居邪马台国（《后汉书·东夷列传》）。

（4）建武中元二年，倭奴国奉贡朝贺，使人自称大夫，倭国之极南界也。光武赐以印绶（同前）。

（5）东夷倭奴国王遣使奉献（《后汉书·光武帝纪》）。

（6）安帝永初元年，倭国王帅升等献生口百六十人，愿请见（《后汉书·东夷列传》）。

（7）十月，倭国遣使奉献（《后汉书·安帝纪》）。

《后汉书》中所记（3）—（7）条，包含有公元 57 年、107 年之事，所以大体相当于弥生时代后期前半—中段。存在于日本列岛的"国"，其内涵如何尚不清楚，但由（1）所记可知公元前 1 世纪的倭人分为百余国，虽然没有涉及"王"，不过可以推测"岁时来献见"的主体者的存在。接着是在《后汉书》（4）中所记建武中元二年（公元 57 年），倭奴国奉贡朝贺，下赐印绶。从这个记载可以看出，在《汉书》中所记载的分为百余国的"倭"的内部，存在着称为"奴"的国。而遣使一事，在第（5）条《后汉书·光武帝纪》中也有"东夷倭奴国王遣使奉献"的记载。据此可知奴有国王，印绶是赐予倭的奴国王。不论实际情况如何，可以确认的是，在公元 57 年的倭，存在着被东汉政府看作是构成倭的"国"，而且存在着被认为是"王"的人物。

文献中记载的奴的"国王"，应该是指作为倭人的地域性集团的首领，而称其为国王则是给予其属于东汉行政组织体系的一个称号。据《后汉书·百官志》记载，"四夷国王，率众王，归义侯，邑君，邑长，……比郡、县"，即赐予四夷的部族首领称号有王、侯、君、长之差别，而接下来的"比郡、县"表明，东汉政府是根据这些四夷部族首领所占有地域的大小、人口的多少来选择相应的称号。因此，《后汉书》中所说"倭奴国王"，是"倭的奴的国王"，而不是"倭的奴国的王"，由此也可看出东汉政府对奴国的认知程度。

《后汉书》中还有一例有关倭的国与王的记载。第（6）条中，安帝永初元年（公元 107 年），"倭国王帅升等……愿请见"，与此相对应有第（7）条所记"倭国遣使奉献"，表明是由倭国王派遣使者。这里的"倭国"不仅意味着居住着倭人的国，而且意味着其地位在构成倭国的奴国等国之上，并且有王。第（3）条《后汉书》所记，"其大倭王居邪马台国"，如果这条记载中的大倭王是公元 107 年派遣使者的主体，则暗示在倭的内部存在着一种联盟的状态。据此推测，东汉时期所认定的倭之国和王，与早期的奴之国和王，具有不同的含义。

遗憾的是，《后汉书》是根据成书早于其的《魏志》而撰写的，第（6）条也有可能是引用了第(8)—(11)条以外的《魏志》的记载。因此,不能肯定第(6)条是真实描述了公元107年前后发生的事件。另外,"倭国王帅升"在各书中所记都有不同,有"倭面上国王师升"(《翰苑》所引《后汉书》)、"倭面土国王师升"(北宋版《通典》)等,以其为构成倭的其中一国,作为倭的面土国,相当于伊都国、末卢国等。若如此,这条记载所记录的应该是与奴国属于同一个层次的国和王。因此在文献中,有关公元1世纪的日本列岛存在着倭国和其构成国、倭王和其构成国的王这样两个层次的国与王的相关记载,还非常有限。

(8)倭人在带方东南大海之中,依山岛为国邑。旧百余国,汉时有朝见者,今使译所通三十国(《魏志》倭人传)。

(9)到伊都国,官曰尔支,……世有王,皆统属女王国(同前)。

(10)自女王国以北,特置一大率,检察诸国,诸国畏惮之(同前)。

(11)其国本亦以男子为王,住七八十年,倭国乱,相攻伐历年,乃共立一女子为王,名曰卑弥呼(同前)。

(8)—(11)条均载于描写公元3世纪前半至中段之事的《魏志》倭人传中,大体相当于弥生时代后期后半至终末期。根据《后汉书》中所记载的两度遣使之事,可知弥生时代后期生活在日本列岛的倭人集团中存在着小型的地域集团,这些小型的地域集团被称为国,同时也存在着代表了构成倭人集团的诸国的王。而在公元3世纪的《魏志》倭人传中,则明确地指出了倭国和构成诸国之间,以及倭王和构成诸国之王的关系,这在(9)到(11)条中都有明确的记载,由此亦可知,当时的日本列岛,出现了倭国和王,构成倭国的诸国和诸国之王两个层次的国与王。

上述文献中与倭汉外交有关的具体记事仅有公元57年和107年的两条记载,不过从第(1)、(3)、(8)条看,当时的外交活动相当频繁。从记载两次倭遣使之事的帝纪看,公元57年的奴国王遣使恰逢建武中元二年正月的朝贺,而同年二月光武帝去世;公元107年遣使的背景,先是在前一年汉和帝和汉殇帝相继去世,之后新帝安帝即位,当时西域等地发生叛乱,民间又逢水害,即公元107年时倭是在汉处于一种极度混乱的状况下遣使来朝,这也是汉安帝一代最早的外来遣使。同样的例子见于第(2)条"东夷王度大海奉国珍",这是西汉末平帝元始五年(公元5年)时,摄政的王莽为了显示自己的德行而进行的宣传。东夷慕德渡海而来,与第(3)、(8)条中倭在大海中相符,而第(5)条所记"东夷倭奴国王",也应该是指位置偏远的倭。如果第(2)条中的"东夷王"是指倭王,或者是构成倭的诸国的王,则是中国史书中记载的最初的"王"。如果元始五年这一条所记的"东夷王"是倭王的话,那么与特殊事件有关的遣使就有三次,如果不计入元始五年的这一次,在帝纪中收录的两次遣使均为与皇帝驾崩和新帝即位有关的特殊记事,而实际的遣使则如(1)、(3)、(8)条中所记,也是具有相当高的频率。

综上,在中国史书中记载的国和王,有时是指日本列岛及其统治者,有时是指日本列岛存在的地域性社会及其首领,可以认为,即使在中国方面看来,在这里所表述的两个层次的国与王也是存在的。下文将在对此节内容梳理的基础上,对出现了国和王的弥生时代中期后半(公元前1世纪后半)的情况,从弥生时代的国与王的构成这一视角进行讨论。

第二节　西汉铜镜所展现的国与王

一、出土西汉铜镜的遗址所具有的优越性

乐浪郡的设置,以及以乐浪郡为中介与汉文化的接触,都使日本列岛的弥生社会和文化发生了很大的变化。与乐浪郡直接的交流可以从前原市三云番上遗址出土的筒形杯和平底盆等乐浪系的汉式陶器窥见一斑,但是从数量和内容方面考虑,日本列岛出现的西汉铜镜的意义更大。这是因为在乐浪郡设置以后,特别是公元前1世纪后半(弥生时代中期后半,第Ⅲ期),新传入日本列岛的西汉铜镜,具有作为象征权威的标志物的重要意义[13]。

西汉铜镜,除了弥生时代后期(第Ⅳ、Ⅴ期)的破镜和古坟中随葬的以外,相对于出土数量,出土西汉铜镜的遗址却很有限,长崎县只有对马的峰町下加矢之木①、栉江加崎②2个遗址,佐贺县有唐津市田岛、神埼郡二冢山、三养基郡六之幡3个遗址,数量最多的是福冈县,有前原市三云南小路、福冈市吉武樋渡、有田、丸尾台、春日市须玖冈本、饭冢市立岩堀田、筑紫野市二日市峰、隈西小田、朝仓郡东小田峰、甘木市平冢栗山10个遗址,再加上其分布东限的山口县下关市地藏堂遗址,共计有16个属于弥生时代中期后半的遗址出土了西汉铜镜(春日市门田遗址24号瓮棺墓的内壁残留有铜镜的痕迹,若计入则为17个遗址),其中多数铜镜是作为九州北部地区弥生时代中期流行的埋葬成人用的特殊的大型瓮棺墓中的随葬品。

---

①　原著中该遗址名称为"下ガヤノキ",其中的片假名"ガヤノキ",意译为"加矢之木"。

②　原著中该遗址名为"栉エーガ崎",其中的片假名"エーガ",音译为"江加"。

　　包括春日市门田遗址在内的 17 个遗址大体上分布在九州北部地区全境，不过如果以《延喜式》①中将平原、河川等自然地形作为单位而设定的 1 至 2 个郡的范围作为一个地域性社会的话，每个地域性社会发现的出土有铜镜的遗址仅限于 1 至 3 个而已。例如在《魏志》倭人传中所说的伊都国，推定其范围在从前原市到福冈市西区的怡土平原，而同在《魏志》倭人传中记载的奴国，推定其范围在福冈市中央部到春日市的福冈平原，在这些地方发现了随葬超过 20 面西汉铜镜的前原市三云南小路 1 号、2 号瓮棺墓和须玖冈本 D 地点的瓮棺墓。福冈平原的弥生社会由 15—20 个左右的村社组成[14]，这里很像是九州的中心，每个村社几乎都有随葬墓，或者出土有青铜器的铸范和青铜武器形祭器。可是西汉铜镜只是集中出土于被看作是弥生时代中期后半的这一地区盟主的须玖冈本遗址 D 地点的瓮棺墓中，除此之外，只是在须玖冈本 B 地点出土有铜镜，还有从门田遗址可见铜镜的痕迹推测应该出土有铜镜，后者应属于另外一个村社的较低等级的集团。糸岛平原发现的西汉铜镜也仅限于三云南小路遗址。

　　弥生墓葬没有显著的外部设施，随葬西汉铜镜的墓葬多为占有较大墓域、具有封土的坟丘墓。以吉武樋渡坟丘墓为例，虽然在公元 5 世纪时由于修建樋渡前方后圆坟破坏了该墓地表的封土，但复原后其坟丘长 30 米、宽 25 米、高 2—2.5 米。在这个坟丘内埋入了 25 座瓮棺墓，显然这 25 座瓮棺墓可视为一群，坟丘则起到了区划的作用。而埋入该坟丘的墓葬只是这个由 140 多座瓮棺墓组成的墓地中的一群，但随葬有西汉铜镜的随葬墓均埋在这个坟丘之内。

　　三云南小路 1 号墓和须玖冈本 D 地点在地表都没发现残留的坟丘，但可以推测这里曾经存在有坟丘。从图十六的情况看，三云南小路 1 号瓮棺墓的上部已被破坏，另据江户时代青柳种信的记载，从地表到放置在棺上的铜剑之间深"三尺余"[15]，而且其墓圹和此墓西侧的祭祀沟之间有 10.3 米的距离，柳田康雄以此为线索提出这里原本应是具有 31 米×24 米以上的方形区划的坟丘墓[16]，此说可信。须玖冈本遗址曾被记录有一定的高度，加之在附近发现有坟丘墓，而对 D 地点墓葬所在位置进行的发掘，没有发现任何遗迹，只是发现了被认为是围绕着坟丘边缘而修建的道路，而该道路呈不自然弯曲状，根据上述现象进行复原，可知这里应存在着与三云南小路规模大体相同的坟丘墓。

———————————

　　①　日本平安时代中期（延喜五年，公元 905 年）由醍醐天皇命令藤原时平等人编纂的一套律令条文。时平死后由藤原忠平负责编纂的工作，完成于公元 927 年（延长五年），之后又做了修订，直到公元 967 年（康保四年）才颁布施行。其中对于官制和仪礼有着详尽的规定，是研究古代日本史的重要文献。

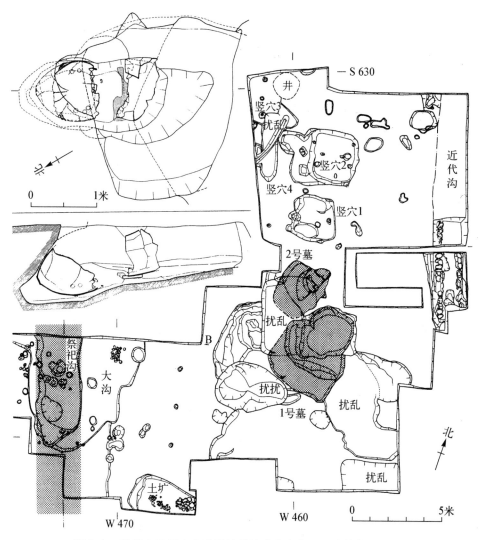

图十六　前原市三云南小路遗址的遗迹分布和 2 号瓮棺墓（左上）

　　由于瓮棺墓的上部已被破坏，目前作为推测原来存在坟丘的证据之一，是根据其残存的高度。瓮棺墓的墓圹是向下挖一个方形或长方形的半地穴，在一壁根据棺的形状挖掘出横穴，将瓮棺的下瓮插入横穴后进行掩埋。由于这样一种埋藏方式，残留的墓圹和瓮棺就可以作为复原墓葬原状的线索。如三云南小路 1 号墓的墓圹为 4.15 米×3.6 米，放入了两件器高约 100 厘米，腹部最大径为 60 厘米的同样大小的瓮棺。2 号墓的墓圹为 2.8 米×2.5 米，稍小于 1 号墓，但是放入的两件同样大小的瓮棺却大于 1 号墓，复原后两件瓮棺全长为 243 厘米，最大腹径 90 厘米，为超大型瓮棺。这两座墓的上部大部分都已被削平。在春日市的门田遗址,墓地中最大的24号墓,其墓圹为2.9米×2.6米,深1.6米,从墓圹向下挖出的横穴纵深为1.5米,其中斜置着复原后全长228厘米的大型瓮棺(图十七),其中的下瓮为器高120厘米、口径88厘米的大型器物,从发掘时的地表即墓圹口,到棺底深2.5米。筑紫野市限西小田遗址13地点23号瓮棺墓的墓圹规模为3.1米×2.1米,从墓圹口到棺底深2.7米,所用瓮棺为超大型。东小田峰10号瓮棺墓的墓圹为3.3米×2.2米,与同墓群的其他墓相比极为醒目。瓮棺为复口式,因此全长较短,仅其下瓮器高105厘米,腹部最大径为79.9厘米,亦属于大型器物。将图十六左上的三云南小路2号墓瓮棺墓的剖面与图十七门田24号瓮棺的剖面进行比较,就可以根据三云南小路的两个瓮棺墓被破坏后残存的深度推测原来墓圹的大小,像这种半地穴墓圹平面长、宽都超过2米的瓮棺墓确实很少见,主要都是随葬西汉铜镜的墓葬。

弥生时代中期的坟丘墓数量不多,分布较为分散,都具有大型的墓圹和棺,而且坟丘墓都发现于地域社会的中心聚落,其分布与随葬西汉铜镜墓葬的分布具有一致的倾向[17]。有限的出土有西汉铜镜的遗址都被认为是该地域的主要中心,其典型代表是三云南小路1、2号瓮棺墓和须玖冈本D地点,这些遗址与同时期其他地点相比都非常突出。如果在这两个遗址中没有发现瓮棺墓,那么这两个遗址由于其所包含的内容丰富、密集度高,也会被认为属于中心聚落。其他随葬西汉铜镜的墓葬,或者那些包含有随葬西汉铜镜墓葬的遗址,虽然规模有大小之别,但亦应属于地域中心。西汉铜镜,是属于像三云南小路和须玖冈本那种统治着地域社会的盟主,或者是低一层次的、构成地域社会的村社的首领们所占有的器物。

二、用于随葬的西汉铜镜

在分析随葬西汉铜镜的意义之前,首先对西汉铜镜本身进行讨论。

在弥生时代中期后半的墓葬中随葬的西汉铜镜,开始是在三云南小路1号瓮棺墓出土的重圈彩绘镜、云雷纹镜和清白镜等大型铜镜的组合(复合大型镜群),然后经过如立岩堀田10号瓮棺墓出土的大型清白镜的单一组合(单一大型镜群),变成三云南小路2号瓮棺墓的那种小型异体铭文带镜的组合(小型镜群)。由于单一大型镜群和小型镜群的时代都非常明确,属于弥生时代中期后半(公元前1世纪后半),所以复合大型镜群的传入应稍早,大体在弥生时代中期中段到后半的过渡期。

由此,西汉铜镜的传入是以复合大型镜群为开端,其典型代表为三云南小路1号瓮棺墓,共随葬了35面以上的大型镜(图十八)。

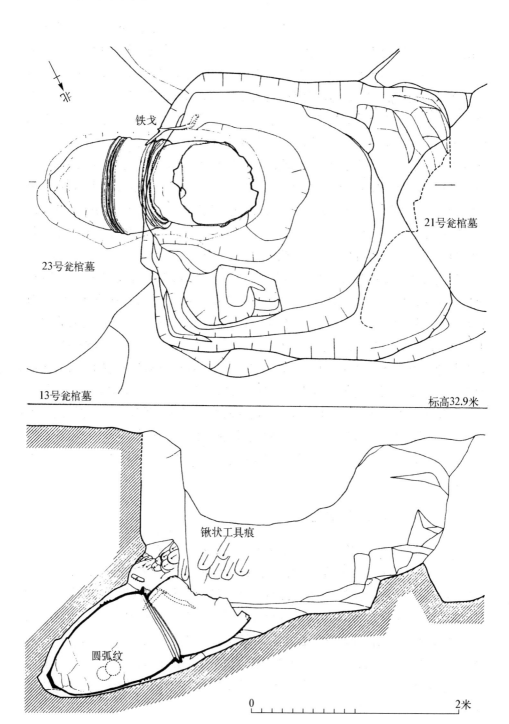

图十七 春日市门田 24 号瓮棺墓所见墓圹与瓮棺的关系

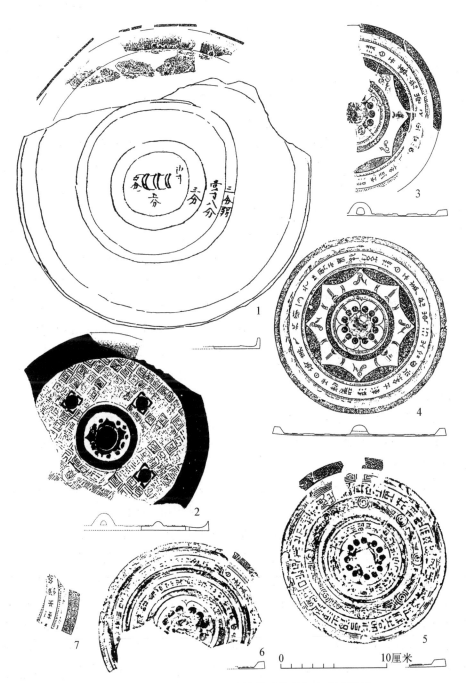

图十八　三云南小路 1 号瓮棺墓随葬的复合大型镜群

1. 重圈彩绘镜　2. 四乳雷纹镜　3、4、7. 连弧纹清白镜　5. 重圈三角雷纹带精白镜　6. 重圈纹清白镜

重圈彩绘镜、四乳雷纹镜只见于三云南小路1号瓮棺墓。重圈彩绘镜(图十八,1)是日本出土的年代最早的中国铜镜。在青柳种信①1822年(文政5年)的记录中,画有此镜的简测图,同时说明"其最大径为九寸,无背纹"。1975年由福冈县教育委员会对该遗址进行的再次发掘中发现了此镜的残片,确认了这是一面如青柳所说的直径九寸,即27.3厘米的大型铜镜。其边缘为高0.97厘米的突棱内弧缘,镜面平直,纽如简图上所画的三弦纽,上述均为战国铜镜的特点。该镜本为素面镜,但在镜背的内区有朱、青、白色的附着物,从而判断其与中国河南省信阳长台关楚墓出土的彩绘镜相同。四乳雷纹镜(图十八,2),在青柳的记录中也画有此镜的简测图,出土了包含三个乳钉的属于内区的残片和边缘的残片,复原后直径为19.3厘米,边缘为突棱内弧缘,镜面平直,均为战国铜镜的特点。其内区为重复排列的方形雷纹,四方配以四个乳钉,纽座为连珠纹,纽座周围有一圈宽带纹。这种镜背花纹的构成虽然还有战国铜镜的遗风,但应该是西汉初期制作的铜镜。除了以上两面铜镜以外,其余的33面铜镜均为在内区有铭文的异体字铭文镜,通过残留的拓片和出土的残片可以确认的有:重圈三角雷纹带精白镜1面(图十八,5),重圈纹清白镜(图十八,6)2面,连弧纹清白镜(图十八,3、4)26面,这些铜镜的镜面直径都在16—18.8厘米之间。还有4面铜镜因残破过甚型式不明,判断也属于铭文镜。型式不明的铜镜中有一面直径为15厘米左右,其余铜镜的直径均超过16厘米。三云南小路1号瓮棺墓随葬的铜镜构成了一个包括最大的重圈彩绘镜在内的、镜面直径平均达到17.2厘米的大型铜镜群。

须玖冈本D地点墓,推测共随葬了至少27面铜镜,同样也具有早期铜镜的组合,其中引人注目的有草叶纹镜和连弧纹星云镜。

草叶纹镜包括了方格式和重圈式两种共3面。方格草叶纹镜可复原为直径23.6厘米的大型铜镜,在16个内向的连弧纹缘和围绕着四叶纽座的二重方格之间,方格的各边中央有一个正方形四瓣座的乳钉,其左右为内区的主体纹饰,由麦穗状的纹饰将其分为四区。重圈草叶纹镜有2面,其直径与方格草叶纹镜大体相同。其边缘为突棱内弧缘,连弧纹带紧靠边缘。内区主体花纹为由正方形四瓣座乳钉连接起来的圈带,在四乳钉间圈带两侧饰以双线的花瓣纹,在圆形纽座周围还有一周内向连弧纹。连弧纹星云纹镜有5面,均为直径在15.8—17.3厘米的大型镜,与草叶纹镜一样都属于西汉前期。从镜背纹饰看,由16个弧组成的连弧纹缘的内侧,饰有斜行栉齿纹带,其主体花纹为由多条突起的曲线连接

---

① 青柳种信为日本江户时代后期的著名学者,主要著作有《筑前国怡土群三云村古记图说》、《柳园古器略考》、《筑前国续风土记拾遗》等。

的星云纹。其内侧配置有连弧纹带围绕着纽座。一面铜镜还残留有连峰式纽。其余的铜镜中,除了型式不明者外,余者均为铭文镜。但是与三云南小路1号墓所出均为大型的清白镜不同,在须玖冈本D地点墓出土的铜镜组合中,除了8面大型的清白镜以外,还有中小型的昭明镜、日光镜各4面。在三云南小路遗址,与全部用大型镜随葬的1号墓相邻、年代稍晚的2号墓出土了由22面小型铜镜组成的小型镜群。由此,须玖冈本D地点墓的年代或是处于三云南小路1号墓与2号墓之间的过渡阶段,或是像三云南小路遗址那样在该地点存在着多座墓葬。从时间上看,属于后者的可能性更大一些。如果确实如此,那么在这个地点,也存在着由草叶纹镜、星云纹镜、清白镜组成的复合大型镜群。

在复合大型镜群中占据主体地位的铭文镜中的清白镜,出现了像堀田10号瓮棺墓那样只随葬清白镜的单一化趋势,从而形成单一大型镜(清白镜)群。清白镜中直径在15—18厘米左右的最为多见,弥生时代中期遗址中出土的清白镜中,地藏堂箱式石棺墓出土者直径为14.9厘米,而三云南小路1号墓出土者直径为18.8厘米,直径超过16厘米的也有很多。有的镜为窄缘,围绕着斜行栉齿纹分布有铭文带,在内侧通常有连弧纹带、宽带纹,以及围绕在纽座周围的花纹,也有的镜背不见连弧纹带,代之以宽带纹的重圈纹。后者有两重铭文。

清白镜的铭文中,以立岩堀田10号瓮棺墓随葬者较为完整,其铭文为"絜清白而事君　愻泛欢之弇明　伋玄锡之流泽　忘(疏)远而日忘　怀糜美之穷噎　外承欢之可说　思窔佻之灵京　愿永思而毋绝"(括号内为原无此字后补齐)。清白镜即因此铭文首句中有"清白"二字而得名。也有的镜铭中"清白"作"精白",如下加矢之木箱式石棺出土的铜镜,另外在立岩堀田10号瓮棺墓所出铜镜中有铭文为"日有喜月有富　楽毋事常得(意)　美人会竿瑟侍　贾市程万物平　老复丁死复生　醉不知醒旦星",并不以"絜清白"作为首句,不过也可以将这些铜镜都包括在"清白镜"之中。重圈纹清白镜的内圈铭文多为"内清质以昭明　光辉象夫日月　心忽扬而愿忠　然壅塞而不泄"。铭文均为铸出的篆书。

上文所述的重圈彩绘镜和四乳云雷纹镜,仅见于三云南小路1号墓,草叶纹镜仅见于须玖冈本D地点墓,连弧纹星云镜中除了西汉晚期的退化型式以外,也只在须玖冈本D地点墓和二日市峰瓮棺墓两个地点出土。作为日本列岛出土的西汉铜镜典型代表的清白镜,在下加矢之木箱式石棺出土1面,三云南小路1号瓮棺墓29面,须玖冈本D地点瓮棺墓8面,立岩堀田10号瓮棺墓6面、35号瓮棺墓1面,东小田峰10号瓮棺墓1面,二冢山15号瓮棺墓1面,以及地藏堂箱式石棺墓1面,共有7个遗址8个墓葬随葬了48面清白镜,其出土遗址的数量和铜镜数量与其他铜镜相比都有大幅度的增加,并且包含有大量制作精良者。清白镜的分布遍及从福冈县筑前部到九州北部地区的全境,并进一步扩展到本州的最西端,这一分布范围即是以清白镜为主的西汉铜镜的分布圈。

综上,那些属于战国至西汉前期的重圈彩绘镜,以及较清白镜年代稍早的连弧纹星云镜,虽然存在着是在这些铜镜流行之时从中国传入的可能性,如同前文提到的韩国全罗北道平章里遗址出土的蟠螭纹镜一样,但是更有可能是与最初传入的异体字铭文镜(清白镜)同时传入。因此复合大型镜群与单一大型镜(清白镜)群之间并没有时间上的差别。

像三云南小路 2 号瓮棺墓那种由小型的异体铭文镜组成的小型镜群,主要包括昭明镜和日光镜。

昭明镜属于中等大小的铭文镜,其直径多在 10 厘米左右,要小于清白镜,其余的特点与清白镜相同。出土的这种铜镜中,六之幡瓮棺墓所出直径为 11.9 厘米,三云南小路 2 号瓮棺墓所出直径为 11.4 厘米,其余的直径大多小于 10 厘米。铭文与重圈纹清白镜的内圈铭文相同。立岩堀田 28 号瓮棺墓随葬的昭明镜是典型的重圈铭文,其篆书体的铭文为"内清质以昭明　光辉象而夫日月　心忽扬而愿忠　然壅塞而不泄"。这种铜镜的内圈铭文部分,比较常见的为"见日之光　天下大明",通常也会在文字间插入一些文字样的符号。在三云南小路 2 号瓮棺墓出土的余下的 4 面铜镜,均属于连弧纹昭明镜,窄缘,铭文字体为篆书体,直径为 6.28—8.3厘米,与日光镜相近,属于小型镜,其铭文"内而清而以而昭而明光而……世",为意义不明确的略铭。传出自栉江加崎箱式石棺墓的铜镜,铭文为字间均加一"而"字的略铭,应该是三云南小路 2 号瓮棺墓所出略铭镜的延续。

昭明镜的出土情况如下,传栉江加崎箱式石棺墓出土 1 面,三云南小路 2 号瓮棺墓 5 面,有田 1 号瓮棺墓 1 面,须玖冈本 D 地点瓮棺墓 4 面,立岩堀田 28 号瓮棺墓 1 面,隈西小田 13 地点 23 号瓮棺墓 1 面,东小田峰 1926 年瓮棺墓 1 面,平冢栗山瓮棺墓 1 面,六之幡瓮棺墓 1 面,共计在 9 个地点的 9 个墓葬出土了 16 面昭明镜。虽然发现的地点、墓葬数量与清白镜相比有所增加,但铜镜的数量却有所减少,也不见集中随葬这种铜镜的墓葬,这很可能反映了传入数量的减少。

直径在 5—8 厘米的小型的异体铭文镜中,铭文为"见日之光　天下大明"者较为多见,被称为"日光镜"。"日光镜"的基本镜型与清白镜、昭明镜相同,从铭文字数的多少也可知这几种铭文镜存在着大、中、小三种关系。而大小的差别很可能与使用方法的不同有关。

日光镜在三云南小路 2 号瓮棺墓中出土的数量最多,为 16 面,其他日光镜的出土数量为:田岛 6 号瓮棺墓 1 面,吉武樋渡 62 号瓮棺墓 1 面,丸尾台瓮棺墓 3 面,须玖冈本 D 地点瓮棺墓 4 面、B 地点瓮棺墓 1 面,立岩堀田 34 号瓮棺墓 1 面、

39 号瓮棺墓 1 面,东小田峰 10 号瓮棺墓 1 面,共 7 个地点 9 座墓葬合计出土了 29 面日光镜。考虑到三云南小路 2 号墓出土的连弧纹昭明镜的直径较小,为 6.28—8.3 厘米,与日光镜的直径相同,而同墓随葬的连弧纹星云纹镜也与其他的同类铜镜不同,为直径 7.4 厘米的小型镜,因此三云南小路所出的昭明镜和星云纹镜应该是与日光镜共存的镜式。这样,小型镜的数量共计有 47 面,其数量、分布都与清白镜相当。

通过考察弥生时代中期后半的遗址中出土的西汉铜镜,正如上文已经指出的那样,在三云南小路存在着分别随葬大型镜和小型镜的 2 座瓮棺墓,而须玖冈本 D 地点瓮棺墓随葬的铜镜中既包含有大型镜,同时也有小型镜的组合,确实有些异常。

有些墓葬中仅随葬了西汉铜镜,但大多数墓葬都是在随葬西汉铜镜的同时,还共出有其他的随葬品和一些装饰品,这些墓葬间存在着明显的差别,可以将其分为不同的类型,有厚葬型、武器共生型、装饰品共生型和单独型,其中最典型者为厚葬型。

三云南小路 1 号瓮棺墓和须玖冈本 D 地点瓮棺墓都拥有丰富的随葬品组合,可称之为厚葬型(表一)。前者除随葬了 35 面铜镜以外,还共出有细形铜矛、中细形铜矛、有柄中细形铜剑、中细形铜戈各 1 件,以及琉璃璧、镀金柿蒂形铜叶各 8 件,还有琉璃制的装饰品。后者有 27 面铜镜,同时共出有细形铜矛和中细形的青铜武器 10 件以上,还共出有琉璃璧和琉璃制的装饰品。以种类丰富的随葬品进行厚葬是两墓的最主要特征。在这种厚葬型的墓葬中随葬的西汉铜镜为复合大型镜群。

厚葬型的缩小版是以铜镜和武器为中心的武器共生型,其特色是同时随葬有西汉铜镜和铁制武器。典型代表有立岩堀田 10 号瓮棺墓,随葬了 6 面清白镜的同时,还共出有中细形铜矛、铁剑各 1 件,以及铁鉇 1 件,砥石 2 个;东小田峰 10 号瓮棺墓,随葬连弧纹清白镜和连弧纹日光镜各 1 面的同时,还有 2 件利用残琉璃璧制作成的有孔圆板,以及铁剑、铁戈、铁锯各 1 件。这些墓葬随葬了实用的铁制武器,表明当时存在着具有军事集团性质的首长阶层。这类墓葬中随葬的西汉铜镜数量有所减少,均为单一大型镜(清白镜)群。

拥有随葬品的墓葬中,除了上述类型以外,还有很可能是表示女性墓主人的装饰品共生型,以及地位稍低的单独型,随葬的西汉铜镜多为小型镜群。

观察这些随葬的西汉铜镜的数量和种类组合,加之其出土背景,可以认为在西汉铜镜传入日本的初期,即弥生时代中期后半时,随葬西汉铜镜的数量与墓主人所拥有的实力相关。总之,西汉铜镜从传入之始,就集中随葬于首长阶层的墓葬中,而由首长阶层独占铜镜的现象也一直延续下去,由此可以认为西汉铜镜在当时具有着标识权威所在的特质。

表一 弥生时代的厚葬墓

墓葬名称	区划设施	墓葬设施	铜镜	青铜制武器	铁制武器	璧	装饰品	其他	时期
三云南小路1号墓	坟丘?	单独瓮棺	重圈彩绘镜 1 雷纹镜 1 清白镜 30 不明 3	细形铜矛 1 中细铜矛 1 中细铜剑 1 中细铜戈 1		8	琉璃勾玉 3 琉璃管玉 60	镀金柿蒂形铜叶 8	中期后半
须玖冈本D地点墓	坟丘?	单独瓮棺	草叶纹镜 3 星云纹镜 5 清白镜 8 昭明镜 4 日光镜 4 镜片3片以上	细形铜矛 4 中细铜矛 2 中细铜剑 1 多钮铜剑 1 铜剑片 4 中细铜戈 1		2	琉璃勾玉 1 琉璃管玉 12		
三云南小路2号墓	坟丘? (与1号墓共用)	瓮棺	星云纹镜 1 昭明镜 5 日光镜 16				翡翠勾玉 1 琉璃勾玉 12 琉璃垂饰 1		
立岩堀田10号墓		瓮棺	清白镜 3 清白系镜 3	中细铜矛 1	铁剑 1			铁镈 1 砺石 2*	
东小田峰10号墓	坟丘	瓮棺	清白镜 1 日光镜 1		铁剑 1 铁戈 1			璧再利用制成的圆板 2 铁镞 1	

续　表

墓葬名称	区划设施	墓葬设施	铜　镜	青铜制武器	铁制武器	璧	装饰品	其他	时期
井原鑓沟墓		瓮棺	方格规矩镜 21		刀剑类			巴形铜器 3	后期后半
樱马场墓		瓮棺	方格规矩镜 2		铁刀 1		琉璃小珠 1	巴形铜器 3 铜钏 26	后期后半
平原墓	方形围沟	圆木剖制棺	方格规矩镜 32 四螭镜 1 内向连弧纹镜 2 仿内向连弧纹镜 4		环首刀 1		琥珀耳珰 1 琉璃勾玉 3 玛瑙管玉 12 等多件玉器	铁刀 1	后期终末

三、铜镜的权威及其渊源

如上所述,在公元前 1 世纪后半时,传入九州北部地区最早的西汉铜镜,有重圈彩绘镜、云雷纹镜、四乳草叶纹镜、连弧纹星云纹镜,还有直径达到 15 厘米左右的大型清白镜。其传入之始就以厚葬的形式用于随葬。一棺中集中了数面大型镜,特别是集中随葬那些铸造精良的清白镜,这种状况在中国也很少见。

大型镜用于随葬见于西汉王室墓葬。河北省满城 1 号汉墓,墓主人是死于公元前 113 年的中山王刘胜,该墓随葬了直径为 20.7 厘米的大型方格草叶纹镜,满城 2 号墓的墓主人为刘胜妻子窦绾,也随葬了直径分别为 25.4 厘米的大型四乳禽兽纹镜和 18.4 厘米的蟠螭纹博局镜。位于北京的大葆台 1 号汉墓,其墓主人为死于公元前 45 年的广阳王刘建,与三云南小路 1 号瓮棺墓和须玖冈本 D 地点墓葬的年代接近,该墓中虽然没有发现清白镜,但随葬了直径 15.5 厘米的连弧纹星云镜、直径为 19 厘米的四乳虺龙纹镜各 1 面,还有直径为 15 厘米的连弧纹昭明镜 2 面,共 4 面大型镜。少数民族的王墓亦相同。以石寨山 6 号滇王墓为首的石寨山墓地,其所埋葬的滇王王族墓葬均为厚葬,其中厚葬程度可以与 6 号滇王墓相匹敌的 3 号墓中,随葬了直径为 34.8 厘米的连弧缘的重圈纹镜,在 13 号墓中发现了直径为 15.4 厘米的方格四乳草叶纹镜。

另外,还有集中随葬了 39 面铜镜的广州南越王墓,其墓主人为死于公元前 122 年前后的第二代南越王赵眜,在放置属于王的随葬品的西耳室中,出土了以直径达到 41 厘米的彩绘镜为首的 6 面铜镜,直径均超过了 20 厘米。其余的 33 面铜镜中,也有直径小于 10 厘米的小型镜,但还有 18 面铜镜的直径超过 18 厘米,即该墓随葬的铜镜以大型镜为主。然而,同样是位于广州的汉墓,属于西汉中、晚期的墓葬中,只出土了 2 面直径超过 15 厘米的清白镜,其余的铜镜几乎都是直径小于 11 厘米的小型镜。在发掘了 1 000 余座秦汉时期墓葬的山西朔县墓地,在属于西汉晚期的墓葬中,虽然也有墓葬随葬了直径在 19.3 厘米的重圈纹姚皎镜[①]和直径为 13.3 厘米的重圈纹铜华镜,但大多数铜镜都是小型镜。作为汉代铜镜研究标准的河南洛阳烧沟汉墓、洛阳西郊汉墓等墓地,均不包括王侯一级的高等级墓葬,也几乎不见用大型镜随葬。

综上,弥生时代中期后半出现的西汉铜镜多为大型镜的现象应该具有非常重要的意义。如前所述,尽管随葬西汉铜镜的墓葬在九州北部的地域社会普遍

---

① 该铜镜有两重铭文,其外圈铭文首句原报告释为"如皎光而耀美",有这种铭文的铜镜在日本也有出土,日本考古学界通常将铭文首字"如"释为"姚",故称有此类铭文的铜镜为"姚皎镜"。

发现,但是在全部出土的 115 面西汉铜镜中,位于糸岛平原的三云南小路的 2 座墓出土了 57 面,占到全部数量的 49.6%,位于福冈平原的须玖冈本 D 地点墓出土了 27 面,加上 B 地点墓和门田墓共 31 面铜镜,福冈平原出土的西汉铜镜占到全部数量的 27%。糸岛平原和福冈平原都是最早用西汉铜镜随葬的地区,其发现的铜镜占到全部铜镜总数的 76.5%。在最早使用西汉铜镜随葬的地区集中出土了数量如此之多的铜镜,加之其中不乏大型的西汉铜镜中的精品,如果这些铜镜不是来自西汉政府的下赐,仅仅通过个人行为是无法得到的。

在由西汉政府下赐的物品中,不难想象那些可以映照颜面并能反射日光的神奇的铜镜,象征着西汉政府如同太阳一样照耀着受赐一方,体现了对受赐一方的体恤与关注。由于这个原因,西汉铜镜从传入之初就具有了象征首领身份的意义,成为权威的象征。拥有着统治九州北部地域性社会之权力的首领——王,在弥生时代中期后半(公元前 1 世纪后半),首先赋予了铜镜作为权威象征的特质,此后,以铜镜作为权威象征的习俗向东部传播,成为日本列岛的普遍风尚。

关于在汉、韩、倭发现的中国铜镜,在第四章中还要进行讨论。虽然韩在铁器普及和多样性方面都表现出更早的汉化,但是韩是一个基本不需要中国铜镜的社会。在西汉铜镜开始向东传播的公元前 1 世纪后半,韩地只发现有少量的小型镜,而倭地则拥有大量在汉本土也难得一见的大型精品铜镜,同时在是否赋予铜镜以象征权威的性质方面韩与倭也存在不同,由此表明两地对于铜镜的认识都没有受到对方的影响。针对倭地的西汉铜镜是从汉地经由乐浪郡传入,还是由长安直接传入的这一问题,由于韩、倭两地在使用铜镜,以及赋予铜镜所代表的意义方面均有不同,因此可知西汉铜镜应该是经由一条直接的路线而传入日本列岛。

第三节　伊都国王和奴国王

一、伊都国王的墓

如在本章第一节所述,在中国的古代文献中有关倭存在着王的记载,以(5)条中所记的公元 57 年(中元二年)“东夷倭奴国王遣使奉献”(《后汉书·光武帝纪》)为最早。福冈市志贺岛出土的“汉委奴国王”蛇纽金印也明确地写着“王”,这意味着,正是由于东汉政府认为在倭地存在着可以称之为“王”的人物才赐予其金印。这一事件发生的时间相当于弥生时代后期前半。如果在《汉书·王莽传》中所记的"东夷王"就是倭王的话,那么有关倭王的记载可以追溯到公元5年(元始五年)。通过中国文献可以知道在公元1世纪倭地"王"的存在,而弥生时代中期时已经出现了地域性的组织(クニ)和其统治者(オウ)。另外根据本章第二节对西汉铜镜(尤其是大型镜)性质的讨论,倭地"王"的存在或许可以追溯到公元前1世纪。

由于乐浪郡的设置而带来了倭地与汉的频繁交往,使得倭地出现的铜镜和以铁制环首刀为代表的铁兵器等西汉器物迅速增加,很可能正是由于倭地与汉的频繁交往,使这里出现的地域性组织的统治者(オウ)开始向"王"发生了质的转化。下文将通过对已经多次提到的前原市三云南小路1号瓮棺墓和春日市须玖冈本D地点瓮棺墓进行再检讨而对这一问题进行讨论。

三云南小路1号瓮棺墓位于以福冈县前原市东部为中心的怡土平原,这里被认为是《魏志》倭人传中所记载的伊都国的故地。这一带是由雷山川、瑞梅寺川、川原川三条河流的冲积而形成的平原深部,特别是在瑞梅寺川、川原川两河间东西宽600米、南北长1 200米的范围里,分布着三云·井原遗址群。目前对怡土平原弥生时代遗址的了解并不充分,不过在平原东部发现了制作磨制石斧的生产作坊遗址——今山遗址,由此可知三云地区所拥有的自然资源之一。与福冈平原不同,怡土平原的北部是志摩半岛,其西侧面向引津湾一带的砂丘上分布着御床松原·新町遗址,该遗址出土了很多与渔业生产有关的遗物,同时还出有半两钱、货泉等西汉、王莽时期的钱币,以及一些中国铜镜的残片等,表现出与单纯的渔村不同的状况。推测引津湾是引津亭的所在地,这里曾经作为古代遣唐使等外交使节中转地的良港,而御床松原·新町遗址很可能就发挥着当时伊都国涉外港口的作用。

三云南小路1号瓮棺墓是在江户时代的1822年(文政五年)当地老乡为修建自家土墙取土而偶然发现的,幸运的是青柳种信对当时的情况进行了详细的记录并保留下来[18]。但是在青柳的记录中,有关墓葬结构、形态方面的记载不足。1974、1975年,由福冈市教育委员会对该遗址进行了再次调查,根据青柳种信"产神佐佐连石神社后南(实为西之误)方三十间①许"的记载,以及青柳种信《筑前国续风土记拾遗》②中所记"产神细石社的西半町田间"为线索,确定了发掘范围,找到了瓮棺墓的遗迹。尽管遗址上建有房屋而使发掘范围受到限制,发

---

① 间为日本的一种度量单位,一间约等于1.818米。
② 《筑前国续风土记拾遗》约成书于1861—1864年间,青柳利用大量的古文献和金石文材料,对《筑前国续风土记》进行了补充和修正。

掘的结果还是获得了可以复原墓葬结构的资料。

弥生时代的瓮棺墓几乎无一例外都是集群分布,可是根据青柳的记载,在这一带,除了1号瓮棺墓以外,在其周边没有发现任何一座瓮棺墓(图十六)。虽然将这座墓命名为1号墓是因为后来在其附近又发现了2号瓮棺墓,但这两座墓的年代是不同的,即在修建1号瓮棺墓时期,在这一带只建造了这一座墓。非常引人注目的是,在长4.15米、宽3.6米的巨大墓圹的西侧10.3米处,修建了南北向的沟,用来埋入祭祀陶器。这种在坟丘墓的坟丘周边围以濠沟进行区划的现象,在春日市须玖冈本遗址的第7次发掘区中也有发现。在南北向的沟中,发现了大量涂朱的有镂孔的筒形陶器,显然是用于祭祀之后被弃置在坟丘周边的濠沟里。柳田康雄根据南北向沟的存在,加之在其周边没有发现其他任何遗迹现象,同时结合对青柳的记录所进行的分析,推测这里应该是一座具有长31米、宽24米以上的方形区划的坟丘墓[19],准确地说,1号瓮棺墓应该是这座坟丘墓的埋葬主体,是由一棺而形成的一座墓葬。弥生时代中期的坟丘墓的构造已经比较清楚,通常都包含有多个埋葬主体,其上有共同的坟丘,属于一种集群墓地,而三云南小路1号墓则充分表现出与其他坟丘墓不同的特质。

棺内出土的遗物中,仅仅是保存下来的就有35面直径在15—27.3厘米(平均17.2厘米)的大型西汉铜镜,8件琉璃璧,8件镀金柿蒂形铜叶,铜剑、铜矛、铜戈共4件,除了这些随葬器物以外,还有3件琉璃勾玉、60多件琉璃管玉等装饰品,与青柳记录的出土器物相比,增加了镀金柿蒂形铜叶。

在这个坟丘墓中,靠近1号墓,年代稍晚时修建了2号墓,也已遭到破坏,棺内保存下来的器物中有大量的西汉铜镜和装饰品,包括22面直径在8厘米左右的小型西汉铜镜,1件翡翠勾玉,12件琉璃勾玉,1件琉璃垂饰等。与其他厚葬墓不同的是,该墓没有出土武器,报告称没有发现铁制兵器,存在青铜兵器的可能性也很小。2号墓在随葬西汉铜镜的墓葬中属于装饰品共生型,其墓主人应该为女性。其瓮棺墓的形态属于弥生时代中期后半的合口瓮棺,仅残有下瓮。从瓮棺形制之间的关系和随葬的西汉铜镜的组合看,年代稍早于2号墓的1号墓的年代应该在公元前1世纪后半。

二、伊都国王的论证

综上所述,三云南小路1号瓮棺墓(正确的说法应为1号棺)的墓主人应该是伊都国王。其地表有让人联想到古坟的坟丘,同时随葬大量的表示汉之权威的西汉铜镜,都足以说明这一点。而町田章在其研究中,指出随葬的镀金柿蒂形铜叶、琉璃璧等都是汉代皇帝在王侯、功臣或者归属的蕃王去世时赐予的随葬品[20]，则为上述认识提供了进一步的证据。

《魏志》夫余传中有一段值得注意的记载，夫余王死后，下葬时使用了汉朝廷赐予的玉匣。匣本为普通的小箱，在这种场合的玉匣是指将长方形的玉片四角以金属丝连缀起来的像铠甲一样的葬具，也称为玉衣。根据连缀玉片所用金属丝质地的不同，分为金缕玉衣和银缕玉衣等。金缕玉衣中以河北满城刘胜墓所出最为有名，银缕玉衣中最有名者为江苏省徐州市土山东汉墓所出。汉代相信玉能够防止尸体腐烂，用玉匣（玉衣）将尸体包裹起来从而期待着有朝一日可以重生。可是从汉代的都城到当时归属于玄菟郡的夫余路途遥远，如果是得知夫余王去世的消息后汉廷再赐予玉衣，就起不到防腐的作用。因此玉衣是事先置于玄菟郡郡治所在地，夫余王去世后，再从那里领取玉衣下葬。虽然后来夫余更属辽东郡，但是在公元238年，魏派司马懿诛杀自立为燕王的公孙渊时，玄菟郡的官库中尚存玉匣一具。并且在夫余王的仓库中，还保存着历代夫余王从汉廷受赐得到的玉璧、玉珪、王瓒等，传世以为宝。在这些宝物当中，还有"薉王之印"。

夫余王下葬时使用了汉廷赐给的玉匣，而汉代皇帝赐给王侯、功臣等高级贵族用于下葬的物品，可以通过死于汉宣帝时的霍光所得到的赏赐内容而有全面的了解。霍光是征讨匈奴有功的骠骑将军霍去病的同父异母弟，在宣帝时地位极其显赫。《汉书·霍光传》记载霍光死后，依乘舆制度"赐金钱，缯、絮、绣被百领，衣五十箧，璧、珠、玑、玉衣、梓宫、便房、黄肠题凑各一具，枞木外藏椁十五具，东园温明"。即赐予霍光用于下葬的物品中包括金钱和豪华的衣物，还有玉器和制造棺、椁的材料。作为制作梓宫（棺）、便房、黄肠题凑（用黄心的柏木在棺的周围堆砌起来的设施）各一具、枞木外椁十五具等棺、椁的材料中，应该也包括了装饰棺所使用的金叶。最后提到的"东园温明"，是由专门负责陵墓内所用器物和葬具的少府属下的官署东园制作，形状似桶，鬃漆，其中放置有铜镜，下葬时覆于尸体之上。由于其中置有铜镜，这也是在诸侯、功臣等高级贵族墓葬中发现大型铜镜的原因。

赐给霍光用于下葬的物品，包括了制造棺椁的材料、玉器、衣物、东园温明（包括置于其中的铜镜）等，而河北满城中山王刘胜墓中出土的遗物就包括了上述所有各类物品。同样的例子还很多，前述夫余王的库房中还保留着玉器，出土了"滇王之印"的云南省石寨山6号墓，漆木棺已朽，在其棺内，则发现了一些玉衣片和玉璧、铜镜等。

三云南小路1号瓮棺墓也出土了作为葬具的琉璃璧和镀金柿蒂形铜叶。

从商周时期开始，璧就用来表现身份。在记载周代官制的《周礼》中，就有

"以玉作六瑞，……子执谷璧，男执蒲璧"，即授予子爵以谷璧，授予男爵以蒲璧。尽管《周礼》的成书年代目前还有争议，但仍可以看到是以玉璧来表示五等爵中的子爵和男爵。不过到了汉代，玉璧已成为下赐葬具中的一类物品，前面多次提到的河北满城汉墓中出土了多枚玉璧，还有在那些并非授爵对象的周边地区的墓葬也多出土有玉璧，因此很难认为周礼中所提到的以玉璧表现等级的制度延续到了汉代。到了汉代，玉璧或立置在头部周围，或放置在胸前，成为一种只是为了永久保存尸体的葬具而已。

　　日本也有发现玉璧的报告。传在宫崎县串间市王之山（现在地不明）箱式石棺墓中出土的直径33.3厘米的谷纹璧，现藏前田育德会。只知该玉璧于1818年（文政元年）发现，具体情况不详，其形制与满城2号墓所出极为相似（图十九，1），年代应该属于西汉前期至中期。遗憾的是出土这枚玉璧的遗迹年代不清，不能明确其是否属于弥生时代。

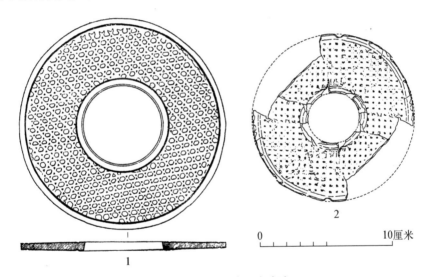

图十九　谷纹玉璧和琉璃璧

1. 玉璧（中国河北省满城2号汉墓）　2. 琉璃璧（三云南小路1号墓）

　　日本出土的玉璧虽然仅有串间一例，但是在1974、1975年调查的三云南小路1号墓中出土了约20片，属于7个个体的琉璃璧，可视同于玉璧。这些琉璃璧均同样大小，从一件仅缺失三分之一的残片看（图十九，2），直径约12.3厘米，孔径3.8厘米，厚0.5厘米，其表面铸出了整齐排列的谷纹，背面为素面。该地点在1822年出土的遗物中也有琉璃璧，如果青柳的复原没有错的话，当时出土的琉璃璧直径为2寸8分（约8.5厘米），孔径7分（约2.1厘米），应该是形制稍小的璧，青柳记录其表面有"霰纹"，应该即是谷纹。琉璃璧在须玖冈本D地点墓也有出土,另外在福冈县朝仓郡夜须町东小田峰 10 号瓮棺墓中,出土了 2 件利用与三云所出大型璧相同的谷纹璧的残片再加工而成的璧状物,后者仍保留着琉璃璧本来的青绿色的光泽。

　　三云南小路所出的属于 8 个个体的镀金柿蒂形铜叶,是用厚约 0.6—0.7 厘米的铜板切成柿蒂形,将一个半球状的铜泡置于中央组合而成,叶的两端长达 7.8 厘米(图二十),器表镀金,现在依然金光熠熠。从剖面看,半球状铜泡背面中部有一个突起的、穿过柿蒂形中部孔的长钉,应该是将铜泡固定在本体上的装置。像这种镶嵌有镀金柿蒂形铜叶的本体,通常认为都是漆器,不过在町田章的研究中,则明确了这种镀金柿蒂形铜叶用于装饰木棺[21]。如位于朝鲜平壤市梧野里 19 号坟的 2 号木棺,年代大体上被认为是东汉后期,在漆棺各侧板的中央,

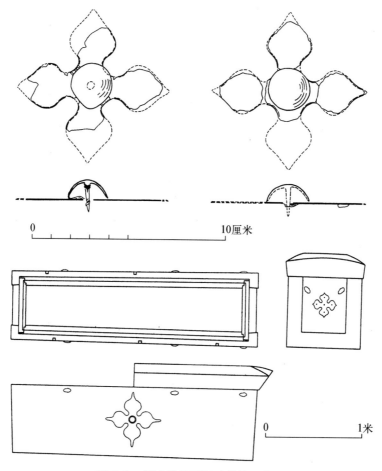

图二十　镀金柿蒂形铜叶的使用方法

上:三云南小路 1 号墓出土的镀金柿蒂形铜叶　下:梧野里 19 号坟装饰有柿蒂形铜叶的第 2 号木棺

都钉有大形的镀金柿蒂形铜叶(图二十，下)。三云所出的镀金柿蒂形铜叶最长约 8 厘米，如果是附着于葬具的话，很可能同梧野里 19 号坟第 2 号木棺一样，是固定在木棺外壁上的装饰物。所以镀金柿蒂形铜叶不是用于漆器上的装饰，而是在归属于汉的蕃国之王去世时，由皇帝赐的木棺上的装饰物(由于距离相隔遥远，木棺也可能是由当地准备)，应该视为葬具的一部分。只是由于在日本还保留着使用瓮棺的地域性传统，这些镀金柿蒂形铜叶并未能发挥其原有的作用。

虽然伊都国不见于《汉书》的记载，但是可以认为在公元前 1 世纪后半时，在前原市一带(旧怡土郡城)出现的地域性社会已得到了汉的认可，被看作是伊都国，在这个地域社会中存在着这样的人物(即三云南小路 1 号瓮棺的墓主人)，他们在与汉的交流中被赐予铜镜，当其去世时会从汉廷得到下赐的葬具，而出土的镀金柿蒂形铜叶则证明这个人物就是被汉所承认的蕃国之"王"，即伊都"王"。

三、奴国和奴国王

由墓葬中的随葬器物，特别是用于装饰木棺的镀金柿蒂形铜叶和琉璃璧的存在，可以十分有把握地推测，当时西汉政府承认伊都国的统治者为"王"。而镀金柿蒂形铜叶仅见于三云南小路 1 号瓮棺墓，不过琉璃璧在须玖冈本 D 地点瓮棺墓中也有出土。

须玖冈本 D 地点发现于 1899 年(明治三十二年)，是在搬动妨碍修建房屋的一块长 3.3 米的大石头时，在石头下面发现了瓮棺墓，其中出土了西汉铜镜等大量遗物。当时把这些已经成为碎片的随葬器物和土块一起放在一个小砖屋中，将大石头依原样放置其上。因其一部分器物被八木奘三郎收集，从而被世人所知。D 地点是指小砖屋的所在，而瓮棺墓的位置大约在其南 7 间(约 12.6 米)的地方。由此可知将 D 地点作为瓮棺墓的名称是错误的，本书只是沿用了惯用的称呼。

须玖冈本 D 地点位于福冈平原深处的春日市。福冈平原被认为是奴国所在，在这里发现的弥生时代遗址，主要分布在沿两侧山麓流淌的那珂川、御笠川流域。须玖冈本 D 地点作为福冈平原中心的重要遗址，位于两河之间突出的春日丘陵的北端。从福冈平原遗址分布的集中程度和遗物出土的状况看，在弥生时代开始后不久，位于福冈平原的奴国的地域社会，就形成了 15—20 个左右的村社(遗址群)，这些村社大体与古代的乡的数量相当。对福冈平原的面积和弥生时代遗址的数量，以及古代的乡的数量进行观察，就能够理解《延喜式》中所记的以那珂郡为中心的福冈平原,是一个分布着密集人口的地域,远远凌驾于玄界滩沿岸的松浦郡、怡土郡、志摩郡、早良郡等其他郡之上。如果追溯到弥生时代,可能也是同样的状况。据《魏志》倭人传记载,在弥生时代的终末期,奴国人口在2万余户左右。虽然这个数字并不完全可信,但是也反映了当时人口相当密集的情况。如果将其与《汉书·地理志》中单纯的人口统计数量进行对比,当时乐浪郡的户数为62 812户,大约是奴国的三倍,其人口为406 748人,据此推测奴国的人口数量也达到了13万左右。汉郡的人口通常在10—30万户左右,如果是边郡地区,人口数量可能还会少一些。与奴国人口数量接近的有死于公元前45年的顷王刘建所治的北京附近的广阳国(广阳郡),其人口大约为20 740户、70 658人。如果将汉代的边郡都计算在内的话,奴国的户数大体与汉代的郡相当。而分布在丝绸之路沿线的绿洲国家中,还有一些像德若国100余户、670人,子合国350户、4 000人等这样的小国。从奴的统治者于公元57年在光武帝那里获得了四夷之王的最高称号"国王"来看,当时的东汉政府也认为奴拥有可以与郡相匹敌的人口数量。

在《魏志》倭人传中记载了日本列岛的地域小国中有奴国的存在,《后汉书·东夷列传》中则有关于奴国之王的记述,实际上奴国之王的出现要早于这些文献记载,这就是须玖冈本D地点瓮棺墓。与三云南小路瓮棺墓一样,须玖冈本D地点墓不是经考古调查发现,所以墓葬的结构不明,不过在这个墓的周围没有发现其他墓葬,其旁边的道路为了避开墓葬而形成了不自然的弯曲,墓地所在地点没有发现遗迹等,这些都与三云南小路相似,而且据说古时这里的地表也要比周围高出2尺左右。如果认定D地点是坟丘墓的话,弯曲的道路就应该是为了环绕坟丘而建。实际上后来在该地点西北部的第7次发掘区发现了以瓮棺群为埋葬主体的坟丘墓,不过即使在其他地点发现了坟丘墓,由于D地点是位于丘陵的前端,其他的瓮棺墓都集中在D地点的北侧,所以其结果就是使得D地点墓显得格外突出。

D地点瓮棺墓在棺内外共出土西汉铜镜27面以上,青铜剑、矛、戈10件左右,还有琉璃璧、琉璃勾玉、管玉等。由于所出的西汉铜镜均为碎片,加上遗物都分散在不同处,所以依研究者不同,各自复原的铜镜数量也有差别。笔者认为包含有草叶纹镜3面,星云纹镜5面,铭文镜16面(清白镜8、昭明镜4、日光镜4面),不明者3面,共27面以上。冈村秀典认为包括了草叶纹镜3面,星云纹镜6面,铭文镜17面(重圈铭文镜6、连弧纹铭文镜6、单圈铭文镜5面),共26面[22]。本书以27面为准。虽然这些铜镜中包含有小型的日光镜,但是铜镜的质量可以与三云所出铜镜相媲美,表明D地点墓亦应为王墓。弥生中期遗址中出土的 115 面左右的西汉铜镜中,94.8%的铜镜出于福冈县筑前部,其中仅三云南小路、须玖冈本的三座墓中所出的铜镜占到 76.5%,其大型清白镜即使与西汉疆域内出土的同类镜比较,俨然是精品的荟萃,这些铜镜很可能就是卑弥呼所得到的作为"汝好物也"的铜镜的早期形态,极有可能是西汉政府的赐予品。

同时,该墓还出土有琉璃璧,共 2 片,表面铸出谷纹,背面素面,与三云所出相同,遗憾的是在关东大地震时被烧毁,大小不明。

综上,可以认为,年代大体上在公元前 1 世纪后半的须玖冈本 D 地点墓,与三云南小路 1 号墓相同,其墓主人作为奴国王被汉帝所认可,其后裔即为在建武中元二年(公元 57 年)被汉光武帝赐予印绶的"倭奴国王"。

注释:

[1] 吉川幸次郎:《漢の武帝》,日本岩波新書(青版)24,1949 年;李丙燾:《韓国史》古代篇,震檀学会,1955 年(金思燁訳:《韓国古代史》上下,日本六興出版社,1979 年)。

[2] 駒井和愛:《楽浪郡治址》,東京大学文学部考古学研究室考古学研究 3,1964 年。

[3] 山上弘編:《弥生人の見た楽浪文化》,大阪府立弥生文化博物館,1993 年。

[4] 李丙燾:《韓国史》古代篇,震檀学会,1955 年(金思燁訳:《韓国古代史》上下,日本六興出版社,1979 年)。

[5] 全栄来:《韓国・益山・平章里新出の青銅遺物》,《古文化談叢》19,1988 年。

[6] 李健茂、李栄勲、尹光鎮、申大坤:《義昌茶戸里遺跡発掘進展報告(Ⅰ)》,《考古学誌》1,1989 年。

[7] 崔鍾圭:《慶州市朝陽洞遺跡発掘調査概要とその成果》,《古代文化》35—8,1983 年。

[8] 慶州博物館:《菊隠李養璿蒐集文化財》,国立慶州博物館,1987 年。

[9] 藤田亮策、梅原末治、小泉顕夫:《南朝鮮に於ける漢代の遺跡》,朝鮮総督府大正 11 年度古跡調査報告 2,1925 年。

[10] 尹容鎮:《韓国青銅器文化研究》,《韓国考古学報》10、11,1981 年。

[11] 李南珪:《南韓初期鉄器文化の一考察》,《韓国考古学報》13,1982 年;村上恭通:《弥生時代における鉄器文化の特質》,《九州考古学会・嶺南考古学会第 1 回合同考古学会=資料編=》,同学会,1994 年。

[12] 李健茂:《茶戸里遺跡出土の筆》,《考古学誌》2,1992 年。

[13] 高倉洋彰:《前漢鏡にあらわれた権威の象徴性》,《国立歴史民俗博物館研究報告》55,1993 年。

[14] 高倉洋彰:《弥生時代における国・王とその構造》,《九州文化史研究所紀要》37,1992 年。

[15] 青柳種信:《柳園古器略考》(森本六爾編:《柳園古略考鉾之記》1930 年所収),

　　　1822 年。

[16] 柳田康雄：《集団墓地から王墓へ》,《図説発掘が語る日本史》6,日本新人物往来社,
　　　1986 年。

[17] 高倉洋彰：《前漢鏡にあらわれた権威の象徴性》,《国立歴史民俗博物館研究報告》55,
　　　1993 年。

[18] 青柳種信：《柳園古器略考》(森本六爾編《柳園古略考鉾之記》1930 年所収),1822 年。

[19] 柳田康雄：《集団墓地から王墓へ》,《図説発掘が語る日本史》6,日本新人物往来社,
　　　1986 年。

[20] 町田章：《三雲遺跡の金銅四葉座飾金具について》,《古文化談叢》20 上,1988 年。

[21] 町田章：《三雲遺跡の金銅四葉座飾金具について》,《古文化談叢》20 上,1988 年。

[22] 岡村秀典：《須玖岡本王墓の中国鏡》,《須玖岡本遺跡》,日本吉川弘文館,1994 年。

第四章　成为金印国家群的一员

第一节　蛇纽印的世界

一、关于"汉委奴国王"金印

金印国家群并不是一个常用的词语。这是在开展宣传九州国立博物馆运动时，由"宣传促进博物馆会议"创造的词语，希望通过在汉魏晋南北朝时期，中国王朝向那些与之发生交往的东亚各国赐予各种印绶之事，以表述当时东亚地区的政治形势。其时，倭被赐予"汉委奴国王"金印，而卑弥呼被赐予"亲魏倭王"金印。《魏志》韩传记载，当带方太守刘昕平定带方郡和乐浪郡之后，向诸韩的统治者臣智赐予邑君的印绶，向低一等级者赐予邑长的位号。当时的韩人喜好礼服、头巾等，结果有千余人自着礼服、头巾，并随身携印，由此可见当时韩人对印的喜好。

日本列岛出土玺印的例子，仅有 1784 年（天明四年）在现福冈市东区志贺岛偶然发现的"汉委奴国王"金印[1]，可与《后汉书·东夷列传》中"建武中元二年，倭奴国奉贡朝贺，使人自称大夫，倭国之极南界也，光武赐以印绶"，以及《后汉书·光武帝纪》中"（中元）二年……东夷倭奴国王遣使奉献"的记载相对应。

不过，在考虑出土的金印与文献记载是否一致时，还存在着一些需要解决的问题。首先，有人因金印之纽为很特异的蛇纽而认为该枚金印为伪造，后云南省晋宁县石寨山 6 号墓出土了蛇纽的"滇王之印"，加之冈崎敬先生对其进行了缜密论证，目前已经确认该印为真品[2]。不过，《后汉书》所记仅为"赐以印绶"，没有明确是赐以金印，而向奴国王赐以金印当不止一次，因此有必要讨论文献所记与出土金印之关系。

实际上冈崎敬先生已对这个问题进行了说明。他指出，在公元 660 年，唐初（显庆五年）张楚金所著《翰苑》"倭国条"中，有"中元之际，紫绶之荣"的记载，印通常与绶成组相配,而紫绶是与金印相配,由此可知公元 57 年(中元二年)汉光武帝赐予奴国王之印为金印。另外 1981 年在中国江苏省邗江县甘泉 2 号汉墓出土了"广陵王玺"的龟纽金印,此为公元 56 年赐予光武帝第九子刘荆的玺印,与赐予奴国王金印仅相隔了一年的时间。其龟背周边的鱼子纹,以及其印面文字的特征,都与其他的龟纽印不同,而与"汉委奴国王"印相同[3]。这些材料可以证明"汉委奴国王"金印应与文献中"(中元)二年……光武赐以印绶"的记载相合,下文将再就这一问题进行补充说明。

实际上,关于金印的印文"汉委奴国王"应该怎样读,目前尚有争议,有三种说法。首先,是龟井南冥在金印出土的当年——1784 年提出,最近由贝冢茂树又再次倡导的"倭奴(やまと,yamato)说",这种观点认为该印并不是赐予倭国内的一个部族之长,所以倭奴即意味着倭国。同年,由藤贞干和上田秋成提出了"イト(ito)说",主张"委奴"的读音为"イト",具体所指为伊都国,最近久米雅雄也积极倡导此说[4]。后藤直则对以上两种观点持强烈的反对意见[5]。后在 1892 年,三宅米吉提出"委"为"倭"的略字,奴与后来的"傩县"①之傩(na)同义,"倭奴"应该读若"ワのナ(wanona)",这种说法自提出后得到了很多学者的认同。

冈崎敬先生也同样谈及这个问题。在汉赐予匈奴的印中(图二十一),有"汉匈奴恶適<u>尸逐王</u>"、"汉匈奴恶適姑夕<u>且渠</u>"、"汉匈奴栗借温禺<u>鞮</u>"等,冈崎先生非常重视这些印面文字的排列顺序。匈奴并非汉王朝直辖的郡县,而是归属的外臣,因此在这些印文中,其所臣服的王朝名称居首,然后依次以民族名·部族名·官爵名的顺序排列。"汉匈奴恶適尸逐王"的印文中,其所臣服的王朝名为"汉",民族名为"匈奴",推定"恶適"为部族名,"尸逐王"则是匈奴异姓大臣尸逐骨都侯的官爵名(上述各印文中有下划线者均为官名),即汉+匈奴(民族名)+部族名(推定)+官爵名的排列。同样的例子还有许多。"汉委奴国王"的印文与之相对应,则为汉+倭(民族名)+奴(部族名)+国王(官爵名),其排列方式与匈奴印相同。从出土印的印文看,均严格遵守这种排列方式。虽然在民族·国的规模较小的场合,也会省略部族名,但不会省略民族名。因此如果"委奴"读若"イト(ito)",就意味着是イト族而不是倭族(倭人),但是在《魏志》倭人传中并无相关的记载,因此不能读为"イト"。

"国王"是东汉王朝任命臣属的外臣首领的官爵[6],《后汉书·百官志》记:"四夷国王,率众王,归义侯,邑君,邑长,皆有丞,比郡、县。"即给予这些外臣首

---

① 古地名,今九州博多附近。

图二十一　汉下赐给匈奴的印
1. 汉匈奴恶適尸逐王　2. 汉匈奴恶適姑夕且渠　3. 汉匈奴
栗借温禺鞮　4. 汉匈奴呼卢訾尸逐　5. 汉匈奴呼律居訾成群
6. 汉匈奴姑涂黑台耆

领与汉的官爵地位相对应的称号,并规定其与郡太守或县令的等级相当。在这些官爵中,国王是最高等级者。据《魏志》倭人传记,当时的奴国有2万余户,其规模已充分满足其首领被任命为"国王"的条件[7]。同时《魏志》倭人传还记载,作为马韩诸国首长的臣智,则被任命为"归义侯"、"邑君",相比之下,就可以知道当时汉对于奴国王的认可所达到的高度。

二、蛇纽印的背景

"汉委奴国王"金印以蛇纽为其特色,与同样为蛇纽的金印"滇王之印"两者均出土于古代中国世界的外缘,但一个出于西南方的云南,一个出于东北方的日本,两地相隔甚远,其背后一定有着某种共同的背景。不过到目前为止对于两枚蛇纽金印的研究,大多讨论其形制上的相似,只有国分直一曾在《与蛇纽印相关的问题》一文中对其背景有所论及[8]。

国分认为,在构成蛇纽印的背景中存在着一个"倭的世界"。他指出,在王充的《论衡》中记有"周时天下太平,倭人贡鬯草",很可能当时的倭和倭人是泛指中国本土沿海一带,并非特指日本列岛以及居住在日本列岛的居民。在广义的倭的地域,是以稻作、渔捞为生业,或以种植粘谷和薯类、渔捞为生业,以纹身为装饰,伴有拔牙习俗,祭蛇并拥有以之为图腾的龙蛇信仰[9],即这一地域在生业、习俗、思想和信仰方面都具有共通性,国分将其称为"倭的世界"。由于弥生社会中没有拔牙的习俗,也不能确认存在着龙蛇信仰,所以国分的观点中存在着缺少实证的部分,但其仍然描绘出在蛇纽印背景下所存在的"倭的世界",不失为一种非常值得关注的见解。

国分所描绘的"倭的世界"是西南夷的世界。而生活在日本列岛的倭是东夷,二者在分布地域上并不相同。不过在《魏志》倭人传中提到倭的位置时,是"计其道里,当在会稽、东冶之东",应在福建省闽侯县附近,在提到其习俗与物产时,为"所有无与儋耳、朱崖同",则与海南岛相同。因此可知在古代中国,倭被看成与西南夷相同。而出土"滇王之印"金印的晋宁石寨山遗址所在的云南省滇池(昆明湖)一带亦属于西南夷。

以中国沿海一带为中心而展开的"倭的世界",以及在那里存在的以蛇纽为装饰的印,似乎表明蛇纽印即为"倭的世界"的象征。不过,如果将这种对于"倭的世界"的认识作为蛇纽印出现的背景,多少还是有一些草率。这是因为实际上并没有能够发现证明国分所说的"倭的世界"与倭的交流的证据,同时以金印为代表的印章,其使用并不是缘于当地的状况,而是要严格遵守汉代的制度。

三、汉的印制与蛇纽印

中国的印制制定于西汉时期。根据《汉旧仪》中记载的规定,当时印的材质有玉、金、铜等区别,文字有玺、章、印等不同,这些差别用于表示不同的等级,同时依使用者地位不同,纽的形状也不相同。纽的形状中,皇帝和皇后为螭虎纽,皇太子、丞相、大将军和列侯是龟纽,诸侯王为橐驼(骆驼)纽,千石以下的官吏为鼻纽。其使用上的严格程度可从收集了出土印章的《秦汉南北朝官印征存》[10]得到证实。各种纽印的数量统计如下:

	西汉印	东汉印
螭虎纽(皇帝、皇后)	1 例(0.3%)	
龟纽(皇太子、丞相、大将军和列侯等)	45 例(13.6%)	72 例(14%)
橐驼纽(诸侯王)		3 例(0.6%)
鼻纽、瓦纽(千石以下官吏)	267 例(80.7%)	419 例(81.4%)
不明及其他	18 例(5.4%)	21 例(4.1%)

西汉时期所出官印共 331 例,除了"皇后之玺"的螭虎纽 1 例,龟纽 45 例以外,绝大部分为鼻纽和瓦纽,共 267 例,所占比例达到 80.7%。东汉官印共 515 例,其中鼻纽和瓦纽的比例占到 81.4%,与西汉时相当,可知当时执行印制的严

格程度。西汉官印中除了蛇纽以外的兽纽印只有 1 例鱼纽,也没有见到诸侯王所用的驼(骆驼)纽印。但是在整个汉代,匈奴等北方少数民族(包括韩在内)所使用的驼纽印有 61 例,由此可知,所谓"诸侯王"并不是指汉朝廷内部所封,即《汉旧仪》中所记载的"诸侯王",虽然没有明确说明,但正确的理解应该是指属于外臣的北方民族的诸侯王。东夷所得到的最早的官印是出自朝鲜平壤市的"夫租薉君"的驼纽银印[11],该印的年代在公元前后,此后在晋印中,还有一些与韩、薉、夫余、高句丽等有关的例子,其中与韩有关的印是驼纽,其他的印虽然有些为马纽,但仍然以驼纽为主。由此可知,驼纽是包含了东夷在内的北方民族(北狄)使用的印制。

现在的问题是,蛇纽印具有什么样的属性? 到目前为止所知的蛇纽印如表二所示,共有 26 例(因龙蛇具有共通性,因此将南越王赵眜的龙纽金印也计入表二)。可以因印的特征不同将其分三期,第一期为西汉印制建立之前的汉初,第二期为印制确立之后的西汉时期,第三期为东汉至晋(图二十二)。

第一期,汉初的田字格印时期(印制确立以前)。

汉初的官印继承了秦印的田字格印(用十字线将印面分为四区,类田字,每区刻一字),《秦汉南北朝官印征存》收录了 25 枚田字格印,其中有 9 枚为蛇纽(见表二中的 1—9,《官印征存》中认为其中第 4 枚为兽纽,实为蛇纽),数量与鼻纽印相当,另有 3 枚瓦纽、2 枚鱼纽,可知蛇纽和鼻纽占据了多数。另外,值得注意的是,表二的 1—8,均为丞官印("浙江都水"也是丞官),如果只看丞官印的话,则蛇纽 8 例、鼻纽 3 例,以蛇纽为最多。因此,这一时期官印的纽为兽纽和无装饰效果的鼻纽、瓦纽,而兽纽则是以蛇纽为主。

从蛇纽印印文所表现的官职所在地,"旃郎厨丞"是都宫中的厨官,其他的地点则包括了陕西、河北、山西、山东、江苏、浙江、四川等广大地区,显然在使用上没有地域的限制。以此来推测蛇纽印的使用,应并非如前所述,是用于以蛇为图腾的地区。

表中第 26 例的"文帝行玺"龙纽金印,是南越王赵眜自称为文帝私刻之印玺,与汉庭下赐之印并不相同。该印采用了田字格的形制,而南越王赵眜死于公元前 122 年(元狩元年),为第一期的结束。

这一时期蛇形的特点是如尺蠖虫般蜷曲。

第二期,西汉时期(印制确立以后)。

印制确立以后的蛇纽印数量骤降,出土的仅有表中 11、12 两例,都不用于丞官。被《官印征存》所漏掉的 11"朱庐执刲"银印,其中的"执刲"为战国时楚的爵名,汉初也用来赏封功臣,因此这枚印的时代应该在第一期后不久。也有学者

表二 蛇纽印一览表

序号	时代	印文	材质	出土地(收藏地)	发给对象所在地	印面尺寸(厘米)	出土年代	文献
1	汉初	游郎厨丞	铜	(故宫博物院)	长安(陕西)	2.4×2.4		罗1987
2	汉初	雕丞之印	铜	(故宫博物院)	扶风郡雍县(陕西)	2.5×2.5		罗1987
3	汉初	宁丞之印	铜		右北平郡字县(河北)	2.1×2.2		罗1987
4	汉初	代马之印	铜	(故宫博物院)	代郡(山西)	2.5×2.5		罗1987
5	汉初	琅琊左丞	铜	(上海市文物管委员会)	琅琊郡海曲·计斤县(山东)	2.5×2.5		罗1987
6	汉初	彭城丞印	铜	(藤井有邻馆)	楚国彭城县(江苏)	2.5×2.5		加藤1986
7	汉初	浙江都水	铜	(上海市文物管理委员会)	(浙江)	2.5×2.5		罗1987
8	汉初	白水弋丞	铜	(故宫博物院)	广汉郡白水县(四川)	2.5×2.5		罗1987
9	汉初	左磐桃支	银	(天津艺术博物馆)				罗1987
10	西汉	樊舆侯印	铜	甘肃省天水市	樊舆县(河北)			金子1992
11	西汉	朱庐执刲	银	海南省乐东县志仲区潭培乡	珠崖郡(海南)	2.4×2.4	1984	黄1993
12	西汉	滇王之印	金	云南省晋宁县石寨山	滇国·益州郡(云南)	2.4×2.4	1956	云南1959
13	东汉	单尉	铜	(上海博物馆)				罗1987
14	东汉	汉委奴国王	金	福冈市东区志贺岛	倭奴国(日本·福冈)	2.347平均	1784	冈崎1968
15	东汉	汉叟邑长	铜	(宁乐美术馆)	叟(四川)	2.29×2.3		加藤1986
16	东汉	汉夷邑长	铜	(宁乐美术馆)	夷	2.17×2.21		加藤1986

续　表

序号	时代	印文	材质	出土地（收藏地）	发给对象所在地	印面尺寸（厘米）	出土年代	文献
17	东汉	汉夷邑长	铜		夷	2.2×2.18		加藤 1986
18	东汉	蛮夷里长	铜	（藤井有邻馆）	蛮夷	2.26×2.21		加藤 1986
19	魏	蛮夷邑长	铜	（故宫博物院）	蛮夷			罗 1987
20	魏	汉蛮夷率善邑长	铜		蛮夷			
21	晋	亲晋王印	铜	（故宫博物院）	蛮夷			罗 1987
22	晋	蛮夷侯印	金	湖南省平江县梅仙镇钟家村	蛮夷	2.3×2.3	1990	中国 1993
23	晋	晋蛮夷率善邑长	铜	（大谷大学图书馆）	蛮夷	2.25×2.2		加藤 1986
24	晋	晋蛮夷率善仟长	铜	（藤井有邻馆）	蛮夷	2.27×2.27		加藤 1986
25	晋	晋蛮夷率善佰长	铜	（大谷大学图书馆）	蛮夷	2.4×2.3		加藤 1986
26	西汉	文帝行玺	金	广东省广州市象岗山	南越国（广东，龙纽）	3×3.1	1983	麦,黄 1991

文献:
罗 1987: 罗福颐编：《秦汉南北朝官印征存》，文物出版社，1987年。
加藤 1986: 加藤慈雨楼：《汉魏六朝蛮夷印谱》，丹波屋，1986年。
金子 1992: 金子修一：《蛇纽印の谜》，《新版古代の日本》2，角川書店，1992年。
黄展岳 1993: 黄展岳："朱庐执刲"和"劳邑执刲"印，《考古》1993年11期。
云南 1959: 云南省博物馆编：《云南晋宁石寨山古墓群发掘报告》，文物出版社，1959年。
冈崎 1968: 冈崎敬："汉委奴国王"金印の测定》，《史涵100》，1968年。
中国 1993: 中国文物编辑委员会：《中国文物精华》，文物出版社，1993年。
麦,黄 1991: 麦英豪、黄展岳主编：《西汉南越王墓》，中国田野考古报告集考古学专刊丁种43，文物出版社，1991年。

汉初田字格印	"浙江都水"铜印	"彭城丞印"铜印
西汉印	"朱庐执刲"银印	"滇王之印"金印
东汉印	"汉叟邑长"铜印	"汉委奴国王"金印
晋印	"晋蛮夷率善仟长"铜印	"蛮夷侯印"金印

图二十二　蛇钮印的变迁

认为该印为鱼纽,鱼为娃娃鱼,即山椒鱼,但是其形态与西汉初期的鱼纽有所不同,与其说像是鳗鱼一类的鱼,还不如径直称其为蛇纽。第 12 的"滇王之印"金印,是以公元前 109 年(元封二年)武帝远征西南夷、设益州郡为契机而下赐给滇王的印,即使在制作此印时会考虑到滇族所具有的龙蛇信仰,但该印毕竟仍然是赐予内臣之印。也就是说,上述两枚金、银印都是作为赐给西汉官吏的蛇纽印。因此,即使在西汉时已经出现了赐给北狄者为驼纽印,而赐给西南夷者为蛇纽印的制度,"滇王之印"并不能成为其例证。

　　这两枚印上蛇的形态,第 11 例为 S 形,与南越王赵眜的龙纽金印相近,第 12 例则身体蜷曲,均与第一期蛇的典型形态不同。

另外,关于第 10 例的"樊舆侯印",由于西汉时期曾有皇族子弟被封为樊舆侯,显然此印应与之相关。由于印面难以确认,详情并不清楚,而 4 个文字的侯印,在第一期时有田字格鱼纽的"南都侯印",在第二期的西汉印中,则有以龟纽金印的"石洛侯印"为代表的共 11 例。可知在田字格印中,存在着丞印用蛇纽,而侯印用鱼纽的可能性。另外此印的蛇形蜷曲盘成三重,与第 12 例相近。该印可以看成是在西汉印制确立以后还延续了汉初的印制,仍然是为内臣所用。

第三期,东汉至晋。

余下的 13 例均属于第三期。除了第 13 例为百石以下官吏使用的"单尉"半通印以外,第 14—25 例均为汉、魏、晋王朝赐予外臣的蛮夷首领的印。值得注意的是缺少内臣所用之例,这一点与前两期不同。除了第 18、19 例,余者均在前面冠以王朝名,作为民族名,则仅用"蛮夷"的统称。作为统称的"蛮夷"应该包含了四夷,但实际上,以"汉叟邑长"和"亲晋王印"为代表的东汉至晋的蛮夷印同时有蛇纽和驼纽两种,如果认为驼纽印是赐予北方民族的印,那么赐予蛇纽印的蛮夷则另有存在,很可能就是作为蛇的栖息地而知名的西南夷地区。可以推测,在东汉时期,已经确立了赐予北狄以驼纽,赐予西南夷以蛇纽的印制,表明东汉政府已经意识到,北方游牧民族世界和西南的倭的世界所具有的各自象征,并有意分别采用骆驼和蛇作为印纽而加以区别。

这一期蛇纽上蛇形的特点是蜷曲成涡形。

通过上文对蛇纽印的梳理,可知通常被并举的"滇王之印"和"汉委奴国王印"虽然在形制上相近,但其出现的背景却并不相同。

四、使用蛇纽印的主体

如果仅考虑蛇纽印的话,倭(日本列岛以及居住在日本列岛的居民)真正进入东亚世界的弥生时代中期后半以来,特别是弥生时代后期以来,其所对应的是中国蛇纽印的第三期,即国分所说的倭的世界被中国认为是属于西南夷一部分的阶段。

不过,在汉的周边所见到的官印几乎都是下赐之印。南越国的第二代王赵眜对内称文帝,私制"文帝行玺",而在中国自制官印就等同于谋反,这也成为汉武帝南下远征南越国的借口,南越最终于公元前 111 年(元鼎六年)被灭国。

古代中国的印章,最初是用于封缄文书的外包装,以保持文书内容的机密性和证明文书发行者的身份。通过西域尼雅遗址出土的封缄的文书木简[12]和马王堆 1 号汉墓出土的竹笥[13]等可以知道其具体的使用方法。以马王堆 1 号汉墓为例,首先准备一些被称为封泥匣的长方形木板,其剖面呈凹字形,捆绑竹筒的一部分绳索通过木板中央的凹槽,然后在凹槽上填充黏土,并在黏土上钤印,钤印的黏土板被称为封泥。由于古代的印文均为阴文,钤在封泥上的文字就成为突起的阳文,很容易释读,用这种方法使用印章就成为判断文书发行者真伪不可缺少的一环。因此,使用印章的前提是文书的交换和汉语的使用。对于没有必要与中国保持政治外交关系的民族来说,印章是无用的,而对于与中国世界保持关系的民族来说,印章则是必需品[14]。如前所述,居住在中国西南边疆和日本列岛的民族被认为所具有的共性是都有蛇纽印,这些印章是来自定都中原的汉王朝及其后继王朝的下赐品。在这里,倭的观念并不是生活在那里的人民自己产生的认同感,而是由汉王朝及其后继王朝对这些区域的认识而产生的地域概念。确实如国分所提出的"倭的世界"具有一些共同点,至少将赐予蛮夷之印饰以蛇纽这一创意出自汉王朝,但这并不意味着在现实生活中他们之间真的具有关联。

　　因此,如果将蛇纽印看成是西南夷和倭(日本列岛)之间存在着直接交流的资料,是不正确的。从上文的论述可以知道,到目前为止对"汉委奴国王"金印的讨论还是不充分的,如果能对其中的一些错误认识进行纠正,则可能使金印重新放射出光芒,这些问题将在下文进行讨论。

第二节　下赐"汉委奴国王"
金印的意义

一、弥生人与文字

　　东汉光武帝向奴国王下赐金印并不是偶然的事件,由于金印并不是赐予奴国的王,而是对奴的统治者任命以"国王"的官爵,因而意义重大。考虑到官印的用途,至少这意味着在奴的统治者与东汉之间的交往中,存在着互换文书的需求。如果不能实行互换文书,那么既不能成为交往的对象,也不会赐以官印。从文献记载安帝时"倭国遣使奉献"可知,当时双方确实存在着交往。如果确实如此,那么在当时的弥生人中,有一部分人,尽管数量很少,却已经在使用文字。

　　日本各地出土的大量考古遗存中,有很多如木简、墨书陶器那种书写有文字的实物资料。特别是在奈良时代能够看到文字文化的扩展已经波及南岛,但这是否表明在那里已经开始使用文字，目前尚不清楚。在考古资料中确实可以看作是开始利用汉字的材料，是在群马县行田市稻荷山古坟出土的有辛亥年（公元471年）刻铭的铁剑，以及熊本县玉名郡江田船山古坟、千叶县市原市稻荷台1号坟出土的铁刀和铁剑，年代大体在公元5世纪后半。如果在和歌山县桥本市隅田八幡宫发现的传入的人物画像镜上癸未年的纪年是公元443年的话，那么也可以把利用汉字的历史向前追溯到公元5世纪中叶。这些资料与《宋书》倭国传中记载的倭五王遣使是一致的，如果当时不能很好地理解文字，就很难实现"遣使"这些活动。虽然地下出土的文字资料在文献中找不到，但也依稀地表现出这一时期倭人已经接触文字、理解文字，并利用文字来表现事物。

综上，从考古资料的现状还难以确认倭人使用文字的历史可以上溯至公元5世纪[15]。不过，在记录了弥生终末期社会的《魏志》倭人传中，还是可以看到在公元3世纪前半时，在倭人中存在着可以理解文字的阶层。《魏志》倭人传中记载，"及郡使倭国，皆临津搜露，传送文书赐遗之物诣女王，不得差错"。而同传中所记载的在公元239年（景初三年）12月以诏书报倭王以"录受"；第二年，公元240年（正始元年），奉诏书、印绶来访的梯儁等，则将上述记载具体化。以239年下赐"亲魏倭王"金印为例，当时只是传达了下赐物品的目录，而后由梯儁等携带"文书、赐遗之物"的实物返回，到达港口（很可能是伊都国的港口）时则要检验目录与实物是否一致。这表明当时存在着海关业务，如果倭人读不懂文字的话，不可能会有这样的记载。另外，在梯儁等人归国时，倭王"因使上表答谢恩诏"，可知当时不仅能够读懂文字，而且还可以用文字书写文书。通过倭人传的记载，可以知道在弥生时代终末期的弥生社会，已出现了可以理解文字、文章的阶层，尽管他们可能只是少数人，也不排除其中或许有能够使用文字的外来移民。

在公元239年派遣难升米等人出使中原之前，构成倭的诸国向东汉政府派遣使者是在安帝的永初元年（公元107年），如果再向前追溯的话，可以到《后汉书》中所记载的东汉光武帝中元二年（公元57年），后者记载有下赐印绶之举。不过在文献中，没有见到这些使者出使东汉政府时接受诏书或文书，或者上表之类的记载。因此可以看出，在这一阶段的国际交往中，文字还没有发挥作用。

可是弥生人并非与文字无缘。如果不考虑是否可以读懂文字，弥生人最早接触的文字是在弥生时代中期后半（弥生Ⅲ期后半）出现在西汉铜镜上的铭文，还有铸在铜钱上的"半两"、"五铢"等文字。西汉铜镜中以福冈县前原市三云南小路 1 号瓮棺墓和春日市须玖冈本 D 地点瓮棺墓所出者年代最早。大多都是以"絜清白而事君"为开头的连弧纹、重圈纹的清白镜一类的铭文镜,以福冈县饭冢市立岩堀田遗址出土的铜镜铭文为例,其铭文如下:

"曳絜清白而事君 窈泛欢之弇明 伬玄锡之流泽 忘(疎)远而日忘怀糜美之穷喧 外承欢之可说 思窔佻之灵京 愿永思而毋绝"(3 号镜,括号内文字为原无此字后补齐,下同)

"日有喜月有富 樂毋事常(得)意 美人会竿瑟侍 贾市程万物平老复丁死复生 醉不知醒旦星"(1 号镜)

"姚晈光而耀美 挟佳都而承间 怀欢察而惟予 爱存神而不迁 得乎竝执而不衰 清照折而(付君)"(6 号镜)

可是得到这些铜镜的弥生人绝大多数并不能读懂文字,更不能理解那些传达着"楚辞"的忧伤,或是表现现实世界中明快气息的铭文内容[16],这一点可以通过那些与清白镜基本同时代制作出来的、以小型"日光镜"为模仿对象的仿制镜的形态而表现出来。最早的仿制镜是韩国庆尚北道永川郡渔隐洞遗址出土的11 面仿日光镜系列的仿制韩镜,接下来弥生时代制造小型仿制倭镜的工匠们,很可能并不理解铜镜上铸出的"见日之光"之类铭文的含义,而是将其表现为兽形或蕨首形的纹饰。其中也有像在佐贺县三养基郡五本谷遗址和广岛市真龟 C遗址出土的铜镜上的类似"日"字的纹饰,还有冈山市百间川原尾岛遗址和大阪府八尾市八尾南遗址出土铜镜上类似"而"字或是"之"字的纹饰。这些铜镜是以日光镜和昭明镜为范本铸造的仿制品,因此上面的例子并不能看成是理解了铜镜铭文的表现,应该是仿制时要努力忠实于原镜的结果,表明当时韩镜、倭镜的制作者都认为铜镜上的铭文是纹饰。

如前章所述,在公元前 1 世纪后半西汉铜镜传入时,倭与西汉之间存在着交流,并且汉认为倭存在着国和王。使用西汉铜镜厚葬的三云南小路 1 号瓮棺墓的墓主人被西汉政府以伊都国王相待,而须玖冈本 D 地点瓮棺墓的墓主人则是比被汉王朝赐予"汉委奴国王"金印的那一位王更早的奴国王。很可能他们能够读懂汉字,或者雇佣了能够读懂汉字的人(包括外来移民),以便诣汉并与汉进行交流[17]。不过笔者提出的这种观点既有学者赞同,也有学者持反对意见[18],其中以梶山胜的批判最为尖锐,他在分析中国印制的基础上,提出不能期待那些与内臣不同的外臣的蛮夷之王能够读懂文字,因此在授予印绶时并没有附加给受赐者制作文书的义务。向奴国王下赐金印只是一个身份的证明,并非用于文书的封印。可是梶山的观点是建立在旧有的蛮夷观、弥生社会观之上的说明。虽然梶山的批评意见非常重要，但是正如大多数学者并不同意他的观点时所提出的那样，有必要对其所持的弥生社会观进行修正。对于上述看法最有力的支持则来自李健茂对其发掘的韩国庆尚南道昌原郡茶户里 1 号木棺墓的研究[19]。

二、茶户里遗址出土的笔

正如此前多次提到，茶户里 1 号木棺墓在棺下腰坑放置的竹笼中，出土了西汉内向连弧星云纹镜，置于黑漆木鞘中的细形铜剑，以及漆柄的农具、容器等原三国时代的遗物，同时还出土了 5 支笔（图二十三）。木制的笔轴剖面呈圆形，髹黑漆，长度为 23.4 厘米，两端都有笔毛。距木轴两端约 2 厘米左右的地方在中部钻有小孔，小孔与插入笔毛的孔垂直相交，绑缚笔毛的线从小孔中抽出，以方便笔毛插入。抽出的线卷在轴上。木轴中部的小孔则可穿过纽带并将笔挂在笔架上。

由于出现了笔因而可以认为已经有了文字，不过在这个墓中还出土了很多髹漆的器物，因此笔也可能用于髹漆，或者用于化妆、绘画。这是一个很重要的问题，需要进行慎重的讨论。李健茂认为这些笔是用于书写的工具，他提出了两个要点。其一，是茶户里所出笔的长度。李健茂指出，在东汉王充的《论衡》中，有"智能满胸之人，宜在王阙，须三寸之舌，一尺之笔"之说，东汉时一尺约 23.1 厘米，西汉时当与之相近。茶户里所出的 5 支笔，长度均为 23.4 厘米左右，即为文献中所说的"一尺之笔"，这可以作为这些笔是用于书写的证据。其二，中国出土的笔，都是在轴的一端穿孔，将笔毛插入后把缚笔的线卷在轴上并髹漆，茶户里所出与之接近。李健茂还指出，茶户里出土的笔与中国笔也有不同，中国的笔都是竹制的，仅在一端插入笔毛，另一端通常削尖以便于插在头上，茶户里的笔为木制，并吊在笔架上。李健茂认为中国笔在形制上的设计是为了作为臣属的记录者使用方便，而茶户里的笔是在当地制作的，是茶户里的墓主人（属于统治阶层）自己使用的书写工具。

官员曾有"刀笔之吏"之称，这是现在已经不使用的词语。这是因为作为官员必备的物品，笔和削，以及此前讨论过的印绶要随身携带。在纸普及之前，文字都是书写在竹简和木简上的，所谓竹简、木简，就是用竹或木削成的扁平的长方形板，是纸的代用品。据《后汉书·宦官列传》记载，公元 105 年（元兴元年），蔡伦向和帝献纸，这是用纸的开始。可是，同样是在《后汉书·和熹邓皇后纪》中，则记载着在公元 102 年（永元十四年），禁止地方进献珍稀物品，但纸墨除外,说明当时纸已经有了一定程度的普及。很可能蔡伦并不是纸的发明者,而是纸的改良者。不过当时纸的使用还不是很多,在考古资料中发现的多是竹简。简的原材料是竹或木,若要修改写错的字,或对于用过的简进行再利用等,都需要将原来写上的字削掉,所以笔和削就如同现在铅笔和橡皮的关系,是官员的必备物品。

　　李健茂指出在茶户里的出土器物中存在着削,即在竹笼中出土的全长29.2厘米的铁制环首刀(图二十三)。刀子的柄端装饰有环首,与长度相比,刃部显得又窄又薄,其与柄部间的区分不明显,除了环首部分,其余全部纳入髹漆木胎的刀鞘中。中国出土的素面环首刀中,用作书刀者通常都是铜制的,铁制的削刀则具有多种功能,可以用作木工工具、厨具、武器等。茶户里出土的铁制素面环首刀与作为书刀使用的铜削刀形状一样,鞘的制作也相同,同时在中国四川省成都市天回山遗址出土的铁制素面环首刀上有"书刀"的铭文,由此李健茂认为茶户里出土的铁制素面环首刀是书刀。

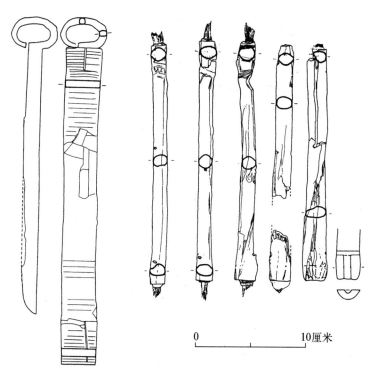

0　　　　　　　　　　10厘米

图二十三　韩国茶户里1号木棺墓出土的笔(右)和削刀(左)

　　李健茂在上述论证的基础上,进一步对文字使用的实际情况和贸易的情景进行了复原。无论如何,他通过对笔和书刀这一组合的论证,提出在茶户里已经存在着书写文字的行为。茶户里遗址位于《魏志》倭人传中多处提到的狗邪韩国（金海地区）的中心，这些现象表明在公元前 1 世纪后半时，这一地区，虽然可能仅限于统治阶层，但是他们已经能够读写文字。

从随葬品的种类和组合看，茶户里 1 号木棺墓与三云南小路 1 号瓮棺墓、须玖冈本 D 地点瓮棺墓的年代相差不远。这意味着在玄界滩的对岸，在与倭有着紧密交流地区的遗址中出土了笔和书刀。在九州北部地区年代属于弥生时代中期后半的墓葬中，也有像随葬了西汉重圈昭明镜的福冈县饭冢市立岩堀田遗址 28 号瓮棺墓那样，随葬有铁制素面环首刀，不过学界一直都认为其为木工工具，或者是武器，形制上与书刀也稍有区别[20]。但是在年代属于弥生时代后期前半的佐贺县杵岛郡北方町椛岛山箱式石棺墓中出土的细长的削刀，则很可能是书刀。

弥生时代的人们在与汉的交流过程中理解了文书的重要性，不论其是否喜欢，他们都必须开始学习使用文字。期待着在今后的发掘工作中，能够发现竹简、木简等文字资料，以及笔、墨、砚等与文字书写相关的遗物。

三、对文字资料的期待

如果在弥生时代存在着使用文字的阶层，则他们应该是负责与汉进行交流的官员。李健茂指出文字的使用在贸易上的重要性，武末则通过审视资料的移动性，强调在贸易中存在着理解文书的人的重要性[21]，这是因为在实现交往、贸易的过程中，文书的作用是非常重要的。由中国新疆尼雅遗址出土的文书木简可知，在传送文书时，要进行封缄。所谓封缄，是将长方形的检（相当于盖子）盖在木简之上，检上通常刻出三道沟槽，用细绳通过沟槽进行捆扎，然后用泥封住绳结，在泥上钤印，以此来保证内容的保密性并表明发放文书者的身份[22]。其钤有封缄印的黏土板称为封泥（图二十四）。即使是如梶山所主张的那样，赐予"不懂文字的蛮夷之王"的印（如"汉委奴国王"金印），只是为了用来证明身份，而不是用于封缄文书，那么至少存在着这样的可能性，即当汉帝或者魏帝向这些蛮夷之王下赐诏书之类的文书时，对于这些下赐品需要进行封缄，在其封泥之上要钤上"皇帝之玺"之类的玺印。

汉、魏的官印一般边长在 2.3 厘米左右（皇帝、皇后的玺印是其 1.2 倍），封泥要稍稍大一些，也还不足名片的三分之一。很多铸造用的范在发掘时都被误认为是砺石，在清洗过程中才被确认出来，更何况封泥是黏土块，又很小，如果不是对弥生时代的倭已经有了文字，在与汉、魏的交往中可能已经使用印对文书进行封缄的这一现象有一定的认识，在实际的考古工作中是很难发现封泥的。关

图二十四　马王堆 1 号汉墓出土的封泥

于当时存在着使用文字的可能性这一点,即使是从扩大视野这个角度来看,也是必须要认真考虑的问题。

朝鲜平壤市的乐浪土城遗址被认为是乐浪郡的郡治所在,这里发现了大量的封泥。这是因为封泥用于文书的封缄,一旦文书被开封,封泥就废弃了。相反,只要被封缄的文书没有到达最终目的地,就不会开封,封泥也就不会被废弃。因此封泥的出土表示那里是文书到达的目的地。而"郡使往来常所驻"(《魏志》倭人传)的伊都国和"女王之所都"(《魏志》倭人传)的邪马台国,都应该是文书到达的目的地,因此期待着以后在这些地区的考古调查与发掘工作中,能够有所发现。

到弥生时代中期后半(弥生 III 期后半)以后,弥生文化进入了迅速中国化的进程,这不仅是由于受到汉文化的强烈影响,也是倭为了获取通过与汉的贸易带来的经济利益,以及为了进入以汉为中心的东亚世界而继续保持政治上的关系而出现的必然结果。为了向汉传达倭、韩这一方的意愿,就必须学习传达意愿的手段——汉字,当然如果没有这种必要,就不需要文字。那么在交往和贸易的过程中,汉语是必需的工具[23],而各地区出土的汉、晋官印就是以汉语作为共通语言的东亚世界所具有的一体认同感的证据。

第三节　从汉镜的传播看东亚地区的一体化

一、汉的铜镜

图二十五是东亚地区铜镜的发展变化过程,而铜镜是了解以中国为中心的东亚地区一体化形成过程的最好资料。

如图中所示,中国铜镜出现在原三国时代的朝鲜半岛南部和弥生时代中期后半的日本列岛的西端(九州北部地区)。九州北部地区发现的铜镜,以带有铭文的文字镜为主,这种铜镜一般用重圈纹和内向连弧纹等很简单的纹饰作为装饰,铭文都是篆书体,多以"絜清白"和"内清质"为句首,有时会有共出的其他种类的铜镜。这些铜镜出土于以福冈县西部为中心的区域,通常一处平原仅在一个遗址出现,并且多集中随葬于一棺中。这种现象说明,在西汉后期传播到其东方地区的铜镜,最初是作为统治者的独占物品而被接受的[24]。

传播到东方地区的西汉后期到东汉末期的中国铜镜的变化过程,也可以从位于中原地区的河南省洛阳市烧沟汉墓和西郊汉墓中看到。这是因为洛阳是东汉都城,据《后汉书》记载,当时这里也是汉与倭、韩之间交往的重要地点,通过这里出土的铜镜能够了解中国铜镜变化的趋势。

西汉后期(包括烧沟汉墓二期、三期前段,大体上相当于公元前64—6年之间)的铜镜,以文字镜为主,还有内向连弧纹的星云纹镜和四乳四虺镜。其中星云纹镜在烧沟汉墓第一期时既已出现,另外两种铜镜是新出现的,并且成为第三期铜镜的主体。西汉后期流行的文字镜,其特点是铭文作为内区的主体,装饰比较简单。

到了王莽时期,铜镜的花纹发生了很大的变化,花纹变得细致繁缛,以写实的手法铸出以四神为中心的鸟兽纹,加上表现神仙思想的隶书体的铭文,其典型的代表就是方格规矩纹四神镜和细线式的鸟兽纹带镜。方格规矩纹四神镜从王莽时期到东汉前期(烧沟汉墓第三期后半到第五期)都有出现。通常是在镜背用细线铸出四神等纹饰,在较宽的平缘上铸出锯齿纹、波带纹、流云纹和草叶纹等。纹饰可以分为内、外两区,内区纹饰以细线铸出的兽形为主,与细线式的鸟兽纹带镜技法相同,同时这两种铜镜从王莽时代以后数量愈发增加。从洛阳地区出土的铜镜看,这两种铜镜可以视为公元 1 世纪的代表性器物。

另外,从王莽时期到东汉前期,仍然使用西汉时期流行的日光镜和昭明镜。昭明镜在洛阳烧沟从西汉中期一直到东汉初期(烧沟汉墓第二期到第三期后期)的墓葬中都有出现,但在形制上发生了一些变化。早期的昭明镜一般在纽的周围饰连珠纹,文字为篆书体,有减字现象,窄平缘;到了王莽至东汉前期时所出土的昭明镜变为圆纽座,铭文多为隶书体,中间往往以"而"作为间隔,减字很多,宽平缘。内区纹饰以 S 形的虺龙纹为主体的四乳四虺镜,亦属于西汉铜镜的系统,也一直流行至王莽到东汉初年。

烧沟汉墓的第五期(公元 76—146 年左右),即 1 世纪末到 2 世纪前半,出现了以内向连弧纹为主要纹饰的铜镜,这种铜镜因多在纽座周围铸出"长宜子孙"、"寿如金石"等字样而称之为长宜子孙镜。这是一种全新的装饰风格。这种铜镜在这一时期出土的数量并不多,但是到东汉中期后则比较普及。这种铜镜的特点是,宽的素平缘,内侧有一圈涡纹(圈纹)和重线纹(松叶纹)组成的花纹带,以 8 个内向连弧组成的连弧纹为主体花纹。和西汉铜镜相比,其特点是纹饰的表现较为平面化。

长宜子孙内向连弧纹镜的纽座有四叶座、柿蒂纹座和圆形座。柿蒂纹座的铜镜,在柿蒂纹和内向连弧纹之间为无纹的凹平带,纹饰显得更为简化。柿蒂纹座的长宜子孙镜在洛阳烧沟第五期和第六期中比较多见,其中尤以第六期(公元 2 世纪后半至 3 世纪初)为多。第六期时,柿蒂纹座更加发达,并出现了配以平雕手法的鸟首夔纹的单夔纹镜。这种铜镜由于纽座周围的柿蒂纹向外伸张而把镜背分为四区,在内向连弧纹和四个柿蒂纹中间各有一个平雕的夔纹。这种铜镜的进一步发展,或是将单夔纹镜的夔纹相应变化成夔凤,或是把本来装饰纽座的柿蒂纹进一步夸张成如兽首一般的兽首镜,从而构成了纹饰特别富于变化的夔凤镜系列。另外在纽的上下,即纵向中心线的方向加上"位至三公"的铭文,左右配以反 S 状的平雕龙纹,这种镜子多被称为位至三公镜,或者叫双头龙纹镜,也属于夔凤镜系列。

除了上述以平雕的手法表现主题纹饰的铜镜之外,还出现了用浮雕手法表现神兽、动物等主题花纹的半浮雕式兽带镜和平缘半圆方格带神兽镜。后者发现有东汉建安(公元 196—219 年)年间的纪年。在洛阳烧沟汉墓属于东汉晚期的第六期中也出现了平缘的神兽镜。另外还有一种铜镜在洛阳烧沟没有发现,镜纽如鸟的身体一般,左右配两翼,前后配头与尾,其造型就像是一只在空中飞翔的鸟,被称为飞禽镜。纹饰用线条表现,而线条较粗是其特点。

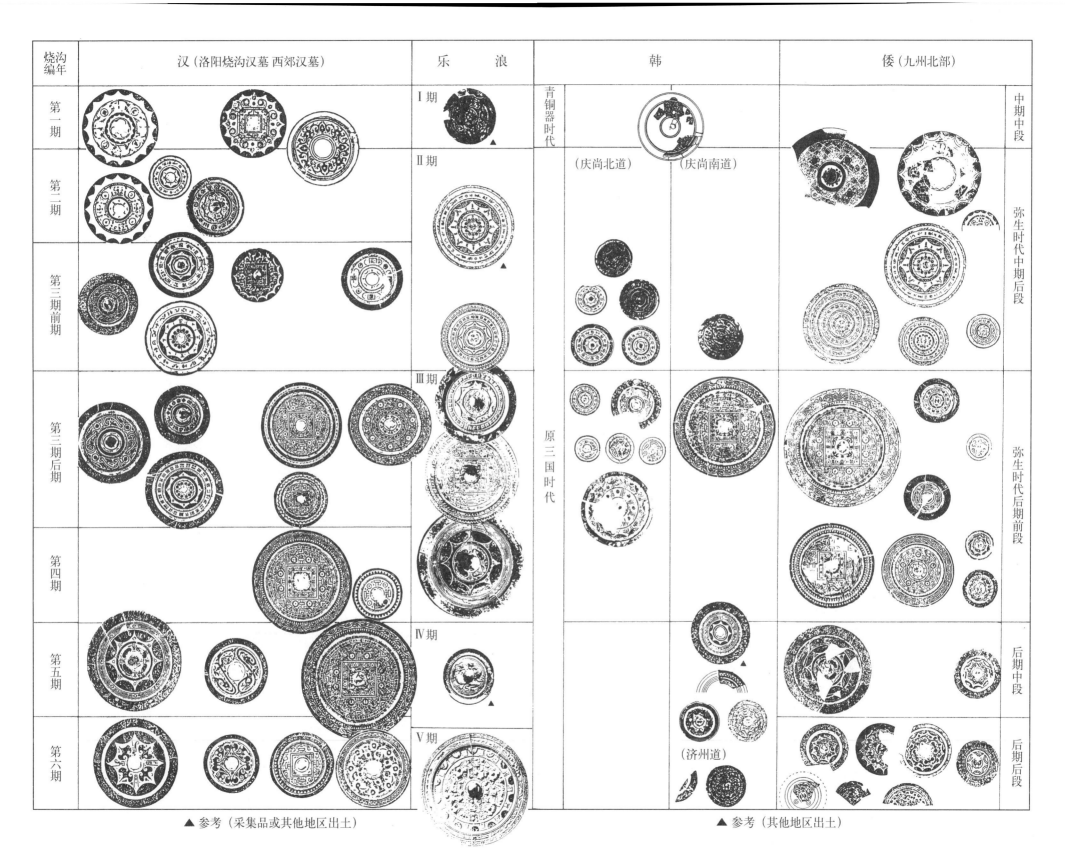

烧沟编年	汉（洛阳烧沟汉墓 西郊汉墓）	乐浪	韩	倭（九州北部）
第一期		I 期	青铜器时代 （庆尚北道）　（庆尚南道）	中期中段
第二期		II 期		弥生时代中期后段
第三期前期				
第三期后期		III 期	原三国时代	弥生时代后期前段
第四期				
第五期		IV 期		后期中段
第六期		V 期	（济州道）	后期后段

▲ 参考（采集品或其他地区出土）　　　　　　　　　　　　　　　　　　▲ 参考（其他地区出土）

图二十五　东亚地区汉代铜镜的变迁

综上所述,东汉时期的铜镜,大致可以分为前、中、后三期。前期,是以用细线刻划纹饰的方格规矩纹镜(王莽到东汉前期)为代表;东汉中期,出现了用平雕的手法表现花纹的四叶纹纽座长宜子孙内向连弧纹镜;东汉后期,镜背花纹多样化,流行用平雕手法表现花纹的、以柿蒂纹纽座长宜子孙镜和兽首镜、双头龙纹镜等为代表的夔凤镜系列,以及用浮雕手法表现花纹的半浮雕式的兽带镜和平缘神兽镜。

二、乐浪的铜镜

作为公元前 108 年汉武帝所设朝鲜四郡之一的乐浪郡,是中国经略东方的基地,同时也是中国与东方进行交流的大动脉,在东亚世界中占有重要的地位。乐浪郡管辖着从鸭绿江下游到大同江流域的地区(大体相当于现在朝鲜的平安道、黄海道),经过数次变迁,一直到公元 313 年被高句丽所灭,共延续了 4 个世纪左右的时间。在此期间,由于东汉的衰退,韩、濊势力的恢复,在东汉末年出现了战乱,辽东地区的地方势力公孙氏趁机南下,扩张势力,到公孙康时得以支配乐浪郡,此时的乐浪郡处于独立状态;此后公孙康为了加强自己的势力,以应付势力渐强、威胁着乐浪郡南部的韩和濊,以及倭,于公元 204 年(建安九年)分割乐浪郡南部置带方郡。因此乐浪郡时期可以以设带方郡为界划分为前、后两期。公孙氏的统治一直延续到公孙康之子公孙渊。公孙渊与江南的吴联合,于公元 237 年破魏军后,自立为燕王,定年号为绍汉,第二年即被魏军所灭。倭王卑弥呼向魏遣使是在景初二年,即公元 238 年,可以说是公孙氏的灭亡使得倭与魏的交往成为可能。

乐浪郡的郡治为朝鲜县。在平壤市乐浪区土城洞(旧小石严里)一带,发现了残留的土城遗址,以及建有础石、瓦顶的建筑,砖砌的水井,砖铺的道路,钤有"乐浪太守章"、"乐浪大尹章"、"朝鲜令印"等郡县官印的大量印泥,以及有"乐浪礼官"、"乐浪富贵"等铭文的瓦当,证明这里曾是当时的乐浪郡治所在[25]。从郡治遗址东侧的贞栢洞到南侧的土城洞的乐浪区域,发现超过 1 000 座的墓葬,无论是从木椁墓向砖室墓变化的墓葬形制,还是墓葬中的随葬器物,都与汉墓相同。

从乐浪郡 13 县中割南部 7 县分置的带方郡,被认为位于载宁江流域一带(大体相当于现在的黄海道)。在黄海北道凤山智塔里的土城址(唐土城)一带,分布有大量的墓葬,出土了与乐浪郡遗址同样的遗物,砖室墓的墓砖上还有"带方太守张抚夷塼"的铭文,因此推测这里是带方郡郡治所在[26]。

乐浪铜镜(包括乐浪郡以及分置后的带方郡)大多是墓葬中的随葬品,高久健二在对墓葬进行编年的基础上,对汉镜的发展变化进行了讨论[27]。

乐浪Ⅰ期(公元前2世纪末到公元前1世纪前半),细地文镜,星云镜。

乐浪Ⅱ期(公元前1世纪后半),铭文镜。

乐浪Ⅲ期(公元1世纪),铭文镜,方格规矩纹镜,内向连弧纹镜,细线式兽带纹镜。

乐浪Ⅳ期(公元2世纪),内向连弧纹镜,盘龙镜,四乳涡纹镜。

乐浪Ⅴ期(公元3世纪前半),内向连弧纹镜,半浮雕式兽带纹镜,向心式神兽镜,斜缘二神二兽镜。

把乐浪墓葬随葬的铜镜与中国中原地区的铜镜进行比较,可知乐浪Ⅰ期相当于洛阳烧沟汉墓第一期,乐浪Ⅱ期相当于洛阳烧沟第二期和第三期前段,乐浪Ⅲ期相当于洛阳烧沟第三期后段和第四期,乐浪Ⅳ期相当于洛阳烧沟第五期和第六期,乐浪Ⅴ期相当于洛阳烧沟第六期末。乐浪Ⅱ期到Ⅳ期中带有下划线的铜镜种类均为当时的主要品种(图二十五)。如果考虑到乐浪郡是隶属于汉中央政府的派出机构,其铜镜种类的变化与中原地区一致是正常的,这里需要讨论的是公孙氏统治下的第Ⅴ期。

冈村秀典在对汉镜进行分期的基础上[28],对乐浪铜镜进行了整理[29],指出一直到乐浪Ⅳ期前半(相当于冈村划分的汉镜六期)其铜镜种类都与中原相同,然而到了乐浪Ⅳ期后半和乐浪Ⅴ期(相当于冈村划分的汉镜七期),中原系的铜镜仅有一面“位至三公”镜(双头龙纹镜),取而代之的是四川与江南地区流行的铜镜以及“上方作”系列的浮雕式兽带镜、飞禽镜、斜缘神兽镜等乐浪独特的镜式。他还指出与乐浪Ⅳ期铜镜数量减少相比,到了乐浪Ⅴ期铜镜数量反而有所增加,这一时期是公孙氏统治的时期,通过铜镜所反映的是疏离于魏的乐浪加强了与吴和蜀的联盟这样一种政治态势。

三、韩(原三国时代)的铜镜

韩所在的朝鲜半岛南部基本是铜镜的空白地带。虽然发现了很多在朝鲜半岛制作的属于原三国时代前期(青铜时代)的多纽粗纹镜和多纽细纹镜,研究也比较充分,但在朝鲜半岛南部,几乎没有发现汉镜,因此对于汉镜的研究很少。另外对于模仿中国镜而制作的仿制镜的研究,由于之前研究的大部分资料不是出于考古发掘,开展得也很少。不过,近年由于庆尚北道庆州市朝阳洞遗址和庆尚南道昌原郡茶户里遗址、良洞里遗址的发掘,两地都出土了很多铜镜,今后也将形成一个专门的研究领域[30]。

朝鲜半岛南部出土铜镜的原三国时代遗址,加上出土蟠螭纹镜的属于青铜时代的全罗北道益山郡王宫面平章里遗址，共有 13 个地点。其中除了平章里和济州道济州市健入洞山地港这两个遗址，其他全部都在庆尚道。而庆州市一带的庆尚北道，和以金海为中心的庆尚南道这两个地区还存在着明显的差别。

以日光镜等小型铭文镜为代表的西汉铜镜群首先发现于庆尚北道年代在公元前 1 世纪后半的遗址。在庆州市朝阳洞遗址，从墓葬形制上可以看出从Ⅰ型、Ⅱ型的木棺墓，到Ⅲ型木椁墓的发展变化，其中属于Ⅱ型木棺墓早期阶段的 38 号木棺墓，在人骨的头部和胸部分别放置了内向连弧纹日光镜、重圈纹日光镜、内向连弧纹家常富贵镜和内向连弧纹昭明镜各 1 面，这些铜镜全部属于西汉时期。这个墓除了铜镜以外还有许多其他的随葬器物，从厚葬现象来看，与九州北部地区的情况相近，但是该墓位于一个墓地之中，这一点与九州北部地区有所区别。38 号墓出土的西汉铜镜与九州北部弥生时代中期后段瓮棺墓中随葬的铜镜相同，从遗物的组合以及铜镜的年代看，应处于大致相同的时期[31]。

《菊隐李养璿蒐集文化财》①中著录的传出于大邱市池山洞的 6 枚铜镜很值得注意。其中包括 4 面内向连弧纹日光镜，1 面重圈纹日光镜，1 面内向连弧纹昭明镜，全部都是西汉铜镜。共出的还有装饰在青铜武器鞘上的饰具，剑把头等其他青铜制品。遗迹与遗物出土状况不详，考虑到这个地区很少出土铜镜，加之日光镜中有两例与中国江苏省连云港市霍贺墓和日本唐津市田岛 6 号瓮棺墓出土的铜镜铭文相同，可以认为这是一组器物。这也是一组属于公元前 1 世纪后半的组合。

与此基本同时或稍晚一些的是出于永川郡渔隐洞和大邱市坪里洞两个遗址的铜镜，各出土了 15 面（另外还有 2 块残片）和 6 面铜镜，二者都伴出有朝鲜半岛在公元前后时模仿西汉日光镜开始制作的韩镜（仿制镜）。渔隐洞遗址遗迹的情况不太清楚，出土了至少 8 件铜钏，2 件带钩，以及各种装饰品等多件青铜制品，很可能是一组器物。铜镜中有 3 面是汉镜，12 面为韩镜。汉镜中有内向连弧纹镜和四乳四虺镜，素平缘较宽，应该是西汉后期到东汉初期这一阶段流行的中国铜镜。韩镜中有 1 面内向连弧纹放射线纹镜，1 面仿内向连弧纹日光镜的仿制镜和 9 面仿重圈文日光镜的仿制镜，后者属于重圈文日光镜系仿制镜中的Ⅰ型 B 类[32]，还有 1 面铜镜型制不清，可能也属于后者。坪里洞遗址出土器物的组合情况不清，出土了 3 把细形铜剑，1 件细形铜戈，除剑把头以外的剑装

① 李养璿，号菊隐，曾任韩国国立庆北大学校医科大学教授，同时也是一位文物收藏家，其收藏品中包含了许多重要的考古资料。李氏将其收藏赠送给国立庆州博物馆，博物馆为此专门出版了名为《菊隐李养璿蒐集文化财》的资料集。

具,4件小铜铎等多件青铜制品,以及青铜制和铁制的马具等,同时共出有1面四乳四虺镜,1面仿制的内向连弧纹放射线纹镜,4面仿制的重圈文日光镜。坪里洞遗址所出铜镜的组合不仅与渔隐洞遗址相似,而且重圈文日光镜中还有一面与渔隐洞遗址出土的镜为同范镜,因此可以推测两个遗址的年代基本同时。与这两枚镜同范的铜镜在日本佐贺县神琦郡二冢山遗址46号瓮棺墓中也有出土,该墓的瓮棺形式属于弥生时代后期初段,也就是说,从这两个遗址共出的铜镜和器物组合看,大体相当于九州北部地区弥生时代中期末到后期前半段,即公元前后。

这一时期铜镜也传播到了庆尚南道,其年代最早者为昌原郡茶户里1号墓出土的西汉铜镜。如前文所述,在该墓以整块木头剖制成的木棺周围以及棺下腰坑中放置的竹笼里,出土了大量保留着原来埋藏状态的器物,如果棺内的器物没有被盗掘的话,其随葬器物会更为丰富。这个墓与朝阳洞38号木棺墓一样,也是属于一个墓地中的厚葬墓,表明墓主人应是统治这一地区的首领人物。随葬器物中包括了一些西汉器物,其中有1面内向连弧纹星云纹镜,年代大体上相当于公元前1世纪后半。年代稍晚的是金海郡酒村面良洞里遗址土圹墓出土的1面方格规矩纹四神镜,是王莽到东汉时期的代表性铜镜,还共出有1件铜制的剑首,2件铁剑,2件铁矛,以及3件陶器。方格规矩纹四神镜与铁制武器的组合,在九州北部流行的年代大体在弥生时代后期初到弥生时代后期前半段。

不过从此以后,在庆尚道不再出土汉镜和韩镜,在朝鲜半岛南部也没有发现铜镜。这种现象表明自多纽镜以来使用铜镜的理念已经消失。这是由于这一地区因汉文化的影响而迅速汉化,从而使用西汉铜镜来代替传统的多纽镜,但是多纽镜是凹面镜,而汉镜是凸面镜,在用途上二者并不相同,其结果即导致了铜镜的使用被中断。

近年来,在金海郡良洞里遗址162号木椁墓中出土了2面东汉铜镜,8面倭镜(仿制镜),以及铁剑、铁矛、板状铁斧等铁器和装饰品等。这些资料都还没有发表,也只见到1件铜镜的实物,其他的铜镜根据照片来看,倭镜属于内向连弧纹日光镜系的第Ⅱ型a、b类,东汉铜镜属于内向连弧纹长宜子孙镜和四乳禽兽镜,这样一种组合的年代不会早到公元2世纪后半。该墓是在庆尚南道能够确认的属于恢复使用铜镜后的厚葬墓。

除良洞里162号墓以外,庆尚南道对于铜镜的使用也与此前相比发生了很大的变化。其最大的变化就是如良洞里所表现的出土铜镜从汉镜到倭镜的转变。庆尚南道出土的倭镜属于笔者对于倭镜分类中的内向连弧纹日光镜系的第Ⅱ型a、b类,不能排除在朝鲜半岛也有生产同类型镜子的可能性,但在九州北部地区发现过 a、b 类铜镜的铸范,而且在佐贺县佐贺郡大和町砾石遗址发现了同范镜,因此这些铜镜很可能是在日本生产的倭镜,然后传播到庆尚南道。除了良洞里,在其他地点也出土有倭镜,在咸安郡伽耶面沙内里遗址、济州道济州市健入洞山地港遗址各出土 1 面倭镜,另外《菊隐李养璿蒐集文化财》也著录有 3 面倭镜。山地港遗址虽然不属于庆尚南道,但可以将其看作是庆尚南道的延伸地区。

还有一些把破碎的汉镜打磨后使用的"破镜"。在固城郡东外洞贝丘遗址出土了汉镜的残片,与其共出的有细形铜剑的铜剑具和宽形铜矛的残片。从铜镜仅存的内区纹饰的特征看,属于东汉时期的细线式兽带纹镜,被认为是作为"破镜"使用后废弃的。济州道山地港遗址与倭镜共出的方格规矩纹镜也可能是这种被利用过的"破镜"。承国立光州博物馆李健茂见告,在韩国未发表的出土资料中还有一些"破镜",而东外洞遗址和山地港遗址出土的镜片很可能与九州北部地区出土的"破镜"性质相同。虽然不能明确东外洞遗址出土镜片的年代,但如果其共出的器物组合是正确的话,那么根据对马的木坂箱式石棺墓的例子,还有虽然在日本列岛的墓葬中少见,但在一些居址中也出土很多的"破镜"来看,东外洞遗址所出镜片的年代大体上相当于弥生时代后期后半到终末期,即公元 2 世纪后半或稍晚,或者较之更晚一些。

值得注意的是,朝鲜半岛南部出土的铜镜数量少且集中于庆尚道。初期都分布在庆尚北道一带,用仿制镜来弥补西汉铜镜的不足。此后即使到了三国时代,这个地区都没有表现出对铜镜的兴趣。相反在原属于狗邪韩国故地的庆尚南道的金海以及其周边地区却接受了铜镜,在这一地区发现的倭镜数量要比东汉铜镜多。如果东外洞的镜片可以看作是"破镜"的话,那么很可能是接受了九州北部地区的使用方法。倭镜的制作地点是奴国,从分布地点看,狗邪韩国是距离奴国最近的一个邻国。在日本列岛发现了很多的韩系遗物,而在朝鲜半岛南部也从九州北部地区传来了一些与使用铜镜有关的习俗,其中东汉镜("破镜")的来源很可能也是来自九州北部地区,从这些情况看,可以认为当时两地间存在着相当密切的交流。

总之,原三国时代的朝鲜半岛南部并不是一个必须要使用铜镜(包括汉镜及其仿制镜)的社会,在这一点上与九州北部地区,以及公元 2 世纪后叶以后的日本列岛存在着显著区别。

四、倭(弥生时代)的铜镜

在弥生时代中期从中段发展到后半段时,在九州北部地区的瓮棺墓中出现了用西汉铜镜随葬的现象,这是最早传播到日本列岛的中国系器物群中的一种,此后,弥生人喜爱的铜镜不断地传入(图二十六)。除了弥生时代后期后段以外,在日本弥生时代遗址中出现的汉镜,与中国铜镜的发展变化是一致的。因此通过把日本列岛出土的汉镜与中国铜镜的发展变化进行比较,便可以了解到弥生社会国际交流的部分情况[33]。

弥生时代遗址出土的铜镜中,最早的是出自8个遗址的来自朝鲜半岛的共9面多纽细文镜。其中以福冈市西区吉武高木遗址为代表的九州北部地区的3个地点,加上山口县下关市梶栗浜遗址共4个地点的弥生时代中期前半的墓葬中出土了4面多纽细文镜,另外在福冈县小郡市若山聚落遗址的窖穴中出土了2面多纽细文镜,后者属于比较特殊的情况。在大阪府柏原市大县、奈良县御所市名柄和长野县佐久市社宫司3个地点出土的3面多纽细文镜的年代较九州北部地区出土者稍晚,大体在弥生时代中期后半左右,出土铜镜遗迹的情况并不清楚,其中社宫司所出为镜片。

日本列岛汉镜的出土始于出现西汉铜镜的弥生时代中期后段。福冈县前原市三云南小路1号瓮棺墓和春日市须玖冈本D地点的瓮棺墓中都出土了成组的西汉铜镜。这些传入的西汉铜镜中,包括一些重圈彩绘镜、草叶纹镜等西汉早期甚至更早时期流行的铜镜,但大多数的铜镜,如三云南小路1号墓出土的35面铜镜中的29面和饭冢市立岩堀田遗址5座墓中出土的共10面铜镜那样,大部分都是铭文镜,另外还有一些内向连弧纹的星云纹镜。这些西汉铜镜中,尤其是大型铜镜,其质量都优于中国出土的同类铜镜,如前文所述,很可能都是西汉皇帝的下赐品。

弥生时代后期遗址中出土的铜镜都是东汉镜。大约相当于公元1世纪的弥生时代后期前段的遗址中出土的东汉镜,虽然包括有继承了西汉铜镜形制特点的昭明镜,但是其中占主导地位的是被称为王莽镜的方格规矩纹四神镜和细线式兽带纹镜,典型的例子有出于佐贺县唐津市樱马场瓮棺墓的铜镜,以及福冈县前原市井原鑓沟瓮棺墓随葬的21面铜镜;另外以佐贺县为中心,出现了宽平缘的四乳虺龙纹镜;在福冈市饭氏7号瓮棺墓还出现了内向连弧纹的长宜子孙镜;加上在朝鲜半岛开始仿制的第Ⅰ型的小型仿制镜(韩镜),以上这些铜镜构成了弥生时代后期前段的铜镜群。除了朝鲜半岛的韩镜,如图二十五所示,其余的铜镜与公元1世纪时的东汉铜镜是一致的。

到了弥生时代后期后段,出土的中国铜镜的数量急剧减少。出于什么原因而导致不再使用中国铜镜随葬确实是一个值得关注的问题,但很可能是与东汉政局的恶化,同时乐浪Ⅳ期铜镜也出现了减少的趋势有关。不过尽管东汉铜镜

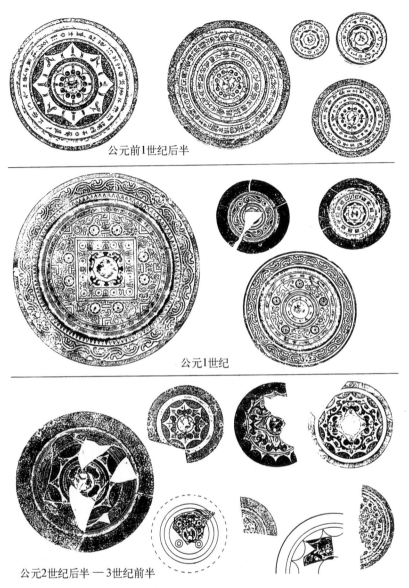

公元前1世纪后半

公元1世纪

公元2世纪后半 — 3世纪前半

图二十六　倭人所喜爱的铜镜的变迁

的输入有所停滞,但日本列岛内部需要铜镜的阶层却在扩大。这可以从东汉铜镜的分割使用(破镜),以及在九州北部地区开始制作以内向连弧纹为主的小型镜看出一些端倪。也就是说,自弥生时代中期以来大量集中使用铜镜的九州北部地区,在此之前铜镜只限于地域社会中的统治者使用,而现在使用者开始向低层次的人群扩展,另外用铜镜随葬的风俗也开始向近畿地方传播,这些都成为对铜镜的需求迅速扩大的原因。弥生时代后期中段是出现上述问题并要解决这些问题的初期阶段,铜镜的数量不足还引发了东汉铜镜的传世现象。因此,到了弥生时代后期中段以后,日本列岛出土铜镜的变化与洛阳烧沟汉墓第五期中出土的铜镜有所不同。

到了公元2世纪后半到3世纪前半,也就是弥生时代后期的后半段到终末期,尤其是在弥生时代的终末期,日本列岛出土铜镜的数量又开始增加。这一时期的铜镜中,有传世的属于东汉早期的繁缛的细线花纹镜,也有平雕花纹的内向连弧纹长宜子孙镜,以及平雕或浅浮雕怪兽的兽首镜、双头龙纹镜,半浮雕式的兽带纹镜等东汉中后期铜镜。其中东汉中期以来出现的内向连弧纹长宜子孙镜和东汉后期的兽首镜系列是这一时期铜镜的代表,可以说又回归到烧沟汉墓第六期的系统。

除了在九州北部地区(福冈、佐贺以及壹岐、对马)这些铜镜是以完整的形态被使用以外,在其他地区的遗址中几乎都是被有意地打碎,把破碎面进行打磨,因此其出土时都是"破镜"。贺川光夫教授认为,这些铜镜破碎以后被再次使用,所以不能叫"破镜",应该叫"再生镜"[34]。在大分县宇佐市本丸遗址出土的破镜上面还有穿孔,应该是作为悬垂的装饰物使用。

几乎与使用东汉"破镜"同时,仿制镜的数量急速增加。仿制镜中很少有"破镜",几乎都是完整的。"破镜"虽与仿制镜不同,但其分布范围一致,也发现有二者共存的现象,因此仿制镜和破镜的用途应该相同。"破镜"和仿制镜的出现,扩大了铜镜的分布范围,在日本的北陆地方和东部日本的一些遗址中都有发现,如石川县金泽市无量寺B遗址出土的双头龙纹镜,羽咋市次场遗址出土的四乳虺龙纹镜,富山县中新川郡中小泉遗址和群马县藤冈市冢原古坟中出土的仿制镜等。这些九州北部地区以外的地区出土的铜镜几乎都是东汉的"破镜"和仿制镜,表明了当时铜镜分布范围的急速扩大。

在九州北部地区使用完整的东汉铜镜的后期,在远远超出西汉铜镜分布东限的大阪市瓜破北遗址的文化层中,出土了西汉清白镜的残片,这很可能不是偶然出现的残片,而是有意分割成小片来使用。在东汉时期的铜镜中这种例子很多,除九州北部地区多使用完整的铜镜外,在其以外的九州地区以及几乎所有的西日本地区,都是把铜镜分割成小片,然后对破碎面进行打磨后使用。用这种方法可以增加铜镜的数量,使本来很难得到汉代铜镜的地区也能够使用东汉的铜镜。观察完整的铜镜和"破镜"的分布情况,可以看到使用铜镜范围扩大的背后所表现的是使用铜镜这种观念的向东扩展,这种观念还越过大海传播到了韩地。

五、汉镜与倭人

上文对汉及其东方地区铜镜的出土情况进行了讨论,其中倭地(九州北部地区)出土铜镜的发展变化,除了 2 世纪以外,与以洛阳为中心的中国中原地区的变化完全一致。而正是由于在日本发现的 400 多枚铜镜所表现出的两者发展变化的一致与不同,证明了汉和倭之间存在着持续的密切的交流。由于弥生时代后期的时间跨度与东汉的存续时间相当,因此通过日本出土的铜镜可以推测出汉文化对日本列岛的影响程度。与之相反,若要利用铜镜来说明朝鲜半岛南部与汉的交流情况,从目前的资料看则较为勉强,在这里甚至都看不到存在着一定要使用汉镜的观念。集中出土西汉铜镜的庆尚北道,在此后的时间里并没有继续下去,而出土有东汉铜镜和倭镜的庆尚南道,也只是表明这里是韩与倭的交流中心。

通过观察图二十五可以发现一个重要的问题,即乐浪Ⅴ期所出铜镜与洛阳烧沟第六期所出铜镜并不相同。在九州北部地区,相当于乐浪Ⅴ期的弥生时代后期后半至终末期(弥生Ⅴ期),则发现了东汉中后期的完整铜镜,也有一些"破镜",不过其形制是以较早的铜镜为主,这种情况可以说是洛阳地区铜镜的反映,但也不能将其视为对烧沟第六期铜镜的全面回归。在弥生时代的遗址中不见从东汉晚期到三国时期都流行的平缘神兽镜,还有见于乐浪Ⅴ期的飞禽镜,可称之为三角缘神兽镜的早期形态,则集中出现于古坟时代初期的墓葬中,即在日本列岛新形式铜镜的出现均较晚。与此前相比出土铜镜数量有所增加的近畿地区,其出土铜镜则与乐浪铜镜的情况相同,在弥生时代遗址出土的铜镜多为"破镜"的现象与九州北部表现出同样的倾向,但是到了古坟时代前期则随葬完整铜镜,虽然存在着一定的时间差,但整体上还是与乐浪铜镜相同。西川寿胜对单夔镜、龙虎镜、重列式神兽镜、画像镜、半浮雕式的兽带镜等镜背纹饰进行了深入研究后指出,近畿地区古坟出土的铜镜,均属于与其原产地的典型铜镜在设计上多少有些相似的亚型镜[35]。冈村亦指出乐浪地区出土铜镜的倾向在近畿地区也有所反映[36]。根据上述分析,汉镜的出土状况实际上是反映了倭一方对外交流的主导权已经转移到近畿地区,这就是在《魏志》倭人传中作为"卑弥呼的外交"所记录下的实情。

自从西汉铜镜传入以后,日本列岛出现了在汉的本土也很少见到的非常精致的铜镜,而且大多是以一组的形式出现,表现出对这些铜镜的高度重视。对于汉、魏、乐浪来说,已经知道韩和倭对于铜镜的观念存在着差别,汉也一定了解倭人对于铜镜的使用并非如汉一样仅仅是用于理容,而是有其特殊性(即使是存在着一物多用),这就是《魏志》倭人传中所记载的赐予卑弥呼"汝好物"的"铜镜百枚"的实情所在。

中国铜镜传递了围绕着汉、魏,以及乐浪所形成的复杂的东亚局势,倭人在这样一个复杂的局势中,把握正确的信息,谋求交往的伙伴,其所采取的一系列行动,正是倭已被纳入金印国家群这一体系当中的真实写照。

注释:

[1] 大谷光男编:《金印研究論文集成》,日本新人物往来社,1994 年。

[2] 岡崎敬:《"漢委奴国王"金印の測定》,《史淵》100,1968 年。

[3] 岡崎敬:《新たに発現された"広陵王"について》,《稲・舟・祭》,日本六興出版社,1982 年。

[4] 久米雅雄:《金印奴国説への反論》,《古文化論叢》,古代を考える会・藤沢一夫先生古稀記念論集刊行会,1983 年。

[5] 後藤直:《"漢委奴国王"金印研究論》,《論争学説日本の考古学》4,日本雄山閣,1986 年。

[6] 坂元義種:《東アジアからみた奴国と邪馬台国》,《須玖岡本遺跡》,日本吉田弘文館,1994 年。

[7] 菅谷文則:《後漢からみた倭》,《ミュウジアム九州》32,1989 年。

[8] 国分直一:《蛇鈕の印をめぐる問題》,《えとのす》11,1979 年。

[9] 郭思九:《龍蛇文化を論ずる》,《生活文化史》18,1990 年。

[10] 罗福颐编:《秦汉南北朝官印征存》,文物出版社,1987 年。

[11] 岡崎敬:《夫租薉君銀印をめぐる諸問題》,《朝鮮学報》46,1968 年。

[12] 森鹿三:《漢晋の木簡》,《書道全集》2,日本平凡社,1958 年。

[13] 湖南省博物馆、中国科学院考古研究所编:《长沙马王堆一号汉墓》,文物出版社,1973 年。

[14] 西嶋定生:《漢字の伝来》,《ミュウジアム九州》38,1991 年。

[15] 奈良国立博物館编:《発掘された古代の在銘遺宝》,同館,1989 年。

[16] 駒井和愛:《鏡鑑銘文と楚辞文学》,《中国古鏡の研究》,日本岩波書店,1953 年。

[17] 高倉洋彰:《文字との邂逅》,《考古学ジャーナル》328,1991 年。

[18] 西嶋定生:《漢字の伝来》,《ミュウジアム九州》38,1991 年;梶山勝:《"漢委奴国王"金印と弥生時代の文字》,《古文化談叢》30 上,1993 年;武末純一:《弥生中期の人々と文字》,《西日本文化》300,1994 年。

[19] 李健茂:《茶戸里遺跡出土の笔》,《考古学誌》4,1992 年。

[20] 小田富士雄:《佐賀県・椛島山石棺の出土遺物》,《古代学研究》51,1968 年。

[21] 武末純一:《弥生中期の人々と文字》,《西日本文化》300,1994 年。

[22] 森鹿三:《漢晋の木簡》,《書道全集》2,日本平凡社,1958 年。

[23] 西嶋定生:《漢字の伝来》,《ミュウジアム九州》38,1991 年。

[24] 高倉洋彰:《前漢鏡にあらわれた権威の象徴性》,《国立歴史民俗博物館研究報告》55,1993 年。

[25] 駒井和愛:《楽浪郡治址》,《東京大学文学部考古学研究室考古学研究》3,1964 年。

[26] 田村晃一:《帯方郡の位置》,《韓》3—1,1974 年。

[27] 高久健二:《楽浪墳墓の編年》,《考古学雑誌》78—4,1993 年。

[28] 岡村秀典:《前漢鏡の編年と様式》,《史林》67—5,1984 年;岡村秀典:《後漢鏡の編年》,《国立歴史民俗博物館研究報告》55,1993 年。

[29] 岡村秀典:《楽浪漢墓出土の鏡》,《弥生人から見た楽浪文化》,大阪府立弥生文化博物館,1993 年。

[30] 高倉洋彰:《韓原三国時代の銅鏡》,《九州歴史資料館研究論集》14,1989 年。

[31] 崔鍾圭:《慶州市朝陽洞遺跡発掘調査概要とその成果》,《古代文化》35—8,1983 年。

[32] 高倉洋彰:《韓原三国時代の銅鏡》,《九州歴史資料館研究論集》14,1989 年。

[33] 岡崎敬:《新たに発現された"広陵王"について》,《稲·舟·祭》,日本六興出版社,1982 年。

[34] 賀川光夫:《再生鏡の分配と弥生後期の社会》,《史学論叢》22,1992 年。

[35] 西川寿勝:《日本出土の中国鏡の諸問題》,《倭人と鏡》,埋蔵文化財研究会,1994 年。

[36] 岡村秀典:《楽浪漢墓出土の鏡》,《弥生人から見た楽浪文化》,大阪府立弥生文化博物館,1993 年。

第五章　倭国的诞生

第一节　倭国的成熟

一、世世有王

弥生时代中期后半（公元前 1 世纪后半）迅速发展了与中国的交流与往来，至东汉建立的公元 1 世纪以来，这种联系愈发紧密。文献中所记载的倭曾在公元 57 年和 107 年两次向中原王朝遣使，仅仅是有关这种联系的部分记录。随着近年来考古资料的发现与研究，我们逐步明确向汉政府朝贺、按岁时遣使的弥生社会，远比想象中的更为成熟。中原政府向倭赐金印可以看作是以上交流的一种延伸，而文献中两度遣使的记载就是倭以及构成倭的诸国的外交记录。值得注意的是，如《魏志》倭人传所记，倭的对外交往的主体，开始时是构成倭的诸国，后来则转变为作为总体的倭国。下文将首先讨论这个问题。

若不考虑记事内容的详略，在《魏志》倭人传中，对倭人诸国的记述是从"对马国"开始的，共记有 28 国（由于距离遥远不能详述的 21 个国家中，最后出现的奴国如果与位于福冈平原的奴国不是重复记载的话，则为 29 国），加上不属于女王的狗奴国，大体可以见到 30 个组成国的名称。其中存在着王的国，包括"世世有王"的伊都国，男王卑弥弓呼（卑弓弥呼）统治的狗奴国，以及由女王卑弥呼统治的作为日本列岛诸国联合体的倭国。其真实与否可以通过对伊都国的讨论进行验证。

在伊都国被西汉政府认定为蕃国之王并下赐给葬具的王，出现在公元前 1世纪后半，即三云南小路 1 号墓的墓主人，其坟丘墓中随葬了丰富的随葬品，这也是现在所知的最早的伊都国王（这里所说的伊都国王，不是《后汉书·百官志》中所说的"国王"，而是作为伊都国首领的王）。与 1 号墓相邻埋葬的 2 号墓，其墓主人为女性，或是伊都国王的妻妾、女儿，或是下一代的王。这两座墓葬中都随葬了大量的铜镜以及丰富的随葬品,而属于弥生时代的同样的厚葬墓在玄界滩沿岸的各平原中共发现了 8 座(第三章的表一),其中一半的墓葬(4 座)集中分布在怡土平原的三云、井原遗址群的周边。

紧邻三云南小路 2 号墓的是井原镤沟瓮棺墓。该墓发现于江户时代的天明年间(公元 1781—1788 年),到目前为止尚未能对遗迹的情况进行再次确认。这里与三云南小路之间相隔有三云镤沟,但两个地点间仅有 150 米远的距离,井原镤沟瓮棺墓的墓主人应该与埋葬在三云的王属于同一个村社(遗址群)。该墓应该是单瓮式的瓮棺墓,从青柳种信留下的记录、拓片和照片看,出土了 21 面以上的方格规矩纹镜,还有 3 件巴形铜器,以及一些铁制的刀剑类等[1]。与三云南小路 1 号墓出有西汉铜镜与青铜武器的组合和 2 号墓出土有西汉铜镜不同,该墓的随葬品为东汉铜镜与铁制武器的组合。从随葬器物的情况看,其年代在公元 1 世纪中期至后半,非常接近光武帝下赐奴国王金印的时期,与年代大体在公元前 1 世纪后半的三云南小路 2 号墓之间应该相距有几代人的时间。

以出土了 39 面铜镜而引人关注的平原 1 号方形围沟墓,与此前提到的 3 座墓葬都不相同,其远离三云、井原遗址,位于瑞梅寺川以西将平原分隔开的曾根丘陵上。与三云南小路遗址间的直线距离为 1 300 米,若考虑到该墓与上述三墓均为位于同一平原地区的厚葬墓,可以认为该墓的墓主人是前几代伊都国王的后继。

该墓为在墓葬周边修建围沟的方形围沟墓,围沟呈东西 18 米、南北 14 米的长方形。在中部稍靠北的地方发现了中轴线稍有偏离的墓圹,墓圹长 5.4 米、宽 3.6 米,内置长 3 米、宽 1.1 米的由圆木剖制的木棺。棺内放置有装饰品,在人骨头部以及右肋附近,发现了大量琉璃、玛瑙、琥珀制的珠子,棺外在头端放置 1 件素面环首铁刀,在长方形墓圹的四隅出土了 39 面破碎的铜镜。围沟中也有土圹墓,出土了较多的琉璃珠。棺内的随葬器物以装饰品为主而少见武器,由此推测墓主人可能是女性。

出土的铜镜中,有 4 面是直径达到 45.5 厘米的超大型仿制八叶座内向连弧纹镜,还有 2 面仿制的长宜子孙内向连弧纹镜,1 面东汉四乳虺龙纹镜,以及 32 面东汉方格规矩纹镜,共计 39 面铜镜。从该墓出土大量的方格规矩纹镜看与井原镤沟瓮棺墓相似,但是由于其在随葬中国传入的东汉铜镜的同时还共出有仿制的内向连弧纹镜,其年代应较之更晚。

不过,目前没有确实的证据表明平原 1 号墓属于弥生时代后期的哪一段,根据该墓出现的典型的方形围沟和作为埋葬主体的圆木剖制木棺在九州北部地区出现的时间,以及在中心主体墓葬的周边还埋有其他墓葬等现象出现的时间,可以对其年代进行判断。另外大部分铜镜都是东汉时期的方格规矩纹镜,也有东汉时期的长宜子孙内向连弧纹镜,以及仿制的长宜子孙内向连弧纹镜,但是没有三角缘神兽镜。综合考虑上述各因素,其年代大体在弥生时代后期终末(公元3世纪初至前半)。最近的调查在紧邻平原墓的西侧又发现了5号方形围沟墓,根据打破沟的上部埋入的瓮棺墓,可判断其年代大体在弥生时代后期初段,而沟内出土陶器的年代为弥生时代中期末至后期初段,这使得问题有些复杂。平原1号墓的年代从出土铜镜的年代看,不可能早到这个时期,现在看也是在弥生时代后期终末。因此平原1号墓的墓主人很可能是魏使在伊都国见到的伊都王,或者是早于这位伊都王的另一位先王。

青柳种信曾写到在三云南小路1号墓出土铜镜之前,在其附近挖掘的沟中出土了古镜[2]。根据1975年的发掘成果,2号墓被破坏的时间要比1号墓被破坏的时间还早,因此其所记或许是指2号墓。实际上如图十六所示,1号瓮棺墓的西侧还发现了很像是一座墓的墓圹的痕迹,青柳种信所写的被挖掘的沟的所在地点,也有可能是在这个疑似墓圹之处。如果情况确实如此,这里则又增加了一个王墓。无论如何,从三云南小路1号墓到平原1号墓,在相邻近的区域内一共有4座厚葬墓,这些墓的墓主人应该是伊都国王世系中的一部分。《魏志》倭人传所记的"世世有王"反映的就是这种情况。

井原鑓沟瓮棺墓的墓主人作为伊都国王的时期应该是光武帝下赐给奴国王"汉委奴国王"印绶之时,但是却没有发现可以与这一时期的奴国王墓相称的遗存。在福冈平原发现的王墓只有公元前1世纪后半的须玖冈本D地点瓮棺墓,不过如第三章、第四章已经分析过的那样,公元57年光武帝赐予印绶的"倭奴国王",其"国王"是给予蛮夷首领的最高级称号,这一点毋庸置疑。通观弥生时代后期,以须玖冈本遗址为中心的福冈平原垄断了青铜器和琉璃器的生产。做成武器形状的中宽和宽形铜矛,是在为了祈求航海或交通安全而举行的仪式上使用的祭祀用器,而福冈平原掌握了这些器物的生产,并以这里为中心向四周传播。从福冈平原与其他地区在生产力水平上的差异,以及福冈平原处于向东、向南都便于交通的要地,与伊都国相比,奴国应该更具优越性[3]。最近在韩国发现了较多的武器形器和小型仿制镜,应该都是福冈平原的产品,其交易的主体也应该是奴国,这一点下文还将进行讨论。奴国作为这些活动的中心,可以推测其也应处于"世世有王"的状况。

在伊都国已经可以确认存在着王的谱系,奴国也同样有存在着王的谱系的可能性,这代表着出现了一个固定的权力阶层,也就意味着王族的存在。而伊都国和奴国的这种状况也有可能会影响到其他诸国。

二、倭人传中的诸国

图二十七是以弥生时代中期遗址分布为基础,对九州北部地区的地域社会（クニ·国）进行的复原。

另外,表三是《魏志》倭人传的记载中,除了因路途遥远不知其详的"旁国"以外的其他9国的信息。表三所汇集的信息中,虽然有很多是参考了根据实

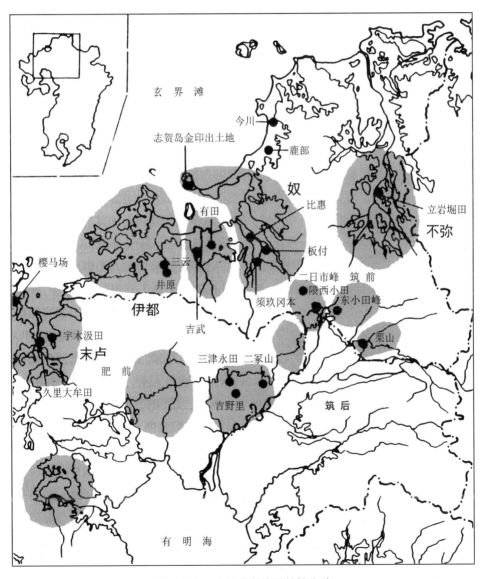

图二十七 九州北部诸国的推定地

表三　《魏志》倭人传中所记诸国信息

国名	官	副官	方位、距离	面积	户数	相关记载
对马国	卑狗	卑奴母离	始度一海,千余里至对马国	方可四百余里	千余户	所居绝岛 土地山险,多深林,道路如禽鹿径 无良田,食海物自活,乘船南北市来
一支国	卑狗	卑奴母离	又南渡一海千余里,名曰瀚海,至一大国	方可三百里	三千许家	多竹木丛林 差有田地,耕田犹不足食,亦南北市来
末卢国	尔支		又渡一海千余里至末卢国		四千余户	滨山海居,草木茂盛,行不见前人,好捕鱼鳆,水无深浅,皆沈没取之
伊都国	尔支	泄谟觚 柄渠觚	东南陆行五百里,到伊都国		千余户	世有王,皆统属女王国,郡使往来常所驻 自女王国以北,特置一大率,检察诸国,诸国畏惮之。常治伊都国,于国中有如刺使
奴国	兕马觚	卑奴母离	东南至奴国百里		两万余户	
不弥国	多模	卑奴母离	东行至不弥国百里		千余家	
投马国	弥弥	弥弥那利	南至投马国水行二十日		五万余户	
邪马台国	伊支马	弥马升 弥马获支 奴佳鞮	南至邪马台国,水行十日,陆行一月		七万余户	女王之所都 自女王国以北,其户数道里可得略载。其余旁国远绝国不可得详
狗奴国	狗古智卑狗		其南			男子为王,不属女王 倭女王卑弥呼与狗奴国男王卑弥弓呼素不和

表四　《魏志》倭人传所记户数与《和名抄》中的户数、乡数（□为比较近似的数值）

国	倭人传所记户数	推定地	《和名抄》中的乡	《和名抄》中的乡数	1乡为50户时的户数	倭人传的户数除以以下数字			倭人传的户数除以50得到的乡数		
						2	3	4	乡数(A)	A的1/2	A的1/3
对马国	1 000 户	对马岛	上县郡、下县郡	9	450	500 户	333 户	250 户	20 乡	10 乡	7 乡
一支国	3 000 户	壹岐岛	壹岐郡、石田郡	13	650	1 500	1 000	750	60	30	20
末卢国	4 000 户	唐津市周边	松浦郡一部分 ①	5	250	2 000	1 333	1 000	80	40	27
			松浦郡 ②	7	350	2 000	1 333	1 000	80	40	27
伊都国	1 000 户（万余户）	怡土平原	怡土郡	8	400	500	333	250	20	10	7
		旧糸岛郡	怡土郡、志摩郡 ③	16	800	500	333	250	20	10	7
奴国	20 000 户	福冈平原	那珂郡 ④	10	500	10 000	6 667	5 000	400	200	133
			那珂郡、席田郡 ⑤	14	700	10 000	6 667	5 000	400	200	133
不弥国	1 000 户	饭冢市周边	穗浪郡 ⑥	6	300	500	333	250	20	10	7
			穗浪郡、嘉麻郡	13	650	500	333	250	20	10	7

①《和名抄》所记的 5 乡中，不包括罗乡（平户岛），值嘉乡（含值贺岛在内的 5 岛），加入《肥前国风土记》中的贺乡和大屋乡。
②为《和名抄》和《肥前国风土记》①所记乡数的合计。
③此为怡土郡 8 乡，志摩郡 7 乡，加上《延喜五年观世音寺资财帐》②中的加夜乡。
④那珂郡 9 乡和《万叶集》中伊知乡的合计。
⑤加上席田郡 3 乡，以及属于福冈平原的御笠郡大野乡。
⑥穗浪郡 5 乡加上《天庆三年穗浪郡司解案》③中的伏见乡。

①《肥前国风土记》为奈良时代初期编纂的记录肥前国——现在的佐贺县和长崎县——的地方风俗民情、地理、历史、农业、神话等的地方志。
②在日本的奈良、平安时代，由国家出资运营的寺院，为了保证经营能够被正当使用，每隔 20 年要制作财资帐，此后每 5 年制作财立目录，以与前制作的资财帐进行对比。20 年以后再制新的资财帐。《延喜五年观世音寺资财帐》现藏东京大学艺术系，为日本国宝。
③"解"为下级官府向其上级官府提交的一种公文格式。《天庆三年穗浪郡司解案》即为天庆三年（公元 938 年）由穗浪郡司的长官向上级官府提交的解案，其中包括了不见于《和名抄》的"伏见乡"。

际见闻所记录下来的内容,但在方位、距离、户数等各方面并不完全可信,不过将其与表四、表五进行对比,可知这些信息在一定程度上还是能够反映诸国之间相对的关系。

对分布在福冈平原的弥生时代的遗址进行大体的划分,可以分为 15—20 个左右的村社(遗址群)。同样在早良平原可以分为 10—12 个村社,怡土平原大体可分为 10 个左右。据《和名抄》中所记载的乡的数量,福冈平原包括了那珂郡的 10 乡(加入了《万叶集》①中的伊知乡),若加上席田郡的 3 乡和御笠郡大野乡则为 14 乡;早良平原包括早良的 6 乡;怡土平原包括了怡土郡的 8 乡。将弥生时代的村社数量与《和名抄》中所记载的乡的数量进行比较,前者均较后者稍多。不过在早良平原拥有随葬墓的村社数则与《和名抄》中所记乡的数量一致,显示出弥生时代的村社不久即发展成乡的情形[4],因而《和名抄》中记载的乡可以作为复原弥生时代村社的线索。表四即为将《魏志》倭人传中记载的九州北半部各国所在的位置、户数,与各岛、各平原的乡数进行比较。

据《万叶集》记载,在日本古代律令制国家的行政区划中,有"五十户之门田"②和"五十户长",即由五十户所编成的里,是最基层的行政单位,公元 715年(灵龟元年)将其改称为乡,但以五十户为其编制基础的原则并没有改变。因此将乡的数量乘以 50 户的话,虽然只是一个概数,但还是可以知道《和名抄》成书的公元 10 世纪时地域社会所拥有的户数。不过如表四所示,倭人传所记户数均较公元 10 世纪时相同地域的户数稍多。通过倭人传的户数以及按 50 户一乡计算出的乡数,如果把户数除以 2、3、4,把乡数除以 2 或者 3,对马国、壹岐国③、伊都国、不弥国等都可以得出相近的数值。可知倭人传所记大约是实际数值的 2—3 倍。也有学者指出,倭人传记载伊都国"有千余户",而作为其底本的《魏略》记有"户万余",并认为后者的记载应该是正确的。可是即使将其加上志摩郡,也达不到"户万余"的数量,再考虑到其周边地理条件的限制,也很难达到"户万余"。而末卢国、奴国的数值则显得更不真实。尤其是松浦郡,若只限于唐津平原的话,只有位于松浦川东岸的久里双水古坟周边的久利乡,以及松浦川西岸菜畑遗址周边的贺周乡两个乡,户数和乡数都有很大的距离。关于奴国,倭人传中的数字大体是实际数字的十倍左右,也就

---

① 《万叶集》为日本现存最早的诗歌总集。所收诗歌为公元 4 世纪至 8 世纪中叶的长短和歌,其成书年代和编者,历来众说纷纭,但多数为奈良年间(公元 710~784 年)的作品。

② "门田"本意为日本中世纪地方领主住宅周边的田地,这里强调由五十户作为单位来描述门田之广。

③ 即指表四中之"一支国"。

是说倭人传所记数字的十分之一才接近于实际的数值。因此如果伊都国有千余户，奴国有二千户，不包括末卢国的话，倭人传所记的户数则与《和名抄》的户数和乡数相当。

现在，再将这些人口数量与江户时代（17 世纪前后）的人口数量进行比较（表五）。首先值得注意的是怡土郡的 1 016 户，这里所说的怡土郡没有包括天领和唐津藩领。怡土郡大体相当于现在的糸岛郡二丈町和前原市以及福冈市西区的西半部。由于天领、唐津藩领大体在二丈町，所以这里所说的怡土郡大体在怡土平原一带，即伊都国的故地，而《魏志》倭人传所记伊都国恰好是有"千余户"①。如果计算江户时代其他诸国的户数、人口数与怡土郡户数（1 016）、人口数（7 089）的比值，可以看到其他诸国的户数和人口数量与怡土郡相比都出现较大的差距②。江户时代的怡土郡如果加上志摩郡共有 4 623 户以及 31 134 人，若计算其他诸国的户数、人口数与怡土郡加上志摩郡后的户数（4 623）、人口数（31 134）的比值③，则倭人传所记伊都国的户数、人口数与其他诸国的比值都比较接近。值得注意的是唐津藩领的户数和人口数量都是最多的。如果将奴国的户数修正为 2 000 余户的话，末卢国有 4 000 户则成为当时户数最多的国，因此也不能说末卢国的户数完全没有根据。

因此，倭人传中所记载的户数，虽然有水份，但也不是完全的虚假数字。因此尽管可以根据倭人传中伊都国"有千余户"的记载将《魏略》中所记的伊都国的户数"万余户"进行修正，但倭人传中保留了奴国的"二万余户"很可能是有相应的理由。伊都国所在地北有玄界滩、南有背振山地的限制，其西有末卢国，东则被奴国所控，使其地域的拓展受到制约。与此相对，奴国虽然北有玄界滩，西限于伊都国，但还是具有可向东、向南拓展的广阔的地域。同时，由于奴国集中生产的以中宽矛形祭器为代表的青铜器有着广泛的分布，因而可以认为存在着一个共同使用相同祭器的奴国联合体的地域。这里不仅在大规模的须玖冈本遗址群进行青铜器的生产，在佐贺县鸟栖市柚比安永田遗址，同在鸟栖市的本行遗址，以及福冈县夜须町蒜畑④遗址等也都从事青铜器的生产。下条信行认为安永田遗址应该是须玖冈本的分工场[5]，笔者认为本行遗址和蒜畑遗址也都具有同样的分工场的性质。在这个奴国联合体的地域范围中，《和名抄》（补正遗漏

---

① 表五中怡土郡一行 A 列的数字为 1，意为江户时代文献中所记怡土郡的户数与《魏志》倭人传中所记伊都国的户数比例约为 1。

② 表五中的 B、D 两栏。

③ 表五中的 C、E 两栏。

④ 原著中该遗址名用片假名"ヒルハタ"表示，现意译为"蒜畑"。

表五　江户时代的户数、人口比

江户时代的国、郡	户数	A	B	户数	C	人口	D	人口	E	时期	备注
对马国		1						32 725	1.05	1699年	陶山庄右卫门《口上觉书》[6]
壹岐国	6 906	3	6.80	6 906	1.49	39 382	5.56	39 382	1.26	18世纪初	后藤正足《壹岐乡土记》[7]
唐津藩领	12 192	4	12.00	12 192	2.62	约64 000	9.03	约64 000	2.06	1692年	《松浦拾风土记》[8]，农民、町人 58 966 人，家臣约 5 000 人
恰土郡（恰土郡、志摩郡）	1 016	1	1	4 623	1	7 089	1	31 134	1	1629年	贝原益轩《筑前国续风土记》；恰土郡中，不包括唐津藩领和天领
那珂郡	8 370	20	8.24	8 370	1.81	56 141	7.92	56 141	1.80	1629年	那珂郡（包括博多、福冈、那珂田郡）和席冈郡
穗波郡（穗波郡、嘉麻郡）	2 714	1	2.67	5 409	1.17	15 987	2.26	26 648	0.86	1629年	嘉麻郡不包括秋月藩领

A. 《魏志》倭人传中所记各国、郡户数（见表四）与同记伊都国户数之比。

B. 江户时代各国、郡的户数与恰土郡户数之比。

C. 江户时代各国、郡的户数与恰土郡和志摩郡合而为一时的户数之比。

D. 江户时代各国、郡的人口数与恰土郡人口数之比。

E. 江户时代各国、郡的人口数与恰土郡和志摩郡合而为一时的人口数之比。

后）所记的郡乡中，筑前国那珂郡 10 乡，席田郡 3 乡，糟屋郡 9 乡，御笠郡 4 乡，夜须郡 6 乡，上座郡 7 乡，下座郡 7 乡，共计 46 乡；筑后国御原郡 4 乡，御井郡 8 乡，生叶郡 7 乡，竹野郡 6 乡，共计 25 乡；肥前国基肆郡 5 乡，养父郡 5 乡，三根郡 6 乡，共计 16 乡，全部加在一起至少为 87 乡。用倭人传所记的 2 万余户计算出的乡数再除以 3 为 133 乡①，由此《和名抄》所记乡数还较倭人传所记稍少，不过在与东边的不弥国之间还有宗像郡的 14 乡、鞍手郡的 6 乡，再加上向南也可以延伸，其地域范围内大体上可以达到 100 乡以上。所以倭人传中所记的奴国与弥生时代中期的奴国不同，应该是指作为奴国联合体的大奴国。

渡边正气在笔者所讨论的弥生时代遗址群与乡之间相关性的基础上，提出投马国为 5 万户，邪马台国为 7 万户。渡边对成书晚于《魏志》倭人传，并被认为是大量引用了《魏志》倭人传的《后汉书·东夷列传》中的一些错误进行了纠正，并根据《东夷列传》中奴国在"倭国之极南界"的记载，提出邪马台国既不在奴国的南边，也不在奴国的西边和北边，而是位于奴国的东北边[9]。他进一步对《魏志》倭人传记录的诸国户数与乡的关系，以及乡的配置等进行讨论，提出将奴国视为一个大奴国时，不弥国是在从远贺川流域到其东侧，而投马国位于面向濑户内海的中国、四国地方，邪马台国则位于近畿地方[10]。其研究结果认为，在从对马国到邪马台国之间相邻分布着诸国。渡边将《魏志》倭人传中所记载的倭之主要 9 国，基本都置于西日本的要地，这是值得在今后的研究中认真考虑和斟酌的观点。

三、从奴国到倭国

作为九州北部中心势力所在的福冈平原，通过青铜器的生产而显现出其发展的动向。在福冈平原大量生产的铜矛等青铜器在其他地区都有广泛分布，以铜矛为例，在南方有向肥后（现在的熊本县）地区的拓进，西部则在丰前（现在的福冈县东部）丰后（现在的大分县）沿岸地区和四国西部有大量的传布，还有向濑户内海地区的东进等。另外，对马成为最多的铜矛集中出土地，显示出铜矛已经传播到朝鲜半岛。奴国王所拥有的实力即源于对青铜器生产力的掌握和对交易圈的控制。不过，与分布已经到达四国西部的中宽形铜矛（中宽形矛形祭器）相比，宽形铜矛（宽形矛形祭器）的分布从点上看与以前没有变化，但其分布的主要地区已经退缩到早良平原以东的筑前地区。同样的现象还见于弥生时代的

---

① 表四中奴国行最后一列的数字。

小型仿制镜。在小型内向连弧纹镜发展到第Ⅱ型 a 类的阶段时,其分布到达近畿地方,到了第Ⅱ型 b 类时,除少数例外,其分布范围则退缩到九州北半部。与之相对应的是近畿系陶器中的复合口沿壶和豆对九州地区产生了强烈的影响。是时代的发展使得拥有中心势力的区域发生了从九州北部向近畿地方的大范围的转移。

在与以倭国,特别是奴国为主的九州北部地区诸国有着直接交往的乐浪郡,同样也发生着时代的变化。西汉时期势力强盛的乐浪郡,经历了西汉末年的战乱,势力有所消减,到光武帝建武六年(公元 30 年)时,放弃了东部都尉治下的岭东 7 县,缩小为 18 县,自此加速了衰退的进程。到东汉末年,由于韩、濊势力恢复而产生的复兴趋势,加上已成为辽东地区一大地方势力的公孙氏的南下,乐浪郡一带又陷入混乱。统治了辽东郡、乐浪郡并在事实上已经独立的公孙康,加强了对威胁乐浪郡南部的韩和濊的控制,同时也为了应对倭,于建安九年(公元 204 年)割乐浪郡南部的荒地置带方郡,从此以后,带方郡成为倭与中国交往的窗口。控制着乐浪(乐浪郡和带方郡)的公孙康和其子公孙渊,与魏、吴之间离离合合,公元 233 年,公孙渊从吴的孙权那里得到了燕王称号,后又被魏封为大司马、乐浪公,后于公元 237 年自立称燕王,定年号为绍汉。不过在公孙渊自立为燕王的第二年——公元 238 年(景初二年),即被魏所灭,而倭也再次通过带方郡与魏通交,重新回到中国的统治之下。

乐浪郡一带事实上的独立以及其与东汉、魏之间关系的远近,在日本列岛也有所反映。第四章通过汉镜的传播而揭示出东亚地区的一体化,如图二十五,作为汉的派出机构的乐浪郡,其铜镜形制的变化自然是与洛阳等中原地区完全一致。不过这只是在乐浪铜镜的第Ⅰ—Ⅳ期,到了公孙氏事实独立的公元 3 世纪前半的第Ⅴ期,情况则发生了变化。这一时期在乐浪郡看到的铜镜中,中原系的铜镜仅有一面位至三公镜(双头龙纹镜),而四川和江南地区的铜镜以及"上方作"系列的浮雕式(半浮雕)的兽带镜、飞禽镜、斜缘神兽镜等成为主流形制[11]。正是由于公孙氏与魏的疏离,同时加强了与吴、蜀间关系的这样一种政治局势,产生了乐浪郡独自的铜镜群。

在九州北部地区,到了弥生时代后期中段,中国铜镜的出土数量骤减,这与东汉的战乱,以及乐浪Ⅳ期表现出的铜镜减少的趋势相关。在弥生时代后期后半至终末期,铜镜的数量再次增加,除了有此前出现的铜镜,新增加了简洁平雕的长宜子孙内向连弧纹镜和平雕或者是用半浮雕的方式表现兽形的兽首纹镜、双头龙纹镜、半浮雕式的兽带纹镜等,全部属于中原式的铜镜组合。如图二十五所示,九州北部地区的汉镜与中原铜镜的变化相一致,表现出倭与汉之间持续不断的交流。而在九州北部地区没有出现的乐浪Ⅴ期的铜镜组合,却出现在了近畿地方前期古坟中。西川寿胜指出,在这些古坟中随葬的单夔镜、龙虎镜、重列式神兽镜、画像镜、半浮雕式的兽带镜等,仅仅是采用了其原产地的花纹设计,属于同类铜镜的亚种[12],应该是在乐浪地区制造的铜镜。

九州北部地区与近畿地区所出铜镜的差别,意味着其来源有所不同,即九州北部地区的铜镜从中原地区传入,而近畿地区的铜镜则从乐浪郡传入。可是考虑到公元3世纪前半时乐浪郡和带方郡的局势,九州北部地区缺少直接从中原地区传入铜镜的条件,因此可以认为这些铜镜是在公元2世纪后半时从中原地区传入的。九州北部地区缺乏乐浪Ⅴ期的铜镜,表明自西汉晚期(弥生时代中期后半)以来,通过得到汉镜所象征的权益,已向近畿地方转移。根据《魏志》倭人传的记载,在魏与倭的交流中,从带方郡出发的魏使到达韩南端的狗邪韩国,渡过对马、壹岐,来到末卢国,然后到达驻有女王派出机构的伊都国。即魏使出使的最初目的地,并不是九州北部地区最大的奴国,而是属于女王国统属之下、由女王所置大率之官常驻的伊都国。在这里要进行如后来在太宰府鸿胪馆所进行的最初的外交活动,然后经过奴国以东的各国,前往倭国的首都邪马台国,而奴国只不过是其途经的一国。

时代的发展将倭的中心从奴国转移到邪马台国,由此而出现了统领西日本的倭国。

第二节　王　的　宅　邸

一、方形环濠的出现

据《魏志》倭人传记载,倭的女王卑弥呼所居之处有"宫室楼观,城栅严设",而由于佐贺县神埼郡吉野里遗址的发现与复原,学术界开始了对"王的宅邸"这个问题的关注和讨论。

根据古坟时代豪族宅邸的形态,可以推测王的宅邸周围有方形环濠,其中地面建筑呈コ字形或口字形整齐分布。如群马县群马町三寺Ⅰ遗址,在方形住宅区的周围环绕着栅栏、土垒以及表面有砌石的濠沟,在这些外围设施的内侧分布着作为中心建筑的地面建筑及附属建筑,祭祀设施,生产作坊等。古坟时代这种有方形环濠围绕的宅邸已发现了60处以上,表明豪族宅邸是由居宅及附属建筑、祭祀设施等组合而成。

　　以方形环濠围绕宅邸的最早例子,可以追溯到古坟时代前期属于布留式期①的大分县日田市小迫辻原遗址,而进行方形区划的意识可以追溯到弥生时代中期后半,在福冈市比惠遗址发现的边长为30—36米的1号环濠,虽然是不规整的方形,但是在四边都挖有直沟。比惠遗址环濠的规模与下文将讨论的小迫辻原遗址2号宅邸周围的环濠规模相近,环濠内分布着可能是包括了5座半地穴房屋和干栏式仓库的柱洞群组成的居址群,很可能属于一个家族集团(单位集团),与宅邸的情况并不相称。不过这一时期,正是出现了如前原市三云南小路1号瓮棺墓和春日市须玖冈本D地点瓮棺墓那样的王墓的时代,由此可以推测很可能已经出现了更高阶层的人群居住的以方形环濠围绕的宅邸。

　　在属于弥生时代后期后半的佐贺县基山町千塔山等遗址也发现了方形的环濠,不过像三寺Ⅰ遗址那种由住宅和附属建筑、祭祀设施等组合成的宅邸最早还是出现在小迫辻原遗址。小迫辻原遗址位于日田盆地北部一个高出周围约40米的独立台地上,台地上发现了从古坟时代前期一直到中世的断断续续修建的围以环濠的宅邸,在这个台地上连续修建宅邸也暗示着遗址所具有的特殊性质。属于古坟时代前期的遗迹包括3条环濠,2条沟,3座围以环濠的宅邸和半地穴房屋群等,可以分为4期[13](图二十八)。

　　台地的西北边缘发现了不太规整的1号环濠,年代为Ⅰ期(庄内式期②早期阶段),环濠内发现了6栋半地穴房屋,属于环濠聚落。在濠沟外也修建有同时期的半地穴房屋。1号环濠被晚期的3号环濠破坏,整体情况不清,其濠沟剖面为宽2.5米、深1米的倒梯形,环濠内面积大体在东西150米×南北100米。濠沟有两处呈コ字形的突出,这种コ字形突出因在佐贺县神埼郡吉野里内沟上也有发现而被学界所了解。古坟时代前期的方形环濠具有コ字形突出的例子在大分县宇佐市小部遗址和福冈县八女市深田遗址也有发现。七田忠昭指出这种コ字形突出是受到了中国城墙上半圆形突出的瓮城和方形突出的马面、角楼等影响而出现的[14]。这种突出在环濠聚落的祖型——中国陕西省西安半坡遗址和姜寨遗址已经出现,但在朝鲜半岛和日本列岛的初期环濠聚落中都没有见到,即没有形成连续发展的谱系,这是值得思考的问题。

---

　　①　古坟时代早期的陶器类型,其年代晚于下文出现的庄内式陶器,大体在公元3世纪后半,一直延续到公元5世纪初。其分布以近畿地区为中心,在西日本也有广泛的分布,同时也影响到东日本地区。

　　②　古坟时代早期的陶器类型,流行于公元3世纪初到3世纪后半。与上文提到的布留式陶器一起被称为原始土师器。

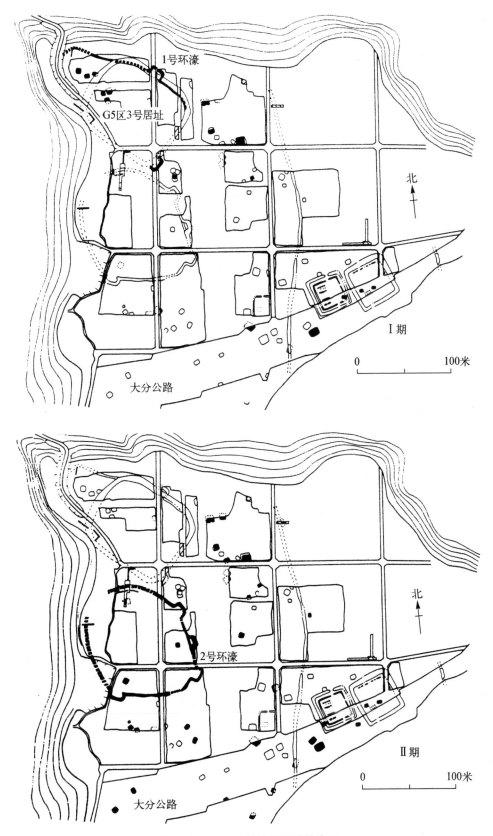

图二十八-1　小迫辻原遗址的变迁

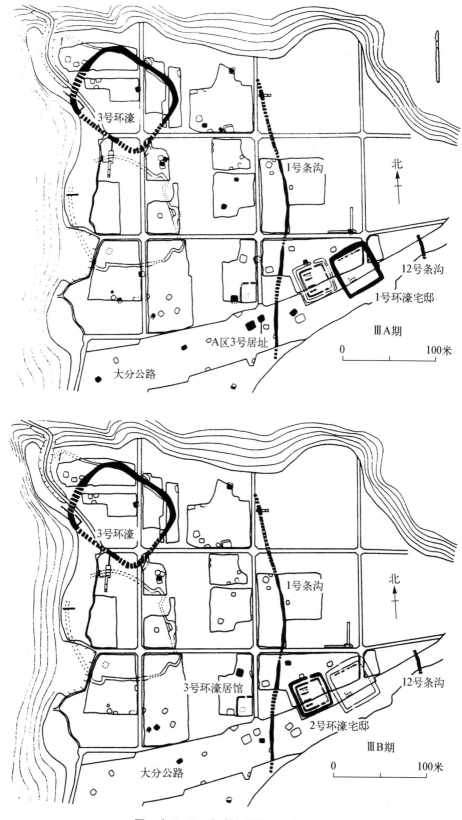

图二十八-2　小迫辻原遗址的变迁

到第Ⅱ期(庄内式期晚期阶段),在其南侧又修建了环濠,即2号濠沟,濠沟宽3米、深2.5米,依然环绕在台地的边缘,形成了边长约100米的近似方形的区域。在环濠上有4个突出部,北侧沿濠沟内侧发现了宽30厘米、深15厘米的沟槽。在环濠内部发现了2栋半地穴房屋,半地穴房屋在濠外也有广泛分布。

到第Ⅲ期(布留式期)时出现了方形宅邸。环濠重又回到台地西北边缘的1号濠沟的位置,在那里进行了重复修建。濠沟宽4.5米、深约1.6米,为边长约100米的圆角方形,在环濠外侧修建土垒以加强防御。没有突出部。在环濠内外都发现有半地穴房屋。与前两期不同的是,在台地中央挖掘了南北向的1号条沟,将台地分为东西两部分。与西侧的3号环濠相对,在东侧西南部发现了宅邸,共3处,均环绕有方形环濠。不过,如果将这几处宅邸和真正具有与方形环濠相称规模的三寺Ⅰ遗址相比,其在规模、形态,以及濠本身的规模上都较为逊色。根据宅邸的修建时期可以进一步划分为两期,两期的平面布局相同,并且都在环濠内西侧修建了地面建筑。

在ⅢA期(布留式期最早阶段),发现了以边长47米的正方形环濠围绕的1号宅邸,濠沟宽3.5米、深1.6米,剖面为倒梯形,濠沟内侧挖有与外濠并行的沟槽,环濠内发现一栋东西3间、南北2间(6.5米×6.3米),带有总柱①的地面建筑。1号宅邸是用环濠以及其内侧的木栅作为区划。

到ⅢB期(布留式期早期阶段),宅邸移至位于1号环濠宅邸西侧的2号环濠内,2号环濠宽2米、深1米左右,规模为37米×38米,比1号宅邸的环濠稍小,但结构较为清楚。在内侧的四周有与外濠并行的宽约50厘米的沟槽,沟槽底部发现有不规则的柱洞,原来应有木栅。其内部西侧南北并列2栋带有总柱的地面建筑,均为东西3间、南北2间(6.5米×5.3米)的规模,可以看出其设计的规划。这一时期在1号条沟的西侧,距2号宅邸约40米处还修建了3号环濠宅邸。3号宅邸的环濠为边长20米的方形,北侧有可能为出入口的陆桥,环濠内修建有一栋东西3间、南北4间(5.5米×4.5米)的地面建筑。

辻原台地在此后的奈良时代,一直到中世,都陆续修建有方形宅邸,从修建方形宅邸的连续性看,可以推测在这里修建宅邸也是一种拥有权力的表现。与在西侧的环濠聚落中可看到的生活气息相比,东侧的方形环濠在废弃后没有发现废弃的陶器,显然其并非日常生活所用。田中裕之和土居和幸提出这里应该是祭祀的场所。即在第Ⅲ期时,辻原台地上存在着作为首领居住地的3号环濠,作为祭祀设施的方形环濠,以及作为聚落成员居住的半地穴房屋。因此严格讲,

---

① 是指位于建筑物对侧柱子连线交叉点上的柱子。

1—3 号方形环濠均不是宅邸,但在形态、结构上与三寺 I 遗址相似,可视之为包括了住宅和祭祀设施的三寺 I 遗址的早期形态。

二、大型地面建筑的性质

最近,以九州北部地区为中心发现了大量的大型地面建筑。考虑到直径超过 8 米的圆形半地穴房屋(面积 50 平方米)和长宽达到 8 米×6 米的长方形半地穴房屋(面积 48 平方米)都很少见,因此居住面面积达到 40 平方米以上者可称为大型建筑[15]。下村智又根据遗迹的实际情况提出判断是否为大型建筑的附加条件,即柱洞的一边达到 1 米左右或更大,柱子的直径达到 20 厘米以上[16]。

可是随着近年的考古调查发掘的进行,陆续发现了居住面达 70 平方米,甚至达到 100 平方米以上的地面建筑。其平面大多为面阔 5 间以上,进深也达到 3—5 间。佐贺县鸟栖市柚比本村遗址发现的面阔 8 间(16.6 米)、进深 5 间(9.8 米)的大型建筑,其居住面面积达 163 平方米。在福冈县筑紫野市以来尺遗址也发现了面阔达到 17 米的建筑。面积仅次于本村遗址的有佐贺县神埼郡吉野里遗址北内郭中的大型建筑,为面阔 3 间(12.7 米)、进深 3 间(12.5 米),面积达到 158.75 平方米。因此可将进深 2 间以上、面阔达到 10 米以上、居住面面积达到 100 平方米者视为超大型地面建筑。

大型地面建筑和超大型地面建筑,与那些在同一个聚落中的普通住宅,尤其是那些半地穴房屋在性质、功能上并不相同。遗址的实际情况也说明了同样的问题。从这些建筑均为大型建筑来看,很可能是作为聚落成员公共活动的地方,如集会场所、共同进行生产活动的地点、举行祭祀活动的祭殿等,或者是首领的宅邸。下文将讨论具体实例。

在弥生时代前期末至中期初的福冈市吉武高木遗址就已经出现了超大型的地面建筑。在吉武高木遗址发现了面阔 5 间(12.6 米)、进深 4 间(9.6 米)、居住面面积为 121 平方米的巨大建筑,其外围还被认为有进深 1 间左右的回廊,在主屋内的中轴线上有大型的柱洞。有学者提出外围的柱洞与内侧的柱洞年代不同,如果将外围的柱洞也计算入内,该建筑则为面阔 5 间(15 米)、进深 5 间(13.7 米),居住面超过了 200 平方米。在吉武高木遗址大型建筑物的西侧,分布着被认为是早良王的墓葬,并从而认定该墓地是吉武高木特定集团的墓地。同时期的建筑群位于低于墓地的地方,而超大型建筑位于与墓地相同的地段,因此在其他建筑的所在地要仰望墓地和超大型建筑。从超大型建筑与其他遗迹的位置关系看,这里不仅仅是集会场所和共同生产用地,很可能这个超大型建筑是具有对"王墓"进行遥拜功能的,即用于祭祀祖先的祭殿,或者是具有绝对权威的首领宅邸。

同样是属于弥生时代中期的鸟栖市柚比本村遗址发现了 11 栋地面建筑。在土丘上,在废弃了大量涂朱陶器的祭祀土圹前,首先是修建了面阔 6 间(13 米)、进深 5 间(9.5 米)、居住面面积 123.5 平方米的超大型建筑,然后在同一地点又重新修建了面阔 8 间(16.6 米)、进深 5 间(9.8 米)、居住面面积 163 平方米的超大型建筑。在这所建筑东南的延长线上,发现了进行过一次重复修建的 2 间×1 间的地面建筑,还有 45 座瓮棺墓,因瓮棺墓中随葬了带髹朱红漆玉饰鞘的细形铜剑等 5 把铜剑以及琉璃勾玉等而被认为是特定集团的墓区。即该遗址中的超大型建筑、地面建筑、瓮棺墓区并列于一条直线上。考虑到在祭祀土圹中出土了大量的祭祀用陶器,因此这座超大型建筑可视之为瓮棺墓区的祭殿,中间的地面建筑则为拜殿。

这种和一般住宅分离并靠近首领阶层坟丘墓的超大型建筑,在佐贺县吉野里遗址的北内郭也有发现。北内郭年代属于弥生时代后期后半至终末期,有顶端呈圆角三角形的双重环濠,内濠在三角形底边的两端和两侧边的中央各有一个突出部,共计 4 个突出部(图二十九)。濠的外侧围以土垒。在三角形的上端有曲折如钥匙形的道路以及对其进行区划的栅栏。在郭内,靠近南部修建有 3 间(12.7 米)×3 间(12.5 米)、带有总柱的面积达到 158.75 平方米的超大型建筑,在突出部各有一座 2 间×1 间的建筑,共计 3 座建筑。3 间×3 间的有总柱的超大型建筑基本呈正方形,其柱间的间隔很宽,发现了 2.5 米×1.6 米的大型柱洞,从柱子的痕迹看,其中所立木柱为直径约 40—50 厘米的大柱。如图二十九所示,与柚比本村遗址相同,这里也显示出作为特定集团墓域的坟丘墓(中期修建)以及中间的地面建筑呈直线式的配置,其大型建筑很可能是祭殿。不过担任该遗址发掘工作的七田忠昭在指出这一带空间存在着封闭性的基础上,还认为该建筑在具有祭祀性质的同时,也可能还具有进行政事活动或作为身份、地位象征的宫殿的性质[17]。

在属于弥生时代后期后半的福冈县筑紫野市以来尺遗址,发现了 500 栋以上的地面建筑和半地穴房屋,提供了解读建筑物性质的绝好资料。以来尺遗址分布在丘陵顶部和丘陵的斜坡,在丘陵顶部的平坦地带发现了约 200 栋半地穴房屋,其中还包括面阔 3 间(17 米)、进深 1 间(5 米)的大型地面建筑,丘陵的斜坡经过修整基本分为五段,在坡度呈 45°的陡坡上分布有 300 栋半地穴房屋。分布在丘陵顶部的大型半地穴房屋有的规模达到 6 米×9 米,而在斜坡上的半地穴房屋,大多在 3 米×5 米。这些房屋存在着规模上的差别并分布在不同的区域,从不同区域的居住环境看,居住在丘陵顶部的人群显然要比居住在斜坡上的人

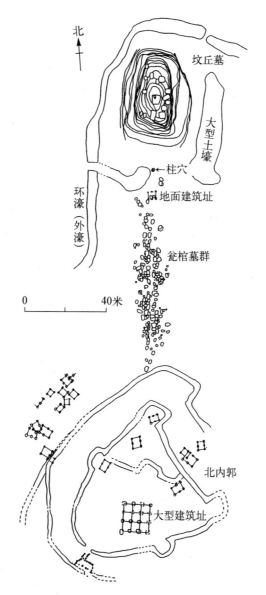

图二十九　吉野里遗址北内郭与坟丘墓的关系

群有着更为优越的条件，而其中大型地面建筑则是具有地位的象征。没有发现能够说明这些大型建筑物为首领宅邸的资料，可能与吉武高木、柚比本村、吉野里遗址的性质有所不同。

从遗迹的配置和出土遗物的情况看，已发现的大型尤其是超大型的地面建筑均具有祭殿的性质，但是这并不意味着以后还将陆续发现的所有大型地面建筑都是祭殿。而首领的宅邸应该都由哪些建筑组成，这将在下文进行讨论。

三、宅邸的可能性

认为被方形环濠围绕的大型地面建筑是宅邸的看法,并不仅仅源于三寺 I 遗址等处所发现的古坟时代的宅邸。

中国新石器时代出现的不规则的环濠聚落,到了二里头文化时期不仅发展出了山西省夏县东下冯遗址那种方形环濠,而且还诞生了河南省偃师县二里头遗址的宫殿。二里头遗址的一号宫殿,在边长约 100 米、东南部稍向外突出的正方形区域的周围建有回廊,其南面正中有门。内部中央靠北的地方建有台基,台基上建有面阔 8 间(30.4 米)、进深 3 间(11.4 米)的大型地面建筑,是为正殿。由于不了解与一号宫殿相关的周围遗迹的情况,因此不明确一号宫殿遗址的性质,不过由于在中庭发现了墓葬以及埋有作为牺牲的人和动物的灰坑,也有学者认为这里不仅仅是宫殿,还是祭祀祖先、商议国事的宗庙。不论一号建筑的性质是什么,值得注意的是其周围都有方形的区划,内部的建筑物也有一定的布局规划,并且与一般的住宅区互相隔绝。

这种着意地对建筑物进行规划的思想,不久就催生了四合院。四合院是把称为院子的中庭围起来,院内北边是主屋(正房、堂屋),东西有厢房,南边与正房相对有倒座,是四面均有房屋并左右对称的建筑形式(图三十)。中国住宅的根本,是通过追加院子来增加房间的数量,宫殿、寺庙、道观都是采取这种形式。可以想象频繁向汉遣使的倭人一定会知道这种四合院形式的建筑。在南面设计出有出入口的门房,在门房两侧突出的部分设置用于瞭望的多层的门阙。门阙在汉代的画像砖、画像石、陶制模型明器中都是很常见的题材,因而保留有大量的资料。在奈良县田原本町的唐古·键遗址发现的绘有楼观的彩绘陶器上,也很好地绘出了门阙的特点,屋形埴轮中呈左右对称配置的例子也有很多。不过古坟时代的豪族宅邸可以确认有左右对称建筑配置的只见于静冈县磐田郡浅羽町古新田遗址,将其与四合院直接进行比较虽然有些危险,但还是有必要对其加以关注。

最近在大阪府和泉市·泉大津市的池上曾根环濠聚落遗址进行的考古发掘非常引人关注[18],尤其是其属于弥生时代中期后半(公元 1 世纪前半,相当于九州北部地区弥生时代的后期前半)的地面建筑呈倒 L 形的排列特别值得注意。其主体建筑为南北向,面阔 9 间(17 米)、进深 2 间(7 米),是面积达到 120 平方米以上的超大型建筑,残存的木柱直径达到 70 厘米。在建筑东西两端的外侧也发现有柱洞,应该是支撑屋顶的栋持柱[①]。对于厢房的复原目前

———————————

① 在建筑物两侧用以支撑房屋脊檩的柱子。

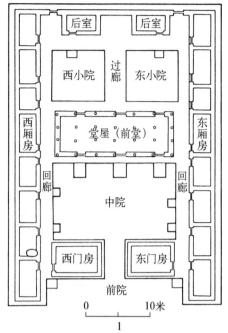

图三十　四合院形式的建筑

1. 中国陕西省岐山县凤雏遗址的甲组建筑(西周)　2. 中国广东省广东市 4016 号汉墓出土的陶屋(东汉)

还有些不确定,应为南北长 30 米、东西宽 7.6 米的窄长建筑,与主体建筑被认为是干栏式建筑不同,厢房可能是平房。如果这个判断是正确的话,厢房的面积达到 230 平方米左右,是弥生时代最大的建筑。从其建筑的主轴完全符合南北方向看,厢房极有可能为左右对称的配置,这使人联想到中国四合院式的建筑布局。

由于在内庭(中庭)靠近主体建筑一侧发现了圆形的大型水井,可以推测主体建筑具有祭殿的性质。不过,在九州北部地区的吉武高木(包括回廊)、吉野里等遗址发现的具有祭殿性质的超大型建筑,均为近似正方形,而在以来尺遗址发现的住宅则为长方形,因此在池上曾根环濠聚落遗址发现的超大型建筑的性质还值得进一步讨论。尤其是其主体建筑与厢房呈倒 L 形配置,不但与四合院相同,甚至与最晚在公元 6 世纪末出现的、福冈市比惠遗址的官衙建筑群之后的古代政厅遗址均为正殿加细长形配殿的配置相同,池上曾根遗址的超大型建筑作为这种建筑配置的雏形,很可能是王的宅邸,或者具有作为从事政务和举行仪式的场所的性质。

池上曾根遗址所发现的四合院式的建筑配置,在弥生时代后期后半的滋贺县守山市的环濠聚落和伊势遗址也有发现。在伊势遗址,主体建筑为大型地面建筑,在其西侧修建了平房式的建筑,应为主体建筑的副屋,副屋南侧发现有作为祭殿的干栏式建筑,其南发现有方向稍偏的干栏式仓库(图三十一)[19]。在 4 座建筑物的外围,发现有呈直角形的直线栅栏,东西约 10 米,南北约 35 米。与池上曾根遗址相同,主体建筑面向南方,前面为广场。伊势遗址在环濠聚落中心区的方形区域中修建有四合院式的建筑,与吉野里遗址利用外濠以及内濠、北内郭等进行区划相比,显然其作为宅邸的布局更加完善。在池上曾根遗址和兵库县川西市加茂遗址都发现了在宅邸性质的建筑周边围以直线状的木栅栏、板墙。因此,如果认为是王的宅邸,就有必要对其与周围共存建筑之间的关系进行梳理,确认是否存在木栅或板墙之类的将大型建筑与其他建筑相隔离的设施,以及是否形成了方形环濠一类的中心区域等。从目前研究现状看,日本列岛在相当于东汉时期的阶段开始出现了具备上述条件的遗址,了解王之宅邸的形态、结构已是指日可待。

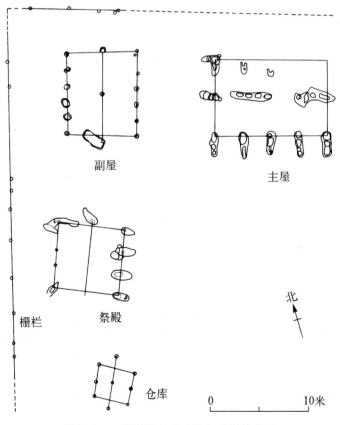

图三十一　伊势遗址的建筑与栅栏的布局

王的宅邸很可能就修建于都邑的中心,既可以成为都市的景观,也体现出都市的功能,作为奴国主要城邑的须玖遗址群或许可以证明这一点。正如已经多次提到的那样,福冈平原有大量的遗址出土有铸范,表明这里所具有的高度发达的工业生产力。弥生时代后期的须玖遗址群,在须玖永田、须玖唐梨、须玖坂本、黑田、五反田等分布在须玖冈本遗址前平坦地带的遗址中,不断地发现有铸范,从出土的铸范可知,这一带的铜器制造业以生产中宽、宽形铜矛为主,还有镜、铎、锄刃等铜制品,以及琉璃制品等。须玖永田遗址和须玖坂本遗址都发掘出周围修建有沟的作坊遗址,其中值得注意的是,以永田遗址为首,包括须玖唐梨遗址和黑田遗址,在作坊区的东南部挖有直沟对作坊区进行了明确的区划,在沟的对面没有发现遗迹,很可能是道路,甚至可以想象这是用道路来整齐地区划出工业小区,因此武末纯一提出这里存在着街区的可能性[20]。这些作坊的分布范围较吉野里环濠的范围更大,这是因为在这里还分布有王之类的高等级人群和一般农民的居住区、墓区等,使得都邑进一步扩大,已经超越了用环濠所能够围起来的界限。也可能有些国的都邑并不像奴国都邑的规模这么大,不过前文所述的池上曾根遗址也表现出存在着对作坊区、祭祀区进行方形区划的可能。可以想象,王的宅邸就位于已经进行了某种程度上的街区划分、人潮熙来攘往的都市之中。

第三节　倭人传的世界

一、魏倭外交的目的

被朝鲜半岛的社会和文化所触发的弥生社会,通过与乐浪郡的直接交流而得到进一步的发展,成为金印国家群的一员从而进入东亚世界。这些虽然可以通过汉镜的变化趋势、三云南小路王墓随葬品的内涵、"汉委奴国王"金印、乐浪系陶器等窥见一斑,但是仅限于目前的考古资料还缺乏足够的证据。可是,生活在具有街区规划的都市里,居住在如四合院式的整齐布局的方形环濠宅邸中,统治着西日本的倭国王的头脑中,应该不仅把握着国内的动向,而且也掌握着汉(后来是魏)、乐浪(乐浪郡、带方郡)、韩的发展动态。以按岁时朝贺遣使的奴国王为首,到燕王公孙渊灭亡后不失时机派遣难升米使魏的卑弥呼,以及向南朝刘宋政权适时遣使的倭五王,都表现出持续的、及时而机智的外交政策。

从《魏志》倭人传中可以了解到这些王派出使者的目的。倭人传的记事类似于现在的旅行指南,由介绍地理环境、风俗习惯,到最后的魏倭外交记录三部分组成。关于地理环境和风俗习惯,有些部分可以通过考古资料证实,大体上反映的应该是实际情况。关于外交方面的记事虽然很难进行验证,但是从乐浪郡的设立与公元前 1 世纪社会的突变,以及奴国王遣使的记事与金印的对应等方面看,应该也是可以相信的。

倭与魏的外交在倭人传中有详细的记载。

公元 239 年(景初三年)6 月①,倭女王遣大夫难升米等到带方郡,请求向天子朝献,太守刘夏遣吏将其送到京都(魏都洛阳)。

同年,12 月,少帝封卑弥呼为"亲魏倭王",授诏书、金印紫绶,赐金、帛、锦罽、刀、镜、采物②目录等。封大夫难升米为率善中郎将,次使都市牛利为率善校尉,授银印青绶。

公元 240 年(正始元年),带方太守弓遵派遣建中校尉梯儁等携带诏书、印绶等前往倭国,授予倭王王位,并下诏书赐予金、帛、锦罽、刀、镜、采物等。

倭王通过归国的使者上书,表达感谢恩诏之意。

公元 243 年(正始四年),倭王派遣大夫伊声耆、掖邪狗等 8 人使魏,掖邪狗等人都被授予了率善中郎将的印绶(银印青绶)。

公元 245 年(正始六年),下诏赐予倭的难升米黄幢,通过带方郡授予本人。

公元 247 年(正始八年),带方太守王颀到任,倭女王卑弥呼因与狗奴国男王卑弥弓呼(卑弓弥呼)素不相和,派遣使者载斯、乌越等人到带方郡报告两国之间的战事状况。

带方郡派遣塞曹掾史张政等带上诏书(正始六年所下)和黄幢,授予难升米,并发文告晓谕希望两国和解。

某年,卑弥呼死。

更立男王,国中不服,互相诛杀,复立卑弥呼同族女壹与为王,国中安定。张政等发檄文告谕壹与。

壹与派遣倭大夫率善中郎将掖邪狗等二十人送张政等归国,掖邪狗等人同到魏都洛阳朝献。

根据这些记载,倭和魏之间有着非常频繁的令人难以置信的往来。仅从这一阶段的动向看,倭方的目的,是以公孙渊燕国的灭亡为契机,恢复与魏的交往

---

① 按《魏志》倭人传所记为景初二年,不过有多位中国学者和日本学者考证此处为景初三年之误,请参见王仲殊:《〈三国志·魏书·东夷(倭人)〉传中的"景初二年"为"景初三年"之误》,《考古》2006 年 4 期。

② 按照使用者身份不同绘有不同颜色的旗子和衣服。

并接受其册封,此后则是在与狗奴国发生战争的突发事件中寻求后盾,从而使交往的目的发生了变化。可是,魏方不论是在倭与狗奴国发生战争以前向难升米下赐黄幢,还是在发生战争以后发檄文以及劝告两国和解等,其态度都还存有一些不甚清楚之点。这些问题若从魏方一侧进行观察则可以获解。

掌握了乐浪势力的燕王公孙渊极大地干扰了东亚地区的政治局势。公孙渊形式上是魏的地方官,为了谋求官位的升迁,曾杀害吴派出的遣燕使者。可是在大局上由于公孙渊与江南的吴结盟,吴还通过海路向公孙渊运送了赠与的黄金和珍宝,这些都在乐浪 V 期的铜镜中有所反映。魏处于吴与公孙渊之燕国的包围之中,为了排除公孙渊的势力,魏有必要隔燕国与高句丽和倭结盟,菅谷文则称之为“跨越飞地的远交近攻政策”[21],于是魏向辖于带方郡、处于公孙渊势力之下的倭秘密地伸出了橄榄枝。菅谷文则提出其证据就是在京都府弥荣町和峰山町的大田南五号坟中出土了有青龙三年记年铭文的方格规矩纹四神镜。青龙三年为公元 235 年,是魏的年号,这面铜镜被认为是魏为了讨伐公孙渊而派出的遣倭使者带来的。正是有了这样的交往,才可能使倭在公孙渊灭亡、齐王芳(少帝)刚刚继位时,就及时向魏派遣了使者。

燕国灭亡并没有带来乐浪的安定,高句丽和韩、濊的势力依然强盛,曾在正始元年(240 年)派遣建中校尉梯儁使倭的带方太守弓遵,于公元 245 年在征讨攻打带方郡崎离营的韩族时战死,同年,时为玄菟太守的王颀(后于 247 年成为带方郡太守)征讨高句丽。即使燕灭亡之后,对于魏来说,还是难以把握与倭之间的友好关系,以及倭的实际情况。公元 245 年向倭的难升米下赐黄幢,赋予其作为魏官的率善中郎将以指挥权,很可能就是以镇抚韩为主要目的的。

公元 239—247 年,在东亚复杂的政治局势中进行的魏倭外交,实际上是魏主动与倭的交往,而倭国则在应对强势的狗奴国时利用了魏的权威。

二、倭国使者的装束

倭作为以中国为中心的东亚金印国家群的一员而开展了外交活动,倭王卑弥呼派出的难升米以大夫的身份出使。正如倭人传中记载的那样,“自古以来,其使诣中国,皆自称大夫”,公元 57 年奴国的使节也“自称大夫”。汉代的大夫主管议论朝政,评定是非,是相当于从五等到九等五个爵级的官职,包括太中大夫、中大夫、谏大夫等,后来又增加了御史大夫、光禄大夫,属于秩 1 000 石左右的高官。如果倭使是有意识地自称为大夫,可以推测他们应该也是倭的高级官员。难升米被魏任命为相当于郡太守级别的秩 2 000 石的率善中郎将,并下赐其诏书、黄幢等,也是期待他成为倭的拥有实力者。自称大夫的倭使可能也都有这样的实力背景,由此可以想象与中国或其他国家交往的倭国使者的形象。

　　在南朝梁元帝萧绎(公元553—554年在位)任荆州刺史时编纂的《职贡图》中,形象地描绘和记载了因仰慕父辈的初代皇帝武帝之德而入朝的诸外国使节的容貌、服装,并记录了各国的风俗等,其中就有描绘倭国使者的画像(图三十二)。此书原本记有30多个国家,现在仅残存13个国家的记录和12个国家使节的肖像[22]。倭国使者在第五位登场,与那些身着礼服,威仪堂堂的诸邻国使者不同,倭国使者头上戴着类似帽子的东西,身上裹着布料,布料两端在前面打着结,其形象与前面的其他诸国使者完全不同,肖像图的左侧所附的说明与《魏志》倭人传所记相同。由于缺少梁元帝萧绎时代两国交往的记录,因此这幅肖像画很可能是根据《魏志》倭人传中的记载而想象绘出的图像。

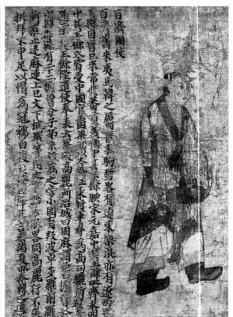

图三十二　梁《职贡图》中所见倭国(左)与百济国(右)的使节

　　考古学的成果可以为历史增加很多新的材料,但是在出土资料中很少包含有纺织品,根据仅有的资料复原的对当时织物的认识自然也非常贫乏,因此目前只能认为《职贡图》中所绘倭国使者的装束是真实的。

　　不过,作为魏少帝"故郑重赐汝好物"而下赐给卑弥呼的物品中,最高级的并不是倭人用来表示权威的铜镜,而是"绛地交龙锦"、"绛地绉粟罽","绀地句文锦"、"细班华罽"、"白绢"等纺织品。所谓"好物"之意,并不清楚是倭人喜好之物,抑或是魏人自以为值得骄傲的最好的物品,不论是哪一种含意,纺织品都列在下赐品之首,表现出其重要性。显然这些从魏得到的豪华的布料也会做成衣服并穿着在身上,而豪华的衣服会在视觉上让权威者卓然超群。

如此,似乎《魏志》倭人传中的记事与通过《职贡图》的倭使肖像图和出土资料所得到的有关倭人衣物的认识存在着矛盾,实际上并非如此。《魏志》倭人传中记载倭人"种禾稻、紵麻,蚕桑、缉绩,出细紵、缣绵",其向魏贡献"班布"、"倭锦、绛青缣、绵衣、帛布"、"异文杂锦"等,其中的"绛青",是指由具有赤色与青色的色彩,"班"和"异文"是指由各种颜色和不同花纹所表现的纹饰,织物的种类则包括了非平纹织物的缣和锦。这些用色彩艳丽的丝线加之复杂的工艺织出的缣和锦,即使在中国也属于高级布料,应该是在倭国生产的。

能够证明倭的纺织品的种类和色彩的考古资料并不多。发现于佐贺县吉野里遗址北坟丘墓中的 1002 号瓮棺(弥生时代中期中段),其棺涂朱,有柄铜剑为绿青色,琉璃管玉为青色,这些鲜艳的颜色给人留下了深刻的印象,同时在剑柄和剑身上还发现了附着的 30 余片纺织品。在该遗址丘陵地区 II 区 0135 号瓮棺墓(弥生时代后期初)中,在人骨和芋螺制的手镯上发现了 33 片附着的纺织品。对上述纺织品进行了分析,1002 号瓮棺所出的纺织品包括 3 种绢,以及 1 种麻织品,0135 号瓮棺所出包括 7 种绢,以及 2 种麻织物。绢虽然是普通的平纹织物,但大部分绢都是将丝线加拈后织出的极薄、起皱、有透孔的纺织品,这种有透孔的绢在汉代也属于纱縠类的高级织物[23]。这些纺织品从织造的特征判断属于九州北部地区的产品,蚕应该是乐浪系蚕种的三眠蚕。九州北部地区在乐浪郡设置以前就已经有了绢织物,最早的材料是福冈市有田瓮棺墓随葬的细形铜戈上的附着物,年代为弥生时代前期末,乐浪系三眠蚕和纱縠绢的存在表明倭在与乐浪地区的交流中所带来的纺织技术上的革新。

吉野里遗址丘陵地区 II 区 0135 号瓮棺墓出土的绢的色彩也值得注意。附着在芋螺制手镯上的织物残片带有颜色,后来去除掉粘在上面的棺上的涂朱,在茶褐色的东西上还残留有红色和紫色,可知当时已有红、紫、青系列的染色。对颜色的分析结果表明,红色(绯)是用日本茜、紫色是用贝紫①进行的染色[24]。目前还不清楚织物上不同的颜色是缘于进行了分染而得到的,还是由于将不同颜色的织物重叠在一起而互相浸染,无论如何,手镯是被有颜色的织物所包裹的。

另外,吉野里遗址还出土了用大麻纺织的布。倭人传中记载,倭人尽管种植苎麻,纺织细麻线,却没有提到有大麻布,但是在出土资料中却有较多的麻布的

---

① 是从一种名为恶鬼贝的分泌物中提取出的紫色染料。

资料。麻布本身是随着时代的发展而越来越粗,但弥生时代的麻布由于织造得非常精细而如同绢一般。卑弥呼最初遣使向魏贡献的是人(奴隶)和班布,由此看来一定都是自认为最好的物品。布是指用植物纤维织成的织物,所谓"班布",应该是指织有斑驳状花纹的麻布。"班布"一词在《太平御览》中也有出现,其引用了公元3世纪前后记载南方诸国之事的《南州异物志》,认为班布是用染色的棉线织成的布,即木棉絣[25]。如果是絣,就更加容易解释倭人传中班布的字义。日本发现的有关絣的资料,年代最早的是保存在大和正仓院和法隆寺的被称为"太子间道"织物群中的絣,推定其年代属于公元7—8世纪,也被称为"广东锦",应该是来自中国的舶来品。日本可以独立生产絣是在公元14世纪后半叶絣的制作技术经由冲绳传入以后[26]。因此倭人传中所说的班布即使是絣,后来在日本也没有能够继续生产下去。不过由于目前缺少探索倭与作为絣产地的东南亚之间交流的资料,所以这些少有的资料就非常引人关注,今后也有必要加强对于"班布"的研究。

随着以吉野里遗址为代表的考古资料的积累,倭人传中所看到的"班布"、"倭锦"绛青缣、縑衣、帛布"、"异文杂锦"等倭产纺织品的种类和色彩也日渐清晰。据此,倭人所穿着的衣服,应该具有不同的织作方法和设计,并有着华丽的色彩,加之在吉野里和太宰府市吉浦、大阪府和泉市池上等遗址所发现的那种"结束相连,略无缝"的衬里缝合如一的衣物残片,可以认为倭人的服装已经有了剪裁和缝纫。

我们期待以后会发现与弥生时代倭人衣着相关的资料,不过可以想象,在弥生时代作为有效的表现权势者身份的服装,应该是特殊的、织造复杂的、具有特别设计的、色彩华丽的衣裳。姑且不论普通人,如果大夫难升米的形象确如《职贡图》中所描绘的倭国使者那样,魏恐怕也不会授予其率善中郎将的称号吧。期待着能够通过发现的遗址或者遗物,改变《职贡图》中的倭国使者的形象,使睥睨四周的倭王的华丽衣裳再现于世。

三、韩之动向

在《职贡图》中,与倭国使者在一起的还有百济使者的形象。通过图三十二可以看到,百济使者身着整齐衣冠,俨然是一个贵公子,其与倭国使者的形象有天壤之别。《魏志》韩传记载了公元3世纪前半叶时,朝鲜半岛南部处于三分状态,存在着马韩、辰韩、弁韩三韩,而马韩之后便是百济。《职贡图》中对于向梁朝贡的百济多有美化,但在生动描绘了2世纪以前的朝鲜半岛南部的《魏志》韩传中,对于马韩却持有批评的态度。

正当倭国共立卑弥呼、壹与，谋求形成联合状态的一体化的倭国时，与倭同属于带方郡的韩开始强盛，不时侵扰带方郡。倭人传中有一段耐人寻味的记载，当乐浪郡合并了辰韩八国时，韩族进攻了带方郡的崎离营，带方太守弓遵等人兴兵伐之，结果弓遵战死。这里虽然提到了辰韩，但是马韩也存在着与带方郡相邻的可能性，这也是韩传对马韩持批评态度的原因。即使燕被灭之后，由于马韩的存在，使得魏与倭之间仍必须采取跨越飞地以实行远交近攻的政策。

根据《魏志》韩传记载，马韩共有 10 万户，分 55 国，大者万余家，小者千余家，各自有长帅（首长），大者自名为臣智，小者自名为邑借。与倭国同样也处于一种联合状态，统领马韩的辰王治月支国，其关系恰如倭国与倭王、邪马台国的关系一样。魏向臣智授予邑君的印授，向次一级的权力者、很可能是邑借授予邑长的位号。除了邑君、邑长以外，还有被授予"魏率善邑君、归义侯、中郎将、都尉、伯长"等官位者。坂元义种将包括了授予四夷首长称号内容的《后汉书·百官志》中所见到的官位与韩传中的官位进行对照整理，复原出以下的序列：

国王—率众王—归义侯—中郎将—都尉—邑君—邑长—佰长（伯长）[27]。

坂元还指出，魏传之所以在归义侯、中郎将、都尉之前提到魏率善邑君，这是因为归义侯以下都是由汉所封，只有邑君是魏授予的称号。东汉王朝在公元 32 年就已经承认了高句丽的王号，其向马韩的首领授予归义侯以下的称号，可知当时已经承认了马韩作为一个国的存在。即使不考虑魏向卑弥呼授予"亲魏倭王"的称号，相对于魏对倭构成国的伊都国、狗奴国之"王"的认可，而授予马韩最高首长为"魏率善邑君"，显然魏认为马韩与倭之间存在着等级的差别。考虑到马韩所拥有的户数并不少，魏这样做的原因很可能是出于对马韩的戒备与不信任。

尽管《魏志》韩传对于马韩的记载多有贬语，但相关的记载却非常丰富，其所记述的在播种后和收获后举行的农耕仪式，以及可以反映弥生时代遗址中出土的鸟形木制品性质的苏涂和天神祭等，这些风俗记事在研究倭时都具有非常重要的参考价值。遗憾的是，目前还没有发现可以验证这些记载的考古资料。

经过乐浪郡传入的汉文化，如在第三章中介绍的那样，可以通过年代在公元前后的韩国庆尚北道的庆州市朝阳洞和永川郡渔隐洞遗址，出土铜镜的大邱市池山洞、坪里洞等遗址，以及出土铁制素面环首刀的庆州市九政洞土圹墓等有所了解。这些地方都是辰韩的地域，后来都统于新罗。到公元 3 世纪前后,在朝阳洞遗址出现了宽土圹木椁墓和带副椁的墓葬,在庆尚北道蔚山郡下岱里遗址可以看到地表并列着大型坟丘墓的封土,这些很可能都是属于邑君—邑长这一阶层的墓葬。据《魏志》韩传,辰韩人的样貌与倭人相近,不过据《三国史记·新罗本纪》记载,从公元 121 年到 253 年之间,共有 11 次与倭有关的记事,其中有 7 次都是倭军侵扰,双方之间连续发生了多次不友好的事件。

据《魏志》韩传记载,辰韩、弁辰(弁韩)各有 12 国,共计 4—5 万户,大者四五千家,小者六七百家。各国有渠帅(首长),大者名臣智,其次有险侧、樊濊、杀奚、邑借等区别,可能是各国大小有别。弁韩位于庆尚北道西南部流经釜山市西郊的洛东江流域,三国时代这里是伽耶。在最近的 20 年间,这里发现了大量的考古资料,是东亚地区考古学成果最为丰富的地区[28]。

有关弁韩的情况,可以通过庆尚南道金海郡良洞里和釜山市老圃洞等遗址反映出来,尽管这些遗址与公元前 1 世纪后半的庆尚南道茶户里 1 号墓之间存在一些缺环。良洞里遗址位于倭之北岸的狗邪韩国所在地,发现了以土圹木椁墓为主的超过 400 座墓葬的大型墓地,在这里可以看到从土圹木棺墓经过土圹木椁墓向半地穴长方形石室墓的变化过程。笔者曾参观过由釜山市东义大学校博物馆发掘的良洞里遗址的遗物,在还没完工的博物馆里没有放置展柜,大量的铁器成排摆放在地板上。其第二次发掘,共发掘了 109 座墓葬,出土了 105 件铁制武器,其中铁剑 25、矛 72、环首刀 6、刀 2 件,另外还有 472 件铁镞,工具类的铁器包括 60 件板状铁斧在内共有 201 件,其数量之多给人的感觉是所有的墓葬都随葬了铁器。而位于其对岸的九州北部与之同时期的遗址中出土的铁器数量远远不能与之相比。《魏志》韩传记载,辰韩和弁韩生产的铁器,不仅供应到韩、濊、倭,甚至也供应给乐浪郡和带方郡。良洞里遗址出土的铁器应该是其铁器生产的真实写照。

良洞里墓地中存在着大型土圹木椁墓,从其墓圹的规模和随葬器物的数量看,应该是首领级人物的墓葬。如 162 号土圹木椁墓,土圹为 5 米×3.4 米,在木棺下的四隅放置了 10 件铁斧,墓中还随葬有大型的铁剑、铁矛和铁镞等约 130 件铁器,以及 10 面铜镜和一些装饰品等,是一座随葬品非常丰富的厚葬墓。铜镜包括东汉时期的内向连弧纹镜和四乳禽兽纹镜各 1 面,还有九州北部地区生产的小型仿制镜 8 面,该墓的年代大体上在公元 2 世纪后半。放在棺底的铁斧是为了起到辟邪的作用,到了伽耶时代则被铁铤所替代。235 号墓是该墓地规模最大的墓葬,其墓圹为 7.6 米×3.9 米,年代大体在公元 2 世纪末到 3 世纪初,共出土了包括 30 件板状铁斧在内的随葬器物共 140 余件。

像良洞里 162 号墓、235 号墓这种大型土圹木椁墓的墓主人应为弁韩的首领级人物,不过从另一方面看,这些墓葬直到公元 3 世纪初时仍然没有脱离群集墓地,可知其尚处于王权不成熟的阶段。尽管《魏志》韩传记载诸韩国的户数或达到万余户,或者四五千家,可是其首长最高也不过被封为邑君这种相对较低的官位,很可能就是由于其王权的不成熟性。这种情况一直持续到伽耶时代,在庆尚南道和庆尚北道都发现了随葬有丰富的铁器和豪华随葬品的诸国首长墓,如属于由狗邪韩国发展成的金官国的金海市大成洞古墓群,属于与金官国一起成为伽耶两大势力的大伽耶国的高灵郡池山洞古墓群,还有属于多罗国的陕川郡玉田古墓群和属于押梁国的林堂洞、庆山市造永洞古墓群等[29]。这些受惠于铁资源,用铁兵器武装起来的伽耶诸国都纷纷强大起来,不过与百济、新罗不同,伽耶诸国并没有形成统一,不久就被新罗吞并了。

良洞里墓地出土的遗物充分显示出这里所具有的作为弁韩、伽耶交流中心的性质。以良洞里 162 号墓出土的小型仿制镜和 90 号土圹木椁墓中出土的中宽铜矛形祭器和宽形铜矛形祭器为代表,在洛东江流域的遗址中出土了很多九州北部地区生产的器物。不仅仅是随葬品,在釜山市福泉洞菜城遗址和三千浦市勒岛遗址等生活居址中,还出土了弥生陶器或是弥生系的陶器,可以看出这里与倭之间存在着密切的交流。

在良洞里墓地也发现有汉式器物。属于公元 3 世纪的良洞里 322 号墓随葬的铜鼎的铭文中,包含有表示为汉王室使用而生产的"宫鼎"字样。高久健二对三韩和三国遗存中出土的汉式器物进行了分析,认为在韩发现的器物中,相比汉式器物,汉化程度较低而具有非汉要素的器物数量更多[30]。高久健二根据在三韩发现的少量的汉式器物多集中在高等级墓葬中,提出这些器物都是在朝贡时中原政府的下赐品,高等级墓葬的墓主人则利用其作为将自身权威合理化的标识物。这种情况也可能存在,不过,即使沿着朝鲜半岛自身的变化轨迹,韩文化也会像铁器化的出现一样,最终或多或少都会实现汉化。与之毗邻的汉、魏与韩之间,很可能通过韩将铁器供应乐浪郡和带方郡而产生直接的交流,其中国化的进程当然会比倭更早。良洞里遗址发现的有关公元 3 世纪时韩和汉魏间存在着联系的考古学资料还很有限,今后还期待着有更多的资料发现。

除了上述能够反映韩与汉、倭之间交流的资料以外,大成洞遗址的 29 号木椁墓,其椁的构造以及随葬的具有鄂尔多斯文化特征的铜镜,则被认为是北方文化因素,显然这里是文化交流的中心区域。对于倭来说,在东亚地区具有广阔的交流背景的弁韩和伽耶,是其摄取更多的东亚地区信息的绝好窗口。

尽管如此,《魏志》韩传中还是缺少弁韩与魏之间的交流与交往的记事。很可能在当时,基于远交近攻的政策,汉、魏与倭之间确实存在着越过弁韩的外交活动。希望能够通过对考古发现的遗址和遗物进行比较研究,将《魏志》倭人传和《魏志》韩传结合起来进行解读,以了解当时中国对于东亚地区的经营战略。

四、原始国家的诞生

与韩相比,倭的使者从魏得到的率善中郎将、率善校尉等官位就显得超乎寻常地高。虽然这是难升米等人作为倭国的使者所得到的官位,但是其地位之高,也许意味着他们并不是邪马台国的官员,而是共立卑弥呼的诸国之王。魏少帝在公元245年,授予难升米而不是卑弥呼以诏书、黄幢,这是因为作为远交近攻政策的一环,为了牵制韩要授予其拥有军事行动的指挥权,相比相隔遥远的邪马台国,而位于韩对岸的实权拥有者——难升米,更加符合这个条件。在《古事记》中奴国被记为傩县,有学者认为难＝傩＝奴,因此难升米即为奴国的升米,应该存在这种可能性。

无论如何,下赐给难升米的黄幢象征着牵制韩的指挥权,而面向倭的国内而授以指挥权的例子,可以举出奈良县天理市东大寺山古坟出土的“中平□年铭”环首大刀。中平年是东汉灵帝的年号,为公元184—189年。倭国是在什么时间得到这件环首刀并不清楚,其全长约110厘米,将近五尺。《后汉书·东夷列传》记载在桓灵年间(公元147—189年)倭国大乱,《梁书》倭传则明确记载此事发生在光和年中(公元178—183年),光和的下一个年号即为中平。向倭王卑弥呼的下赐品中有2口五尺大刀,而作为指挥刀的节刀按规定其长度为五尺,因此东大寺山古坟出土的环首刀,很可能是当时为了借助东汉的权威以平定倭国内乱,而由东汉政府赐予倭王或者其高官的指挥刀。

桓灵年间发生内乱的不仅仅是倭国,《魏志》韩传记,“桓灵之末,韩濊强盛,郡县不能制”,表明当时的东汉政府已经意识到韩的实力,并于公元204年(建安九年)从乐浪郡割带方郡以对抗日渐强大的韩。公元189年(中平六年)掌握了带方郡的公孙度拥乐浪自立从而控制了辽东,更重要的是东汉政府也由于公元184年张角率领的黄巾起义而权威尽失,开始走向亡国之路。而魏、吴之间时而对抗、时而讲和,燕王公孙渊巧妙地利用魏、吴之间的关系而与之交往,这种混乱的局面,都从不同的方面促进了文化的交流。公元2世纪末期东亚世界正处于动乱之中,各国私下所采取的远交近攻政策,加速了金印国家群一体化的进程,倭国也经过大乱而达到了统一。

公元3世纪,韩开始出现了大型墓,倭也出现了前方后圆坟,就其均有封土这一点,与弥生时代的坟丘墓相同,但是其前方后圆的封土形状,半地穴式的石室,随葬丰富的铜镜和装饰品,与属于弥生时代后期的前原市平原1号方形围沟墓和弥生时代最大的坟丘墓——仓敷市楯筑墓在形态和内容上都没有联系。其中最为突出的是,尚未完全定型的、被称为缠向型古坟①的最早的1群古坟,与此前的弥生墓葬相比,其分布地域更加广泛[31]。另外在本书的讨论中起到关键作用的铜镜,虽然也有一部分墓葬随葬东汉时期的方格规矩纹镜、长宜子孙内向连弧纹镜和盘龙纹镜等,但大多数墓葬都随葬三角缘神兽镜,并且出土的地域也非常广泛。从弥生时代后期后半段到古坟时代庄内期之前,那种极具特点的、在铜镜及其使用习俗从九州北部地区扩展到日本列岛的过程中起到了历史性作用的弥生时代的小型仿制镜,以及起到同样作用的对中国镜片的利用方式,在墓葬和生活居址中均已不见。从庄内式、布留式陶器分布圈的扩大,以及古坟在封土形状、棺椁等方面的一致性,都显示出在社会与文化上具有共性的一统时代已经到来。

三角缘神兽镜可以看成是魏下赐给卑弥呼的百枚铜镜的实物反映,也有学者指出,由于这种铜镜在中国境内没有出土,因此应该是倭镜。相比之下,还是认定其为魏镜的论证更加充分。不论其为魏镜,还是倭镜,都随葬于古坟时代前期的前方后圆坟中,其作为一统时代的象征性器物的性质没有变。倡导魏镜说的福永伸哉将三角缘神兽镜的制作划分为A、B、C、D四个阶段,在最早的已经定型化的前方后圆坟中出土的三角缘神兽镜,已相当于C阶段(中段),显然三角缘神兽镜先于前方后圆坟出现[32]。而最早的随葬有三角缘神兽镜的1群古坟被视为A阶段铜镜制作的上限,其年代应该是卑弥呼开始向魏派遣使者的公元239年(景初三年),而在西日本开始广泛地修建前方后圆坟则是在此之后,即卑弥呼去世的前后。

《魏志》倭人传中记载,被诸国之王共立为倭王的卑弥呼的倭国,"其犯法,轻者没其妻子,重者灭其门户","收租赋,有邸阁","国国有市,交易有无",说明当时的倭国已有法律、租税、市等,如果这些记载是真实的,当时倭国的体制已相当健全。仅仅用考古学资料还难以证明上述记载,不过在汉末魏初混乱的局面下,倭国作为金印国家群的一员,很可能在体验汉魏文化、制度的同时,自身也取得了迅速的发展[33]。

---

① 也称为缠向型前方后圆坟,坟丘形状类扇贝状,其特点是前方部小而低平,后圆部为不规整的圆形,坟丘全长、后圆部与前方部的长度之比为3∶2∶1,其中有围沟的古坟其前方部尤窄。

就这样,日本列岛最初的国家在倭诞生了。

注释:

［ 1 ］青柳種信:《同郡井原村所穿出古鏡図》(森本六爾編《柳園古略考鉾之記》1930 年所
　　収),1823 年。

［ 2 ］青柳種信:《柳園古器略考》(森本六爾編《柳園古略考鉾之記》1930 年所収),1822 年。

［ 3 ］高倉洋彰:《弥生時代における国・王とその構造》,《九州文化史研究紀要》37,1992
　　年;橋口達也:《弥生時代の戦い》,《考古学研究》165,1995 年。

［ 4 ］高倉洋彰:《弥生時代における国・王とその構造》,《九州文化史研究紀要》37,
　　1992 年。

［ 5 ］下條信行:《武器形祭器の生産と波及》,《古文化論集》,森貞次郎博士古稀記念論文
　　集刊行会,1982 年。

［ 6 ］陶山庄右衛門:《口上覚書》,《日本経済叢書》4,日本経済叢書刊行会,1914 年。

［ 7 ］後藤正足:《壱岐乡土史》,壱岐民報社,1918 年。

［ 8 ］《松浦拾風土記》,編者不詳,引自佐伯政見編:《唐津市史》,唐津市,1962 年。

［ 9 ］渡辺正気:《〈後漢書〉東夷列伝より見たる邪馬台国の位置》,《九州考古学》66,
　　1991 年。

［10］渡辺正気:《日韓交流の民族考古学》,名古屋大学出版局,1995 年。

［11］岡村秀典:《楽浪漢墓出土の鏡》,《弥生人から見た楽浪文化》,大阪府立弥生文化博物
　　館,1993 年。

［12］西川寿勝:《日本出土の中国鏡の諸問題》,《倭人と鏡》,埋蔵文化財研究会,1994 年。

［13］田中裕介,土居和幸:《大分県小迫辻原遺跡》,《考古学ジャーナル》384,1995 年。

［14］七田忠昭:《吉野里遺跡の環濠区画》,《ムラと地域社会の変貌》,埋蔵文化財研究会,
　　1995 年。

［15］宮本長二郎:《弥生時代・古墳時代の大型掘立柱建物》,《弥生時代の掘立柱建物》,埋
　　蔵文化財研究会,1991 年。

［16］下村智:《玄界灘沿岸地域の大型建物》,《考古学ジャーナル》379,1994 年。

［17］七田忠昭:《吉野ケ里遺跡の大型建物》,《考古学ジャーナル》379,1994 年。

［18］乾哲也:《大阪府池上・曽根遺跡》,《季刊考古学》51,1995 年。

［19］伴野幸一:《滋賀県二ノ畦・横枕遺跡と伊勢遺跡》,《季刊考古学》51,1995 年。

［20］武末純一:《集落の構造とクニ》,《東アジアと九州》,学生社,1994 年。

［21］菅谷文則:《青龍三年鏡と魏と倭の関係》,《朝日新聞》1994 年 4 月 15 日付夕刊。

［22］櫻一雄:《描かれた倭人の使節〈職貢図巻〉》,《歴史と旅》12—1,1985 年。

［23］布目順郎:《吉野ケ里遺跡出土の絹と麻》,《吉野ケ里》,佐賀県文化財調査報告書
　　113,1992 年。

［24］前田雨城ほか：《吉野ケ里遺跡出土染織遺物の染色鑑定科学調査について》,《吉野ケ
里》,佐賀県文化財調査報告書 113,1992 年。

［25］吉本忍：《概説インドネシアの絣》,《染織の美》,京都書院,1950 年。

［26］田中俊雄：《〈かすり〉という言葉》,《民芸》昭和 18 年 5 月号(《絣の道》毎日新聞社,
1984 年再録)。

［27］坂元義種：《東アジアからみた奴国と邪馬台国》,《須玖岡本遺跡》,吉川弘文館,
1994 年。

［28］金元龍：《考古学より見た伽耶》,《伽耶文化展》,朝日新聞社,1992 年。

［29］東京國立博物館編：《伽倻文化展》,1992 年。

［30］高久健二：《楽浪郡と三韓・三国文化》,《考古学ジャーナル》392,1995 年。

［31］埋藏文化財研究会編：《定型化する古墳以前の墓制》,1988 年。

［32］福永伸哉：《三角縁神獣鏡の歴史的意義》,《倭人と鏡》その 2,埋藏文化財研究会,
1994 年。

［33］都出比呂志：《日本古代の国家形成論序説》,《日本史研究》343,1991 年。

终篇　面向东亚世界的视点

一、视点的不足

笔者在本书中,描述了在以中国为中心的东亚世界发展的背景下,弥生社会如何具备了国的形态,怎样产生了王。通过考古发掘调查的成果,明确了朝鲜半岛从栉纹陶器时代晚期到原三国时代的发展变化与日本列岛从绳纹时代晚期到弥生时代的变化相一致。在日本列岛,绳纹时代晚期到弥生时代前期大体与中国的战国时代相当,弥生时代中期与西汉时期相当,弥生时代后期与新莽、东汉时期相当,从弥生时代晚期末到古坟时代的开始,与东汉晚期、魏相当(图一、图十)。在中国经过了战国时期的动乱,一直到三国时期所经历的各个发展阶段,都使得朝鲜半岛和日本列岛的社会和文化发生了彻底的变革。

在日本列岛,九州地区处于越过大海与外界接触的最前沿位置,只要进行考古发掘,这里就会发现不同时期的外来遗存。在解释这些遗迹、遗物之时,需要更多地参考中国和韩国,甚至是更为遥远的西南地区的考古学研究成果,而不是仅仅参考国内其他地点的发现,这就是九州地区所具有的历史和地理方面的属性。显然,九州地区所具有的特性,使其成为解释弥生时代日本的国际化过程,以及其发展的动因和背景等问题的最好舞台。

实际上,富冈谦藏在将九州地区出土的中国铜镜与中国出土的铜镜进行比较时,就充分利用了九州地区所具有的这一特性[1]。富冈指出,井原鑵沟出土的铜镜年代大体在王莽前后,须玖、三云两个遗址出土的铜镜年代稍早,大都不会晚到东汉时期,而弥生时代大体与中国的汉代并行这一正确的认识,也是始于对两地出土铜镜所进行的比较。当然是在更早些时,首先明确了日本列岛与朝鲜半岛的关系。森贞次郎早在 1960 年时就指出,弥生文化的基本要素为"定型化的陶器、包含有大陆系磨制石器的农业生产工具、稻米、纺车、金属器、支石墓等组合"[2],正如本书在第一章中的论述,上述各要素都可以在朝鲜半岛找到直接的源头。森贞的观点促进了这方面的研究,20 世纪五六十年代出现的关于支石墓的研究热,就是一个很好的例证。

通过对中国和朝鲜半岛的遗存,尤其是对支石墓和坟丘墓、环濠聚落等进行的比较研究,确认了弥生时代的年代框架,认识到弥生时代与绳纹时代相比,发生了跳跃式的变化。从这样一个视角,为了追溯对日本列岛的社会和文化发生影响的外来文化源头而进行的比较研究日渐盛行,发表了很多论文。不过,这些论文大多是对倭与汉,倭与乐浪,倭与韩等限于局部地区的讨论,而将视野置于东亚地区进行的整体性研究则少之又少。到目前为止,中国、韩国、日本之间考古学资料和信息的交流十分有限,特别是对于朝鲜的考古学资料还很不了解,这些都给研究带来了很大的制约。另外还有一些考古学资料尚未能进行充分的研究和解读,以当时在佐贺县小城郡土生遗址出土的大量的弥生陶器为例,其剖面呈圆形的叠唇和牛角形的把手等特征,现在已经非常清楚属于无纹陶器的谱系,当时却完全不知。后藤直于 1974 年发掘福冈市诸冈遗址时认识到出土的器物是朝鲜无纹陶器[3],在此之前,由于有了九州地区不存在无纹陶器的先入为主的观念,则认为这些陶器与那些只是通过照片和图所了解的无纹陶器之间没有关系,完全没有意识到其所具有的重要性。还有在长崎县对马乙宫小学收藏的资料中有一些薄壁的器物,当时被认为是汉式陶器,后由谷丰信进一步指出其为乐浪陶器[4]。这些都是由于视野的狭隘而导致对于重要的信息视而不见,但这也确实是当时日本学术界的真实情况。

1989 年在福冈市召开了题为“古代日本的国际化——从邪马台国到统一国家”的国际学术研讨会,国内外一流的学者积极参与,大家在会上发表的演讲都十分引人关注。可是研讨会显然没有站在东亚世界的视角来看待会议主题,甚至都没有提到弥生时代的国际化问题[5]。吉野里遗址就是在那个时期(1986 年)被发现的,虽然在那以后情况发生了很大的变化,但是当时笔者意识到,只是期待他人在这个领域的研究远远不够,自己要致力于以国际化的视角来认识弥生社会[6]。现在,将日本置于东亚世界中进行的研究越来越多,最近以佐贺大学的和佐野喜久生为代表的学者出版了具有国际视野的、跨学科的研究弥生时代初始时期稻作文化的论文集,在探讨水稻技术及其体系向日本列岛的传播路线——“稻之道”时,提出了“稻之道”基本限定在华北路线,这就是在国际学者及多学科合作的基础上取得的重要成果[7]。由此可以证明,是信息的缺乏和缺少多学科的合作导致了研究视点的局限。

二、新的视点

靠近日本列岛南端的以鹿儿岛县加世田市栫之原遗址为代表的南九州地区

的属于绳纹时代草创期的遗址群,以及靠近日本列岛北端的位于青森县三内丸山遗址的属于绳纹时代前期、中期的遗存,促使我们改变了对于绳纹时代的认识。而有关弥生时代,吉野里遗址的发现,则打破此前认为弥生时代尚处在一个落后贫乏的时代的观念,开启了一个新的研究起点。笔者曾撰文讨论弥生时代的国与王[8],提出要将日本列岛置于亚洲之中进行研究的观点,有些学者对此提出批评,认为这是过分夸大了倭在东亚世界中的地位。笔者很想向批评者请教,历史的真实到底在何处,对哪些问题有过分的夸大,不过笔者更希望的是那些墨守着弥生社会落后贫乏等陈旧观点的批评者,能够直面因越来越多的新资料而改写了对弥生社会传统认识的这一现实。

　　笔者此前撰写的论文以及本书,都只是描述了处于弥生社会上层一小部分人群的动向,同时由于是以作为国际化门户的九州北部地区为中心而进行的研究,所以可能会存在地域间的差别。由于并不是居住在日本列岛的所有人都会有直面国际化的问题,所以也许是这些问题导致了上述批评。可是弥生社会的人们,以水田农耕作为生产基础,使用具有新形制和新功能的陶器、石器和金属器,身着由织机纺织出来的织物,存在着有组织的地域社会,并产生了统治者,这样一个具有着全新生活的弥生时代,显然与由国际化而带来的"文明开化"有关。

　　考古发现的大量的铜铎和武器形青铜祭器,都表明弥生时代存在着祭祀活动,只是祭祀行为不可能保存下来,这也是考古学资料在研究这一类问题时的局限性。不过 1992 年由大阪府立弥生文化博物馆主办的以"弥生的诸神"为主题的展览,集中了 1968 年大阪府池上曾根遗址首次发现鸟形木制品以来的所有成果,其内容对于改变过去对弥生时代祭祀的认识起到了划时代的作用[9]。其中尤其引人注目的是鸟形木制品和鸟装的羽人。传出自韩国全罗南道大田市的农耕纹青铜器,其表面就刻着"鸟竿"状的鸟形木制品,实际上韩国到现在也还保留着使用这种器物的习俗。"鸟竿",是在竿或棒的顶部放置一个木鸟,所以在鸟的腹部都会有用于插入竿或棒的穿孔。日本出土的鸟形木制品,在腹部全部都有穿孔,因此应该是作为鸟竿而使用的物品。在韩语中,鸟竿的发音为"sotte"或"susarute",《魏志》韩传中出现的"苏涂"很可能就是其音译,"苏涂"所描绘的是与世俗世界相隔离、庇护奴隶和逃亡者等的神圣场所,而在长崎县下县郡豆酘就有同样的场所,名为"卒土"。在这样的神圣场所或者祭祀场所的周围立有用作标识的鸟竿,可以在前苏联学者 А.Ф.阿尼西莫夫所绘出的居住在通古斯盆地的埃文克人萨满的帐篷上看到。再向前追溯,通过对在中国江苏省淮阴县高庄墓(战国中期前后)随葬的铜盘底部所刻画的纹饰和对《魏志》韩传中的"苏涂"

进行分析可以对其有所了解[10]。与这些"苏涂"有关联的图像,是以传出自大田的农耕纹青铜器的背面为代表的身着羽毛装饰的羽人形象,在云南省石寨山汉墓出土铜鼓上的纹饰中,也有羽人划着两端上翘的凤尾船的形象,而这种羽人划船的构思,从广西壮族自治区黄港市罗泊湾 1 号汉墓出土的石寨山型铜鼓、广东省广州市南越王赵昧墓中出土的铜提筒上都可以看到。在日本,冈山县御津郡新石尾上、奈良县天理市清水风、橿原市坪井等遗址出土的陶器上都刻划有鸟装羽人,两端上翘的凤尾船形象在奈良县矶城郡唐古·键遗址也有发现。在鸟取县西伯郡稻吉角田遗址出土陶器上所刻划的祭祀场景则较为完整,其一侧为两栋干栏式建筑,应为祭殿和稻魂栖息的谷仓,另外还有垂吊着铜铎样器物的大树,而在另一侧,则是朝向干栏式建筑和大树的正在划船的鸟装羽人。

　　之所以对鸟形木制品和鸟装羽人作了比较多的介绍,这是因为若把视角仅仅局限在日本列岛内,会很难解释清楚其性质,只有将视野扩展到整个东亚世界,才有可能了解其所代表的真正意义。当然,简单的比较和参照是危险的,但是如果对资料进行充分的梳理,比较研究也是非常有效的手段。这与仅靠《魏志》倭人传还不能完全解读倭以及倭人的影像,要靠与《魏志》韩传的记载相结合才能更进一步的理解倭是同样的道理。另外,从已经属于深入到人的精神层面的祭祀行为业已与东亚世界相一致这个角度看,在研究弥生时代时也必须将之置于东亚世界这样一个大的地理范围之中。

　　现在必须要放弃关于弥生社会仍处在一个落后阶段的传统认识,如果仍然不能面对这个现实,研究就不能向前推进。对于弥生时代的社会、文化,以及与东亚世界的个别的比较研究已经取得了大量的成果,20 世纪 90 年代,是需要我们对这些研究进行全面整合的时代,这将开启一个全新的研究阶段。

注释:

[1] 富冈谦藏:《九州北部に於ける铜剑铜鉾及び弥生式土器と伴出する古镜の年代に就いて》,《考古学杂志》8—9,1918 年。

[2] 日本考古学西北九州综合调查特别委员会:《岛原半岛(原山·山ノ寺·矶石原)及び唐津市(女山)の考古学的调查》,《九州考古学》10,1960 年。

[3] 后藤直:《朝鲜系无文陶器》,《三上次男博士颂寿记念论集》,日本平凡社,1979 年。

[4] 谷丰信:《乐浪土城址出土の土器(中)》,《东京大学文学部考古学研究室纪要》4,1985 年。

[5] 朝日新闻社编:《古代日本の国际化》,朝日新闻社,1990 年。

[6] 高仓洋彰:《稻作出现期の环濠集落》,《日本における初期弥生文化の成立》,日本文

献出版,1991 年。

［7 ］和佐野喜久生编:《東アジアの稲作起源と古代稲作文化》,《文部省科学研究費による
　　　国際学術研究報告・論文集》,1995 年。

［8 ］高倉洋彰:《弥生時代における国・王とその構造》,《九州文化史研究所紀要》37,
　　　1992 年。

［9 ］広瀬和雄ほか:《弥生の神々》,大阪府立弥生文化博物館,1992 年。

［10］金関恕:《高庄墓出土の画象紋について》,《論苑考古学》,日本天山舍,1993 年。

插 图 出 处

图一　高倉洋彰：《北部九州の弥生文化》,《弥生文化》,日本平凡社,1991年。

图二　高倉洋彰：《稲の来た道》,《季刊考古学》37,1991年,对原图有所修正。

图三　同图二。

图四　渡辺正気：《日韓交流の民族考古学》,名古屋大学出版局,1995年。

图五　根据田村晃一：《東北アジアの支石墓》(《アジアの巨石文化》,日本六興出版社,1990年)中的插图和《韓國の文化財》中的幻灯片,以及笔者所做的幻灯片制成。

图六　鄭澄元、安在晧：《蔚州検丹里遺跡》,《考古学研究》146,1990年。

图七　中島直幸、田島龍太郎：《菜畑》,唐津市文化財調査報告書5,1982年;須藤功编：《写真でみる日本生活図引》5,日本弘文堂,1989。

图八　根据埋藏文化財研究会第30次研究集会的成果资料制成。

图九　山崎純男：《環濠集落の地域性——九州地方》,《季刊考古学》31,1990年。

图十　根据以下各书中的插图制成。Ⅰ期,松菊里石棺墓——小田富士雄、韓炳三编：《日韓交渉の考古学》,日本六興出版社,1991年。Ⅱ期,东西里石棺墓——池健吉：《礼山東西里石棺墓出土青銅一括遺物》,《百済研究》9,1978年和小田富士雄、韓炳三编：《日韓交渉の考古学》,日本六興出版社,1991年;南城里石棺墓——韓炳三、李健茂：《南城里石棺墓》,国立博物館古跡調査報告10,1977年;大田槐亭洞石棺墓——小田富士雄、韓炳三编：《日韓交渉の考古学》,日本六興出版社,1991年。Ⅲ期,草浦里石棺墓——徐声勳、李健茂：《咸平草浦里遺跡》,国立光州博物館学術叢書14,1988年;合松里石棺墓——李健茂：《扶余合松里遺跡出土一括遺物》,《考古学誌》4,1990年。Ⅳ期,坪里洞遗址——尹容鎮：《韓国青銅器文化研究》,《韓国考古学報》10・11,1981年;茶户里木棺墓——李健茂、李栄勲、尹光鎮、申大坤：《義昌茶戸里遺跡発掘進展報告(Ⅰ)》,

《考古学誌》1,1989 年。

图十一　韓炳三:《先史時代の農耕文青銅器について》,《考古美術》112,1971 年。

图十二　高倉洋彰:《弥生時代における国・王とその構造》,《九州文化史研究所紀要》37,1992 年。

图十三　塩屋勝利編:《早良王墓とその時代》,福岡市立歴史資料館,1986 年。

图十四　福岡市埋藏文化財中心提供。

图十五　山上弘編:《弥生人の見た楽浪文化》,大阪府立弥生文化博物館,1993 年。

图十六　柳田康雄編:《三雲遺跡——南小路地区編》,福岡県文化財調查報告書 69,1985 年。

图十七　井上裕弘編:《山陽新幹線関係埋藏文化財調查報告》9,1978 年。

图十八　柳田康雄編:《三雲遺跡——南小路地区編》,福岡県文化財調查報告書 69,1985 年。

图十九　卢兆荫:《满城汉墓发掘报告》中国田野考古报告集考古学专刊丁种 20,文物出版社,1980 年;柳田康雄編:《三雲遺跡——南小路地区編》,福岡県文化財調查報告書 69,1985 年。

图二十　柳田康雄編:《三雲遺跡——南小路地区編》,福岡県文化財調查報告書 69,1985 年;野守健、榧本亀次郎、神田惣藏:《平安南道大同郡大同江面梧野里古墳調查報告》,朝鮮総督府昭和 5 年度古墳調查報告。

图二十一　罗福颐编:《秦汉南北朝官印征存》,文物出版社,1987 年。

图二十二　"浙江都水"——自写;"彭城丞印"、"晋蛮夷率善仟长"——藤井斉成会有鄰館提供;"朱庐执刲"、"蛮夷侯印"——中国文物精华编辑委员会:《中国文物精华》,文物出版社,1993 年;"滇王之印"——福岡県教育委員会:《邪马台国への道のり》,1993 年;"汉叟邑长"——寧楽美術館提供;"汉委奴国王"——福岡市博物館提供。

图二十三　李健茂、李栄勲、尹光鎮、申大坤:《義昌茶户里遺跡発掘進展報告（Ⅰ）》,《考古学誌》1,1989 年。

图二十四　湖南省博物馆、中国科学院考古研究所编:《长沙马王堆一号汉墓》,文物出版社,1973 年。

图二十五　高倉洋彰:《漢鏡とアジア世界》,《倭人と鏡》,埋藏文化財研究会,1994 年。

图二十六　根据各报告以及自拓而成。

图二十七　高倉洋彰:《弥生時代における国・王とその構造》,《九州文化史研究紀要》37,1992 年。

图二十八　田中裕介、土居和幸:《大分県小迫辻原遺跡》,《考古学ジャーナル》384,1995 年。

图二十九　七田忠昭:《吉野ケ里遺跡の環濠区画》,《ムラと地域社会の変貌》,埋藏文化財研究会,1995 年。

图三十　　陕西周原考古队:《陕西岐山凤雏村西周建筑遗址发掘简报》,《文物》1979 年 10 期;朱重光编:《广州汉墓》,文物出版社,1981 年。

图三十一　伴野幸一:《滋賀県二ノ畦・横枕遺跡と伊勢遺跡》,《季刊考古学》51,1995 年。

图三十二　榎一雄:《描かれた倭人の使節〈職貢図巻〉》,《歴史と旅》12—1,1985 年。

后　记

　　1991年5月刚过,梅尔策划(メルプランニング)的高桥由美君来访,其目的是邀请我作为其策划的《图说日本之谜百科词典》中《弥生》一书的执笔。他们所要求的撰稿时间只有三个月,条件十分苛刻,可是向他们推荐我的是国立历史民俗博物馆的先辈春成秀尔先生,而且所涉及的地域又限定在我居住的九州地区,想到以后可能不会再有这样的机会,所以最后还是接受了邀请。虽然没有时间对全日本的弥生时代进行重新审视,却也如同在本书终篇中所表现出的理念,决定还是要去追溯弥生时代国际化的轨迹。在此基础上完成的此书已经发行。

　　我很少听到对于自己论文和著作的评价,不过由于《弥生》这本书的主题多少有些"特殊性",还是觉得该书可以被同行们所接受。一日,国立历史民俗博物馆的白石太一郎先生打来电话:"高仓君,想请你写本书,怎么样,如果能把《弥生》的内容扩展到两倍就可以了。"对于一直都很关注对于《弥生》一书评价的我来说,就如同是收到了一份合格的通知书,于是我接受了这个邀请。

　　我所居住的福冈,现在正在积极推进九州国立博物馆的建设。考虑到九州所在的地理位置,计划要将九州国立博物馆建成"亚洲文明博物馆",作为其中的一环,就是要追溯古代的日本通过与亚洲的交流而带来的国际化历程。对于积极参与这项运动的我来说,本书的主题也是在响应这一潮流。书名"金印国家群的时代"中的"金印国家群",也是积极推进博物馆建设九州会议的宣传语,同时也真实地表达了我希望对弥生时代的国际化进行归纳与研究的意愿。

　　以学术界对《弥生》一书的认可和九州国立博物馆的建设为契机,加上对于本书出版时间的要求也很宽松,所以我接受了撰写本书的任务。可此后不久,我在大学里又承担了一些工作,不得不大大推迟了动笔写作的时间。而最终能够使这本书呈现在读者的面前,要感谢青木书店的岛田泉、原嶋正司两位先生的热情鼓励,还要感谢已经故去的老一辈考古学家镜山猛老师和冈崎敬老师,以及森贞次郎老师、贺川光夫老师等先辈和学友长期以来的教导和帮助。由于研究的不足,对于通过国际化而产生的全新的弥生社会内部的问题等很多领域没有能够进行讨论,这也将激励着我今后的学习与研究,也希望今后还能够得到大家的指导与帮助。

高仓洋彰
1995 年 9 月于太宰府观世音寺

译　后　记

　　《金印国家群的时代——东亚世界与弥生社会》的作者高仓洋彰先生是日本弥生时代考古学的专家,曾任日本九州考古学会会长、日本考古学协会会长。他从 20 世纪 80 年代开始致力于日本弥生时代的研究,多年来笔耕不辍,撰写了多部有关弥生时代考古学研究的著作。日本的弥生时代起自公元前 4 世纪,止于公元 3 世纪,大体上与中国的战国中晚期,经秦代、两汉到三国时期这一大的历史阶段相当。由于弥生时代与古代中国有着密不可分的联系,所以高仓洋彰先生不仅对中国有所了解,熟读中国的古代文献,同时在他的研究中,也时时都从当时中国的中原王朝与周边国家和地区的关系以及东亚地区的文化格局这样一个宏大的视角来看日本的弥生社会。2012 年吉林大学边疆考古研究中心申请由中国国家社科基金资助的"东北亚与欧亚草原考古学译丛"项目,其中也包括了日本考古学部分。当时项目组邀请几位日本考古学者推荐日本考古学研究的一些经典著作,以作为这个项目计划翻译的内容。参考日本考古学者的介绍,项目组成员对许多日本考古学著作进行了讨论,最终选择了高仓洋彰先生撰写的《金印国家群的时代——东亚世界与弥生社会》一书。当我们向高仓洋彰先生表达了希望能将这本书翻译成中文介绍给中国学术界时,高仓洋彰先生欣然同意,慷慨授权,因此在这里首先要向高仓洋彰先生对我们的支持和信任表示衷心的感谢!

　　《金印国家群的时代——东亚世界与弥生社会》一书,通过大量的考古学证据并结合相关的文献记载,研究了日本弥生时代稻作技术体系的建立,定居生活的发生,社会的阶层化,区域性中心的出现,日本列岛与汉王朝之间的交流和关系,以及日本早期国家的出现等问题。这是日本学者首次从东亚地区的宏观视野勾画出日本古代社会在弥生时代所经历的国际化历史进程,不仅是当前世界考古学倡导的在全球史观下研究地区考古学的一个典型案例,对于中国学者研究战国秦汉时期中原文化如何对东亚地区产生影响从而形成新的文化格局,以及汉帝国如何处理与周边国家和地区的关系,最终在东亚地区建立以中原王朝为核心的新的统治秩序等问题,也都具有非常重要的学术意义。该书于 1995 年由日本青木书店出版,到现在已有二十几年,在此期间虽然在日本、朝鲜半岛不断有相关的新材料发现,但是并没有改变本书所提出的基本论点,以此亦可看出高仓洋彰先生在日本考古学研究中的高瞻远瞩。

对于本书的翻译,有以下几点需要说明。

1. 原书中的地名、遗址名等,大部分为汉字,可直接译成对应的中文,但有部分地名或遗址名为日语中的片假名,有些片假名从发音可知其本来具有一定的意义,所以对于这部分地名或遗址名,采用了意译的方式,并在第一次出现时加译者注说明原来使用的片假名。还有一些遗址或文化类型的名称在汉字中间加一个片假名,如"吉野ケ里"、"山ノ寺"等,前者中的"ケ"没有具体含意,后者的"ノ"则是"的"意思。因此在翻译时,若属前者的情况直接把片假名去掉,如"吉野ケ里"译为"吉野里",后者则将片假名进行意译,如"山ノ寺"译为"山之寺"。

2. 原书中有关日本和朝鲜半岛考古学、历史学的基础概念,如朝鲜无纹陶器文化、日本绳纹时代、对马藩、夜臼式期等,均会在第一次出现时通过译者注的方式对其进行说明。原书中有关日本和朝鲜半岛考古学的专有名词,如果在中国考古学有对应的名词,则直接译出,如"掘立柱式建筑"译为"地面建筑","竖穴房址"译为"半地穴式房址"等,如该名词所指具有一定的特殊内涵,则在第一次出现时通过译者注的方式对其进行说明,如"深钵",其作为炊器与中国考古学中的筒形罐相同,但其形制上既有平底,也有部分为圜底,这在中国的筒形罐中不见,所以在翻译时会保留"深钵"的名称;"栉纹"与中国考古学中的"篦纹"相近,但因其是韩国考古学中的专用词,所以也会保留"栉纹"的叫法。

3. 原书中引用的文献,如果有中文译本,注释中会提供中文译本的信息,如没有相应的中文译本,注释只提供原始信息,以保证读者可以藉此查到原文或原著。

4. 原书中有一些历史文献缺少注释,为了便于中国读者对所涉及的历史文献有基本的了解,通过与作者联系,现在都增加了相应的注释。

本书翻译的初稿于 2015 年完成后,请时任日本九州大学副校长、吉林大学匡亚明讲座教授宫本一夫先生对译稿进行了校对,宫本先生除了对译文进行了一些修改外,还特别对中日一些考古学名词的对应提出了重要的参考意见;"东北亚与欧亚草原考古学译丛"项目首席专家、吉林大学考古学院杨建华教授在初稿完成后通读了全文,在文字表述、作者原意的传达等方面也提出许多修改意见;当时在日本西南学院大学作为客座研究员的长春理工大学日语系周晓靓副教授也从语言学的角度对译稿进行了润色和修改。高仓洋彰先生在得知此书的中译本即将出版时,慨然为中译本作序。日本西南学院大学国际文化学部金绳初美教授,不仅帮助译者保持与高仓洋彰先生的正常联系,而且还翻译了高仓洋彰先生为中译本所作的序。在此,一并向以上为《金印国家群的时代——东亚世界与弥生社会》的中译本作出贡献的各位学者表示真诚的谢意!

译者　滕铭予
2018 年 5 月 26 日于长春

图书在版编目(CIP)数据

金印国家群的时代：东亚世界与弥生社会／（日）
高仓洋彰著；滕铭予译. —上海：上海古籍出版社，
2019.4

（东北亚与欧亚草原考古学译丛）

ISBN 978-7-5325-9168-8

Ⅰ.①金… Ⅱ.①高… ②滕… Ⅲ.①中日关系—国
际关系史—研究—古代 Ⅳ.①D829.313

中国版本图书馆 CIP 数据核字(2019)第 054247 号

本书日文原版由日本青木书店于 1995 年出版

东北亚与欧亚草原考古学译丛

金印国家群的时代

——东亚世界与弥生社会

（日）高仓洋彰 著

滕铭予 译

（日）宫本一夫 校

上海古籍出版社出版发行

（上海瑞金二路 272 号 邮政编码 200020）

(1) 网址：www.guji.com.cn

(2) E-mail：guji1@guji.com.cn

(3) 易文网网址：www.ewen.co

浙江临安曙光印务有限公司印刷

开本 710×1000 1/16 印张 11.75 插页 2 字数 211,000

2019 年 4 月第 1 版 2019 年 4 月第 1 次印刷

印数：1—2,500

ISBN 978-7-5325-9168-8

K·2624 定价：58.00 元

如有质量问题，请与承印公司联系